UTB 2391

W0197466

Eine Arbeitsgemeinschaft der Verlage

Beltz Verlag Weinheim und Basel
Böhlau Verlag Köln · Weimar · Wien
Wilhelm Fink Verlag München
A. Francke Verlag Tübingen und Basel
Paul Haupt Verlag Bern · Stuttgart · Wien
Verlag Leske + Budrich Opladen
Lucius & Lucius Verlagsgesellschaft Stuttgart
Mohr Siebeck Tübingen
C. F. Müller Verlag Heidelberg
Ernst Reinhardt Verlag München und Basel
Ferdinand Schöningh Verlag Paderborn · München · Wien · Zürich
Eugen Ulmer Verlag Stuttgart
UVK Verlagsgesellschaft Konstanz
Vandenhoeck & Ruprecht Göttingen
WUV Facultas · Wien

Rolf Werning / Birgit Lütje-Klose

Einführung in die Lernbehindertenpädagogik

Mit zahlreichen Übungsaufgaben

Ernst Reinhardt Verlag München Basel

Prof. Dr. Rolf Werning, Professor für Pädagogik bei Beeinträchtigungen des Lernens. Stellvertretender Geschäftsführender Direktor des Instituts für Sonderpädagogik an der Universität Hannover.

Dr. Birgit Lütje-Klose, Dipl.-Sonderpädagogin und Sonderschullehrerin, wiss. Mitarbeiterin am Institut für Sonderpädagogik der Universität Hannover.

Bibliografische Information der Deutschen Bibliothek

Die Deutsche Bibliothek verzeichnet diese Publikation in der Deutschen Nationalbibliografie; detaillierte bibliografische Daten sind im Internet über <http://dnb.ddb.de> abrufbar.

UTB-ISBN 3-8252-2391-4
ISBN 3-497-01637-3

© 2003 by Ernst Reinhardt, GmbH & Co KG, Verlag, München

Einbandgestaltung: Atelier Reichert, Stuttgart
Printed in Germany
ISBN 3-8252-2391-4 (UTB-Bestellnummer)

Ernst Reinhardt Verlag, Postfach 38 02 80, D-80615 München
Net: www.reinhardt-verlag.de Mail: info@reinhardt-verlag.de

Inhalt

Vorwort

Schülerinnen und Schüler, denen ein sonderpädagogischer Förderbedarf im Bereich des Lernens attestiert wurde, sind individuell sehr verschieden und werden in unserem Schulsystem in unterschiedlicher Weise unterstützt. Die theoretische und didaktische Sichtweise von Lernbeeinträchtigungen hat sich in den letzten Jahren stark gewandelt und wird sicher in Zukunft weiterhin Veränderungen unterworfen sein, ebenso wie die gesellschaftliche und schulpolitische Einschätzung des Phänomens. Darauf haben in der Vergangenheit zum einen schulpolitische Entwicklungen im Zusammenhang mit der Integrationsdiskussion und das Konstrukt des „sonderpädagogischen Förderbedarfs", zum anderen theoretische Vorstellungen von Lernen und Lernbeeinträchtigungen und daran anknüpfend auch veränderte didaktische Konzepte einen großen Einfluss gehabt.

Diese Einführung in die sonderpädagogische Fachrichtung „Pädagogik bei Beeinträchtigungen des schulischen Lernens" versteht sich als eine Momentaufnahme, die bisherige Entwicklungen beschreibt, einen aktuellen Standort formuliert und Perspektiven aufzeigen will.

Das Buch richtet sich vor allem an Studierende der Pädagogik bei Lernbeeinträchtigungen, aber auch an Kolleginnen und Kollegen anderer sonderpädagogischer und allgemein pädagogischer Fachrichtungen, die sich einen Überblick über den Stand der Auseinandersetzung in diesem Bereich verschaffen wollen.

Der Information und Transparenz in Bezug auf den je eigenen Standort kommt im Zuge der zunehmenden Kooperation zwischen Pädagoginnen und Pädagogen unterschiedlicher Profession eine besondere Bedeutung zu. Wir wollen dazu mit diesem Buch einen Beitrag leisten und plädieren für eine pädagogische Zusammenarbeit, im Rahmen derer die mit dem Kind zusammenarbeitenden Lehrkräfte ihre unterschiedlichen Sichtweisen zugunsten einer umfassenden Einschätzung des Menschen in seiner Lebenswelt, seiner Biografie und seiner schulischen Lernsituation austauschen und nutzbar machen.

Auch in unserer Zusammenarbeit an diesem Buch haben wir vor dem Hintergrund einer gemeinsamen erkenntnistheoretischen

Position – der systemisch-konstruktivistischen Perspektive – unsere unterschiedlichen theoretischen wie praktischen Erfahrungsbereiche und Sichtweisen als Ressourcen genutzt. Wir haben unterschiedliche Schwerpunkte bearbeitet und uns gegenseitig Rückmeldung und Ergänzungsvorschläge zu Inhalten und Darstellungsformen gegeben, so dass wir das gesamte Buch gemeinsam verantworten. Rolf Werning hat schwerpunktmäßig die Kapitel zur geschichtlichen Entwicklung, zu theoretischen Vorstellungen von Lernen und Lernbeeinträchtigungen sowie zur schulorganisatorischen und politischen Einordnung bearbeitet (Kapitel 1, 2, 3 und 5), Birgit Lütje-Klose hat vor allem die didaktischen Konzepte, Prinzipien und Umsetzungsmöglichkeiten beschrieben (Kapitel 4).

Die einzelnen Kapitel bauen von der Systematik her aufeinander auf und stehen in einer bestimmten Reihenfolge, die einen roten Faden beim Lesen ermöglichen soll. Je nach Interessenschwerpunkt der Leserinnen und Leser ist es aber auch möglich, einzelne Kapitel herauszugreifen und für sich zu lesen. Daher ergeben sich an der einen oder anderen Stelle Redundanzen und Verweise, die zugunsten der inneren Geschlossenheit jedes Kapitels in Kauf genommen werden.

Einleitend wird die Klientel der Schülerinnen und Schüler, die als lernbeeinträchtigt bezeichnet werden, anhand von Fallbeispielen, Daten und Zahlen beschrieben, Definitionsversuche aus unterschiedlichen Perspektiven werden ausgeführt (Kapitel 1). Es folgt die Darstellung der historischen Entstehung und Entwicklung der sonderpädagogischen Fachrichtung, die sich zu unterschiedlichen Zeiten als Hilfsschulpädagogik, Lernbehindertenpädagogik und Pädagogik bei Beeinträchtigungen des Lernens bezeichnet hat (Kapitel 2). Daran anschließend werden die theoretischen Positionen der Fachrichtung erläutert und erkenntnistheoretisch eingeordnet (Kapitel 3). Ein Schwerpunkt liegt dabei auf der Darstellung der systemisch-konstruktivistischen Position und ihren Konsequenzen für das Verständnis von schulischem Lernen und Lernbeeinträchtigungen.

In Kapitel 4 werden historische und aktuelle didaktische Konzepte zur Unterrichtung und Förderung von Schülerinnen und Schülern mit Lernbeeinträchtigungen vorgestellt und verglichen. Didaktische Prinzipien aus systemisch-konstruktivistischer Perspektive werden entwickelt, ihre Umsetzung wird anhand von Beispielen aus dem Unterricht der Sonderschule für Lernhilfe sowie aus dem integrativen Unterricht veranschaulicht. Abschließend werden Perspektiven der Förderung auf schulorganisatorischer und pädagogisch-konzeptioneller Ebene beschrieben, die einerseits die Bedingungen der zunehmenden schulischen Integration von Schülerinnen und Schülern mit Lernbeeinträchtigungen und andererseits mögliche neue Profile und Entwicklungen von Sonderschulen fokussieren (Kapitel 5).

Hinweise zur Benutzung dieses Lehrbuches

Das vorliegende Buch will Studienanfängern der Lernbehindertenpädagogik sowie interessierten Studierenden verwandter Studienfächer (Pädagogik, Psychologie, Sozialpädagogik und Sozialarbeit) einen Einblick in die vielfältigen Aufgabengebiete und Handlungsfelder der Pädagogik bei Lernbehinderungen geben. Der beabsichtigte Überblickscharakter des Buches macht inhaltliche Verkürzungen unvermeidbar, will aber gerade hierdurch Studienanfänger zu weiterführender Auseinandersetzung mit Einzelfragen des Faches motivieren. Die formale Gestaltung des Buches soll das Selbststudium erleichtern.

Die in den Randspalten angegebenen Hinweise und Piktogramme dienen der schnellen Orientierung und die gezielten Fragen und Aufgaben am Ende eines Kapitels der Reflexion des Gelesenen. Denkanstöße und spezifische Literaturhinweise sollen zur weiterführenden Vertiefung von Einzelaspekten anregen. Das Glossar am Ende des Buches klärt zentrale Fachbegriffe.

 **Definition**

 Literaturempfehlung

 Beispiel

 Übungsaufgaben

 Kritik

1 Lernbehinderung – Annäherungen an einen schwierigen Begriff

In der Bundesrepublik Deutschland wurden im Schuljahr 2000/01 230.919 Schülerinnen und Schüler an Schulen für Lernhilfe bzw. Förderschulen oder Schulen für Lernbehinderte (die Bundesländer haben unterschiedliche Begriffe für diese Schulform) unterrichtet. Diese Schüler stellen bis heute in allen Bundesländern die größte Gruppe aller Schüler mit sonderpädagogischem Förderbedarf. Der Anteil von Schülern an Schulen für Lernbehinderte variierte dabei in den einzelnen Bundesländern erheblich. So war er nach Angaben der Kultusministerkonferenz beispielsweise im Jahre 2000 im Saarland mit 1,72 % am niedrigsten und in Sachsen-Anhalt mit 4,87 % am höchsten. Die Unterschiede erklären sich unter anderem dadurch, dass neben der Förderung in Sonderschulen – in den einzelnen Bundesländern wiederum sehr unterschiedlich – Schüler mit Beeinträchtigungen des Lernens in integrativen Modellen – also in allgemeinen Schulen – unterrichtet werden.

Was kennzeichnet nun aber einen so genannten lernbehinderten Schüler? Was macht eine Lernbehinderung genau aus? Wie unterscheidet sich ein Schüler der Schule für Lernbehinderte oder Lernhilfe von einem Schüler der Grund- oder Hauptschule? Wie fördert man solche Kinder und Jugendlichen? Gibt es auf diese Fragen klare und eindeutige Antworten – oder haben wir es mit einem unklaren und diffusen Problembereich zu tun? Bevor dazu in diesem Buch wissenschaftliche Positionen vorgestellt und diskutiert werden, soll die erste Annäherung an das Phänomen der Lernbehinderung durch die Vorstellung einiger Kinder geschehen, die diese Diagnose oder vielleicht besser dieses Etikett zugewiesen bekommen haben:

Michael ist ein 10-jähriger Junge, der die vierte Klasse einer Sonderschule für Lernhilfe besucht. Er lebt mit seiner allein erziehenden Mutter und seinem jüngeren Bruder zusammen in einer beengten Sozialwohnung am Stadtrand. Die Kinder haben keinerlei Spielzeug, ein großer Fernseher dominiert das Wohnzimmer. Seine Mutter hat selbst die Sonderschule besucht und ist sehr stolz auf ihren Sohn, weil er – anders als sie selbst – beginnt lesen und schreiben zu lernen. Michael ist zu Hause der Bestimmer, wenn seine Mutter keinen Freund hat. Dann richtet sich die Mutter vollständig nach ihm, er bestimmt, wann er oder der Bruder oder die Mutter aufstehen, ins Bett gehen, ob er zur Schule geht oder nicht, was es zu essen gibt. Wenn seine Mutter dagegen einen Freund hat, muss Michael sich vollständig unterordnen und zum Beispiel schon um 18 Uhr ins Bett gehen. Er bekommt dann häufiger auch handgreiflichen Ärger und ist tagelang kaum ansprechbar.

Er konnte sich bei seiner Einschulung noch nicht allein anziehen, hatte noch nie zuvor seine Sachen selbst ein- oder ausgepackt oder war allein auch nur bis zum Spielplatz um die Ecke gegangen. Er kannte, bis sein Bruder geboren wurde, keine anderen Kinder, weil er den ganzen Tag mit der Mutter im Kiosk verbrachte und keinen Kindergarten besuchte. Seine Sprache war sehr reduziert, dadurch fiel es ihm schwer, seine Absichten den anderen Kindern oder Lehrkräften gegenüber deutlich zu machen. Wenn etwas nicht so war, wie er es sich vorstellte, wurde er wütend und handgreiflich. Im Unterricht fühlte er sich schnell überfordert und verweigerte dann die Mitarbeit.

Katharina besucht die zweite Klasse einer integrativen Grundschule. Sie ist sehr klein und zierlich, zusätzlich macht sie sich durch ihre Körpersprache klein und wirkt dadurch wesentlich jünger. Ihre Kleidung ist manchmal ungepflegt und sie sieht krank aus. Sie lebt mit ihren Eltern und zwei jüngeren Brüdern sowie mehreren Haustieren in einer Sozialwohnung. Der Vater hat nach langer Arbeitslosigkeit eine Stelle in einer Reinigungsfirma gefunden und arbeitet oft bis spät abends. Trotz vieler Versuche konnte deshalb noch kein persönliches Gespräch der Lehrerinnen mit ihm stattfinden. Die Mutter ist Hausfrau und betreut tagsüber zusätzlich zu ihren eigenen Kindern noch ein weiteres Mädchen, das mit Katharina in eine Klasse geht und ihre beste Freundin ist. Mit ihr haben schon mehrere Gespräche statt gefunden, sie kommt aber jedes Mal mit offensichtlicher Angst in die Schule und will auf keinen Fall von den Lehrerinnen zu Hause besucht werden. Katharinas jüngster Bruder ist der „kleine Prinz" der Familie und wird besonders vom Vater bevorzugt. Beide Eltern haben die Sonderschule für Lernhilfe besucht und wollen für ihre Kinder um jeden Preis vermeiden, dass sie als „lernbehindert" stigmatisiert werden. Katharina berichtet von harten Strafen für schlechte Schulleistungen, die sie und auch ihre Mutter vom Vater bekommt.

Katharina spielt gern phantasievolle Spiele mit Puppen und Kuscheltieren. Auch für echte Tiere interessiert sie sich und kann gut mit ihnen umgehen. An guten Tagen mag sie vertraute, körperlich nahe Situationen, in denen gemeinsam gelesen oder erzählt wird. Oftmals weicht sie vor räumlicher Nähe oder körperlichen Berührungen allerdings zurück und verkrampft sich. Am Unterricht der Klasse nimmt Katharina nur begrenzt teil. Sie arbeitet extrem langsam und häufig nur dann, wenn ein Erwachsener sich um sie kümmert. Oftmals verweigert sie sich, beginnt Arbeiten gar nicht erst oder gibt auf, sobald sie eine Anforderung nicht auf Anhieb bewältigen kann. In verbalen Phasen des Unterrichts beteiligt sich Katharina nur selten an guten Tagen oder wenn sie direkt unterstützt wird. Zum Ende des zweiten Schuljahres wird sonderpädagogischer Förderbedarf festgestellt, um die „zieldifferente" Unterrichtung und Beurteilung nach den Rahmenrichtlinien der Schule für Lernhilfe zu ermöglichen.

Hatice besucht die erste Klasse einer integrativen Grundschule, in der eine Sonderpädagogin mit der Klassenlehrerin zusammenarbeitet. Sie ist eine Schülerin kurdischer Herkunft, die mit den drei Sprachen kurdisch, türkisch und deutsch aufwächst. Zusammen mit einem älteren und einem jüngeren Bruder, ihrer nicht deutsch sprechenden Mutter und ihrem Vater lebt sie in einer kleinen Wohnung in der Nähe der Schule. Der Vater kümmert sich sehr um Hatice und ihre Geschwister und kommt regelmäßig in die Schule, um mit der Klassenlehrerin zu sprechen. Er sorgt sich um seine Tochter, weil sie Schwierigkeiten mit dem Erwerb der deutschen und auch der kurdischen Sprache hat. Vermutlich deshalb hat Hatice auch erhebliche Probleme beim Erwerb der Schriftsprache. Ihr Wortschatz und ihre grammatischen Strukturen reichen in der deutschen Sprache noch nicht aus, um die Verständigung zu sichern und ihr den Ausdruck eigener Absichten zu ermöglichen. Sie vertauscht die Laute [g] und [d] sowie stimmhafte und stimmlose Konsonanten, außerdem ist sie nicht sicher in der Unterscheidung der Vokale [i] und [e] sowie [o] und [u]. Weiterhin ist sie auch insgesamt in ihrem Abstraktionsvermögen noch nicht so weit entwickelt wie ihre Klassenkameraden. Die Vermutung, dass ihr Hörvermögen eingeschränkt ist, hat sich diagnostisch nicht bestätigt; möglicherweise liegt ein Problem in einer eingeschränkten Hörverarbeitung. Hatice schaltet in frontalen Phasen und Erzählkreisen häufig ab, sie beteiligt sich nur sporadisch an Tänzen und Bewegungsspielen unter Anleitung und verweigert sich in psychomotorischen Situationen. Dagegen spielt sie in selbstbestimmten, freien Phasen sehr gerne und ausdauernd mit anderen Kindern. Seit kurzer Zeit entwickelt sie ein erstes Interesse am Lesen von Bilderbüchern mit Bildwörtern und macht Fortschritte im Bereich Buchstabenkenntnis. Die Sonderpädagogin und die Grundschullehrerin unternehmen präventiv große Anstrengungen, um die Verfestigung einer Lernbeeinträchtigung zu vermeiden.

Anna besucht die zweite Klasse einer Sonderschule für Lernhilfe. Ihre Familie kommt aus Bosnien und ist dort vor drei Jahren vor dem Bürgerkrieg geflohen, sie lebt seitdem in einem Asylbewerberheim in der Stadt. In Bosnien lebte die Familie auf einem Bauernhof. Anna hat noch einen älteren Bruder, der ebenfalls die Sonderschule besucht. Er ist der einzige in der Familie, der inzwischen ausreichend deutsch sprechen kann, um als Dolmetscher der Familie bei allen wichtigen Gesprächen oder Behördengängen zu übersetzen. Anna hat nach ihrer Ankunft in Deutschland ein Jahr lang überhaupt nicht gesprochen, sie begann erst in ihrem zweiten Jahr im Kindergarten, mit den Erwachsenen nonverbal Kontakt aufzunehmen. Der Kindergarten empfahl den Eltern aufgrund von Annas umfangreicher Entwicklungsverzögerung eine Einschulung in die Sonderschule für Lernhilfe, die sie von Anfang an besucht. Anna bewegt sich nur sehr vorsichtig und kleinräumig, mit hochgezogenen Schultern und gesenktem Kopf. Sie kann inzwischen mit einzelnen Kindern und der Lehrerin Kontakt aufnehmen, manchmal erzählt sie sogar etwas im Gesprächskreis, benötigt dabei aber viel Unterstützung durch Fragen und Interpretationen der Lehrerin. Anna kann automatisiert bis 10 zählen, sie beginnt sich auf der handelnden Ebene mit Mengen bis fünf zu beschäftigen und hat erstes Interesse daran entwickelt, ihren eigenen Namen schreiben zu lernen.

Markus ist ein großer, zierlicher Junge, der durch seine motorische Unruhe und seine Tics auffällt. Er hat nach seiner Einschulung den Schulkindergarten besucht und sich dort in seinem sozialen und Arbeitsverhalten etwas stabilisiert. In der ersten Klasse fällt es ihm sehr schwer, den für ihn langen Schultag durchzustehen. Häufig ist er nach den ersten beiden Stunden erschöpft und will nach Hause gehen. Er fühlt sich schnell überfordert und legt sich dann auf den Fußboden. Mit anderen Kindern verträgt sich Markus meistens nur kurze Zeit. Er ist leicht zu provozieren, was einige seiner Mitschüler ausnutzen. Seinerseits provoziert er die anderen Schüler ebenfalls häufig und findet sich dann – für ihn offenbar völlig überraschend – in handfesten Auseinandersetzungen wieder. Markus rechnet zum Ende des ersten Schuljahres im Zahlenraum bis 10 mit konkretem Material durch Abzählen. Seine simultane Mengenerfassung reicht je nach Tagesform bis 4 oder 5, ohne konkrete Handlung kann er Mengen bis 4 zerlegen. Markus tut sich schwer mit dem Schriftspracherwerb und verweigert sich besonders in Situationen, in denen er lesen soll. Seine Mutter übt täglich mit ihm und ist verzweifelt, dass sie so wenig Erfolg damit hat. Nach einer psychologischen Untersuchung wird ihr die Überweisung des Sohnes auf die Sonderschule für Lernhilfe empfohlen.

Die kurzen Portraits machen deutlich, dass von „dem Lernbehinderten" keineswegs gesprochen werden kann. Sicher fällt es auch schwer, nach der Lektüre eine klare und griffige Definition von Lernbehinderung zu geben. Und wenn man sich nun intensiver mit dem Phänomen der Lernbehinderung auseinander setzt, wird man schnell feststellen, dass das Bild keineswegs klarer, sondern eher diffuser und verwirrender wird.

Terminologie

Dies beginnt schon bei der Terminologie. Die Gruppe der Kinder wird häufig noch als lernbehindert bezeichnet; früher fand man Begriffe wie Schwachsinnige oder Hilfsschüler und in neuerer Zeit spricht man vermehrt von Kindern und Jugendlichen mit sonderpädagogischem Förderbedarf im Bereich Lernen oder von Schülerinnen und Schülern mit Lernbeeinträchtigungen.

Alle diese Begrifflichkeiten sind ungenau und aus wissenschaftlicher Perspektive meist wenig aussagekräftig. Bis heute gibt es keine allgemein akzeptierte Theorie der Lernbehinderung, und die oben genannten Begriffe bezeichnen weder eine exakt abgrenzbare Gruppe von Kindern und Jugendlichen noch ein klar umrissenes Symptom oder Syndrom. Dies liegt sicherlich zu einem Großteil daran, dass Beeinträchtigungen bzw. Schwierigkeiten im Lernen sehr unterschiedlich sein können, aufgrund vielfältigster Bedingungskonstellationen entstehen können und sehr differenzierte Förderansätze benötigen. Solch umfassende Begriffe sind somit nicht viel mehr als Sammelkategorien für sehr unterschiedliche komplexe Problemlagen.

So kann man durchaus kritisch anmerken, dass niemand wirklich lernbehindert ist. Nimmt man z. B. eine klassische lernpsychologische Definition von Lernen, so fällt darunter jeder Vorgang,

„durch den eine Aktivität im Gefolge von Reaktionen des Organismus auf eine Umweltsituation entsteht oder verändert wird. Dies gilt jedoch nur, wenn sich die Art der Aktivitätsveränderung nicht auf der Grundlage angeborener Reaktionstendenzen, von Reifung oder von zeitweiligen organismischen Zuständen (z. B. Ermüdung, Drogen) erklären läßt" (Hilgard/Bower 1970, 16).

Lernprozesse sind so unterschiedlich und durchziehen die menschliche Entwicklung so weitgehend, dass McGeoch (1952, 3) berechtigter Weise feststellte, dass nicht viel mehr als vegetative (biologische) Prozesse übrig bleiben, wenn man die Lerneffekte aus dem menschlichen Leben streicht. Personen, die in der Schule versagen, sind somit nicht grundsätzlich oder generell in ihrem Lernen behindert.

Bis heute hat die aus empirischen Überprüfungen abgeleitete Feststellung von Kanter (1980, 47) Bestand, dass „es keine globale Lernfähigkeit des Menschen und damit umgekehrt keinen globalen Mangel an Lernfähigkeit im Sinne einer generellen Lernbehinderung (gibt)". Er konstatierte ferner, dass „vorwiegend von aufgabenspezifischen Schwierigkeiten auszugehen (ist), die sich in bestimmten Bereichen allerdings häufen können". Klauer und Lauth (1997, 707) weisen ferner darauf hin, dass sich leistungsschwache Schüler bzw. Schüler mit Lernbeeinträchtigungen „weniger durch dauerhafte Fähigkeitsdefizite (etwa im Bereich des Gedächtnisses oder des Denkens) (auszeichnen), als vielmehr durch die Art …, wie sie Lernvorgänge bewältigen (z. B. „Raten" statt systematischer Inspektion der Materialvorlage)".

Auf der anderen Seite ist die Beeinträchtigung des Lernens ein Phänomen, das jeder bis zu einem gewissen Grade kennt: wenn man eine Aufgabe oder einen Aufgabenbereich nicht verstanden hat, oder – aus welchen Gründen auch immer – unkonzentriert ist und bei einer Problembearbeitung nicht weiter kommt etc.

Es bleibt festzustellen, dass es bei dem Phänomen, das als Lernbehinderung o. Ä. beschrieben wird, um das Versagen in der Schule geht – wobei auch hier schon nicht klar ist, wer versagt: der Schüler oder die Schule. Die Folgen – insbesondere die Überweisung an eine Sonderschule – führen dabei nicht selten zu massiven Eingriffen in die Biografie eines Kindes und sind meist mit deutlichen Benachteiligungen im zukünftigen Leben verbunden.

Klassische Definitionsversuche von Lernbehinderung bezogen sich dabei immer auf die Person des Schülers. D. h., das Versagen wurde als Symptom krankhafter bzw. defizitärer Strukturen oder Prozesse des Individuums interpretiert. Eine Lernbehinderung wurde gekennzeichnet als schwerwiegende, umfängliche und langdauernde Beeinträchtigung des Lernens, wodurch sich deutlich normabweichende Leistungs- und Verhaltensformen bei den Schülern zeigten und deshalb eine angemessene Förderung in der allgemeinen Schule nicht möglich und die Einweisung in die Schule für Lernbehinderte notwendig sei (Kanter 1980, 57).

Das Bemühen, das Phänomen des Schulversagens zu definieren, ergab sich aus der Aufgabe, eine Trennlinie zwischen jenen Schülern zu ziehen, die an der Regelschule oder an der Sonder-

Klassische
Definitionsversuche

schule beschult werden sollten. Hier wird deutlich, dass Lernbehinderung keine primär wissenschaftliche Begrifflichkeit darstellt, sondern vielmehr aus dem pragmatischen Interesse heraus
entstanden ist, eine spezifische Schülergruppe zu kennzeichnen,
die aus der allgemeinen Schule an die Sonderschule verwiesen
wird. Begemann (1979, 450) sprach hier von einer „administra-
tiven Setzung" und Thimm und Funke (1980, 586) konstatierten,
dass Lernbehinderung ein theoretisches Konstrukt sei „mit der
Funktion, die Selektion von Kindern, die dem Leistungsanspruch
der Hauptschule nicht entsprechen können, zu begründen".

Das grundlegende Problem der Definitionsversuche von Lernbehinderung bestand darin, dass man quasi objektiv versuchte,
spezifische Merkmale zur zweifelsfreien Bestimmung und Abgrenzung dieses Phänomens bezogen auf die Person herauszuarbeiten, ohne zu berücksichtigen, dass es sich bei Lernbehinderung nicht um einen Sachverhalt, eine Eigenschaft, eine Krank-
heit etc. handelt, sondern hierdurch vielmehr eine Beziehung in
einem spezifischen gesellschaftlichen Kontext beschrieben wird
(Werning/Reiser 2002).

Begriffe wie Learning Disabilities …

In anderen europäischen Ländern wie auch in den USA gibt
es keine vergleichbare Begrifflichkeit. So kennzeichnet der in den
USA verwendete Begriff der „learning disabilities" eine erheblich
größere Schülerpopulation (ca. 5 % der Gesamt-Schülerschaft),
die überwiegend durchschnittliche Werte in Intelligenztests erreicht, in der Schule jedoch deutliche Lernschwierigkeiten zeigt
(Schröder 2002).

… und Educable Mentally Handicapped

Daneben gibt es in den USA den Begriff der „educable mentally handicapped". Hierunter fallen Schüler, bei denen in einem
Intelligenztest ein Wert zwischen IQ 55 und IQ 70 ermittelt wurde. Diese Gruppe ist somit kleiner als die Gruppe der sog. lernbehinderten Schüler, deren IQ-Werte ein größeres Spektrum umfassen (Suhrweier 1993, 38ff). So gibt es einen beträchtlichen Anteil sog. lernbehinderter Schüler, die in Intelligenztests Werte von
über 80, teilweise über 100 erreichen (Schröder 1998, 59).

ICD 10

Die internationale statistische Klassifikation der Krankheiten
und verwandter Gesundheitsprobleme (ICD 10) differenziert zwischen der Kategorie Intelligenzminderung (F70–F79) und Entwicklungsstörungen (F80–F89). Leichte Intelligenzminderun-
gen werden durch den IQ-Bereich 50–69 definiert und entsprechen somit ungefähr der amerikanischen Kategorie der „educable
mentally handicapped". Bei den Entwicklungsstörungen gibt es
neben Lese-, Rechtschreib- und Rechenstörungen eine Sammel-
kategorie „kombinierter Störungen schulischer Fertigkeiten", die
man mit der Kategorie der „learning disabilities" vergleichen kann:
„Dies ist eine schlecht definierte Restkategorie für Störungen mit

deutlicher Beeinträchtigung der Rechen-, der Lese- und der Rechtschreibfähigkeiten. Die Störung ist jedoch nicht allein durch eine allgemeine Intelligenzminderung oder eine unangemessene Beschulung erklärbar" (ICD F81.3).

Im sonderpädagogischen Bereich zeigt sich in den letzten Jahren erfreulicherweise jedoch eine Abkehr von Versuchen, Schulversagen individualisierend zu definieren. Damit wird auch der traditionelle Begriff der Lernbehinderung immer fragwürdiger.

Die Veränderung der Terminologie – von der „Lernbehinderung" zur „Beeinträchtigung im (schulischen) Lernen" – wurde durch die Empfehlungen der Kultusministerkonferenz zur sonderpädagogischen Förderung in den Schulen der Bundesrepublik Deutschland 1994 festgeschrieben und in den Empfehlungen zum Förderschwerpunkt Lernen der Kultusministerkonferenz vom 1. 10. 1999 ausgeführt:

Aktuelle
Terminologie

„Bei Schülerinnen und Schülern mit Beeinträchtigungen des Lernens ist die Beziehung zwischen Individuum und Umwelt dauerhaft bzw. zeitweilig so erschwert, dass sie die Ziele und Inhalte der Lehrpläne der allgemeinen Schule nicht oder nur ansatzweise erreichen können. Diesen Kindern und Jugendlichen und ihren Eltern muss Hilfe durch Angebote im Förderschwerpunkt Lernen zuteil werden" (zit. nach Drawe u. a. 2000, 300).

Beeinträchtigungen
des Lernens

Hier wird die Abkehr von einer individualisierenden Begrifflichkeit hin zu einer Berücksichtigung kontextueller Bedingungen bei Lernschwierigkeiten deutlich. Nun könnte man sagen, dass die Veränderung von Begriffen zwar ganz schön und gut sei, aber keine nennenswerten Auswirkungen auf die spezifischen Probleme und Schwierigkeiten der Schüler hat. Hier muss aber berücksichtigt werden, dass auf administrativer Ebene der Wechsel der Begrifflichkeiten mit Veränderungen der schulischen Förderperspektiven einher geht. Die Bezeichnung Lernbehinderung bzw. Lernbehinderte war direkt mit der Sonderschule verknüpft. Der Terminus der „Beeinträchtigung des Lernens" steht hingegen in keiner direkten Beziehung zu einer spezifischen Schulform. Damit einher geht die Entwicklung einer sonderpädagogischen Förderung, die nicht mehr an die Sonderschule gebunden ist. So heißt es in den Empfehlungen zum Förderschwerpunkt Lernen: „Die schulische Förderung im Förderschwerpunkt Lernen bezieht alle Schularten und Schulstufen ein. Dabei wird angestrebt, dass gemeinsames Lernen aller Schülerinnen und Schüler mit und ohne sonderpädagogischen Förderbedarf verwirklicht werden kann" (zit. nach Drawe u. a. 2000, 308).

Es kann festgestellt werden, dass der Begriff der Lernbehinderung vorrangig dazu entwickelt wurde, um Schüler, die in der allgemeinen Schule aus welchen Gründen auch immer im Leistungs-

Zusammenfassung

bereich versagten, einer anderen Schulform, der Sonderschule für Lernbehinderte bzw. Lernhilfe, zuzuführen. Wenn es um die Förderung spezifischer Kinder und Jugendlicher geht, ist dieser Begriff überflüssig. Weder kann er spezifische Syndrome bezeichnen, die ein spezifisches Erscheinungsbild umfassen, noch kann er Hinweise für eine pädagogische/sonderpädagogische Förderung geben. Hierzu sind viel genauere, individuellere Beschreibungen notwendig. In diesem Buch werden deshalb vorrangig die Termini „Beeinträchtigungen des Lernens" und „Lernschwierigkeiten" verwendet.

2 Die Entstehung einer besonderen Pädagogik für Kinder mit Lernbeeinträchtigungen

Die Geschichte der Pädagogik für Kinder mit Lernbeeinträchtigungen ist im Wesentlichen die Geschichte der Hilfsschule bzw. der Sonderschule. Sie setzt ein zu einer Zeit gesellschaftlicher Veränderungen gegen Ende des 19. Jahrhunderts, die sich auf das Bildungswesen auswirkten. Ein Verständnis der Entwicklung der Hilfsschule ist nur dann möglich, wenn man sie in den gesellschaftlichen wie auch in den bildungspolitischen Zusammenhang der jeweiligen Zeit – hier insbesondere in den Kontext der Volksschulentwicklung – stellt. Gerade der letzte Aspekt – die Einbettung in den bildungspolitischen Kontext – führt zu einer Unterscheidung der Ursachen für die Gründung von Schulen für sinnesgeschädigte Kinder und Jugendliche von solchen für Schülerinnen und Schüler, die in der Volksschule versagten:

Bei ersteren ging es um den Nachweis der Bildungsfähigkeit. Durch die Gründung von Taubstummenanstalten (z. B. 1770 in Paris) wurde durchgesetzt, dass Kinder, die bisher keine Bildung erhielten, nun die Möglichkeit bekamen, eine Schule zu besuchen. Auch der Gedanke der Bildung für alle Kinder – eben auch der ärmsten – wie er bei Pestalozzi zu finden ist, beschreibt eine Ausweitung der Beschulung für solche Kinder, die bisher kaum die Chance auf schulische Bildung bekamen. Hier ging es somit um die Ausweitung von Bildungsmöglichkeiten, um die Inklusion bisher Ausgeschlossener.

2.1 Die Hilfsschule als Abspaltung von der Volksschule

Die Entwicklung der Hilfsschule muss in einem anderen Zusammenhang gesehen werden. Sie stellt keine Ausweitung, sondern eine – positiv formuliert – Spezialisierung oder – negativ formuliert – Beschränkung von Bildung dar. Dies ergibt sich aus der Abspaltung der Hilfsschule von der Volksschule, wodurch eine spezifische Institution für Schulversager bzw. schulschwache Kinder geschaffen wurde.

H. E. Stötzner

Bildungspolitische
Veränderungen
im 19. Jh.

Überlegungen hierzu wurden erstmals 1864 von dem Taubstummenlehrer Heinrich Ernst Stötzner vorgestellt, der zuvor Lehrer in der ersten öffentlichen Erziehungsanstalt Hubertusburg für sogenannte blödsinnige (heute würde man sagen geistigbehinderte) Kinder (Beschel 1980, 117) im damaligen Königreich Sachsen war. In seinem Buch mit dem Titel „Schulen für schwachbefähigte Kinder" zeigte er die Notwendigkeit von Nachhilfeschulen – wie Stötzner diese Institutionen nennen wollte – auf und beschrieb neben den organisatorischen und erzieherischen Grundsätzen auch die Grundzüge des Lehrplans wie des Unterrichts an dieser neu einzurichtenden Schulform. Der Name Nachhilfeschule wurde von Stötzner bewusst als Euphemismus ausgewählt: „Ich würde diese Anstalten also Nachhilfeschulen nennen, und zwar um der Eltern und Schüler willen; denn obschon dieser Ausdruck nicht vollkommen bezeichnend ist, so klingt er doch weniger hart und abstoßend, weniger niederdrückend als der Name Schule für Schwachsinnige" (Stötzner 1864/1963, 10).

Aus einer historischen Perspektive stellt sich nun die Frage, warum gerade in dieser Zeit der Gedanke aufkam, eine Schule unterhalb der Volksschule zu etablieren? Bedeutsam hierfür sind die gesellschaftlichen Veränderungen, die Mitte des 19. Jahrhunderts durch die Industrielle Revolution auch in Deutschland stattfanden. Durch den Übergang von einer Agrar- zu einer Industriegesellschaft setzte eine wissenschaftlich-technische Entwicklung im Industriebereich ein. Damit entstanden neue Produktionsverfahren, die die Notwendigkeit einer spezifischen Qualifikation der Arbeiter nach sich zogen. Die Volksschule hatte die Aufgabe, das notwendige Mindestmaß an allgemeinen Fähigkeiten und Fertigkeiten für die zukünftigen Arbeiter zu vermitteln. Dies fasst man allgemein als die Qualifikationsfunktion von Schule. Daneben hat Schule die Aufgabe der Legitimation bzw. der Integration zu erfüllen (Fend 1980). Damit ist gemeint, dass die Schüler so erzogen werden, dass sie die bestehenden politischen Verhältnisse akzeptieren und sich ihren Forderungen gemäß verhalten lernen. Als dritte Funktion wird allgemein die Selektion genannt. Schule verteilt Eingangsberechtigungen zu unterschiedlichen gesellschaftlichen Positionen nach vorgegebenen Leistungskriterien. Im letzten Drittel des 19. Jahrhunderts zeigte sich schon, dass die schwächeren Schüler als „Hemmschuh", als Behinderung bei der pädagogischen Arbeit, in der Volksschule angesehen wurden. Die Umsetzung sowohl der Qualifikationsfunktion als auch der Integrationsfunktion der Volksschule schien damit sowohl für die leistungsstärkeren als auch für die leistungsschwächeren Schüler gefährdet. Erstere – so wurde angenommen – würden durch die schwächeren Mitschüler in ihrer

Entwicklung behindert und Letztere hätten kaum eine Chance, unter den gegebenen Bedingungen angemessen gefördert zu werden.

Grundsätzlich können zunächst zwei Aspekte für die Entwicklung der Hilfsschule benannt werden: zum einen die desolate Situation der Kinder, die in der Volksschule nicht mitkamen (das sogenannte Sitzenbleiberelend) und zum anderen die konstatierte Notwendigkeit einer Entlastung der Volksschule von lernschwachen Schülern. Neben spezifischen gesellschaftlichen Interessen ist aber auch ein standespolitisches Interesse der Hilfsschullehrerschaft an der Entwicklung und dem Ausbau der Hilfsschule festzustellen. Im Folgenden sollen diese Faktoren ausgeführt werden, um dann anschließend die konkrete Entwicklung der Hilfsschule bis zur Sonderschule nachzuzeichnen.

Gründe für die Entwicklung der Hilfsschule

2.1.1 Die Situation von Schülern mit Lernschwierigkeiten in der Volksschule

Kinder, die Lernschwierigkeiten in der Volksschule zeigten, hatten gegen Ende des 19. Jahrhunderts wenig Aussicht auf eine angemessene Förderung. Häufig ließ man sie einfach sitzen, und sie verließen die Schule aus der 2. oder 3. Klasse. Dabei muss berücksichtigt werden, dass zu dieser Zeit ca. 60 bis 80 Schüler in einer Klasse unterrichtet wurden. Kielhorn (1908, 89) beschrieb eine solche Situation:

H. Kielhorn

„Eines Tages fing ich in einer zweituntersten Klasse den Rechenunterricht mit leichten Wiederholungsaufgaben an. Da erhob sich ein langer 14jähriger Bursche mit den Worten: ‚Na, so ein Exempel habe ich schon vor vier Jahren gelernt!‘ ‚Gut‘, sagte ich, ‚rechne einmal vor.‘ Aber die Sache wollte nicht gehen, die kleinen siebenjährigen Knaben lachten: ‚Der kann gar nichts!‘ Und der Lange ergab sich, indem er sagte: ‚Nun kann ich es nicht mehr!‘ In einer anderen Klasse fand ich zwischen den kleinen einen 13jährigen Knaben, der am Unterricht überhaupt nicht teilnahm, aber sich durch rüpelhaftes Betragen bemerkbar machte; er wurde durch Strafen zur Ruhe gebracht, d. h. zum Nichtstun gezwungen."

Vertreter der Hilfsschule gingen somit davon aus, dass Kinder mit Lernschwierigkeiten in der Volksschule nicht hinreichend gefördert werden konnten – ja dass sie oftmals sogar aufgrund ihrer Schwächen ungerecht behandelt würden. Zur Erklärung des Schulversagens stützte man sich auf eine medizinisch individualisierende Sichtweise. Lernprobleme, die als individuelle Minderbegabung interpretiert wurden, führte man auf (hirn-) organische (irreparable) Ursachen zurück, die eine besondere Beschulung nötig machen. Die Hilfsschulpädagogen sahen sich so in der Rolle des Anwaltes für beeinträchtigte Schüler.

„Die Bedeutung der Hilfsschule für ihre Zöglinge ist in der individuellen Behandlung derselben begründet. Schon die eingehende Anamnese bei der Aufnahme in die Hilfsschule veranlasst Beseitigung wesentlicher Fehler und Vernachlässigung der Kindespflege. Es werden dann z. B. blutarme ‚Schlafmützen‘, skrofulöse und tuberkulöse ‚Faulpelze‘, koreatische ‚Ruhestörer‘ und epileptische ‚Bettnässer‘ nicht mehr unverdienterweise getadelt, bestraft und verachtet, sondern als Kranke betrachtet und behandelt" (Delitsch 1908, 4).

Der Schutz des Kindes mit Lernbeeinträchtigungen vor unangemessener Überforderung, ungerechter Behandlung und vor unzureichender Förderung in der Volksschule war somit sicherlich ein Element der Begründung einer besonderen Beschulung.

2.1.2 Die Entlastungsfunktion der Volksschule

Bei vielen Befürwortern einer speziellen Schule für sogenannte schwachbefähigte oder schwachsinnige Schüler wird die Entlastung der Volksschule als wichtiger Grund beschrieben. So schreibt Stötzner (1864/1963, 7):

„Die Volksschule hat andere Aufgaben zu lösen, als sich mit geistig Schwachen und Stumpfsinnigen herum zu mühen. Diese mindern und hemmen nur! Wieviel Höheres würde sie erreichen, wenn sie von der Sorge um diese befreit würde? Man nehme die Schwächsten aus der Volksschule heraus, und man wird letztlichere instand setzen, um so eher den Forderungen der Gegenwart nachzukommen."

Ähnlich argumentiert Gustav Saarschmidt in seinem Bericht an das Herzogliche Konsistorium zu Wolfenbüttel vom 5.9.1884:

„In allen Volksschulen gibt es eine Anzahl solcher im leichten Grade schwachsinniger Kinder, welche die Kennzeichen des Idiotismus nicht so stark und gehäuft an sich tragen, daß sie besonderen Anstalten überwiesen werden müssen, deren Erkenntnis und Wille aber so unterentwickelt und gehemmt sind, daß sie für den Lehrer eine Quelle unendlicher fruchtloser Mühe, und damit für die Mitschüler ein Nachteil sind. Diese Kinder erreichen in der öffentlichen Schule entfernt nicht das, was sie in einer für ihre Befähigung allein berechneten Klasse erreichen könnten. Es ist irrig zu glauben, mit der Entfernung von dem Gesunden entgehe ihnen ein Mittel des Fortschrittes; im Gegenteil sind die Geringschätzung, der Spott ihrer unduldsamen Mitschüler und die Vergleiche, die sie selbst unbewußt zwischen ihren eigenen Leistungen und denen der Gesunden anstellen, für sie nur beständige Quellen lähmender Demütigung."

Individualisierung und Differenzierung — Solche und ähnliche Argumente finden sich auch häufig in den Veröffentlichungen des Verbandsorgans „Die Hilfsschule" zu Anfang des 20. Jahrhunderts (vgl. z. B. Delitsch 1908, 4). Die Schaffung möglichst leistungshomogener Lerngruppen, die im „Gleich-schritt" den Unterrichtsstoff bearbeiten sollten, war die gültige Vorstellung von Unterricht in der Volksschule. Individualisierung bzw. Differenzierung wurde für die Volksschule nicht in Betracht gezogen, wohl aber für die Hilfsschule:

„Der Unterschied zwischen Volks- und Hilfsschule besteht in der Organisation und dem Schülermaterial. Die Hilfsschulklassen sind klein; individualisieren ist möglich. In den noch recht vollen Klassen der Volksschule ist es dem Lehrer auch beim besten Willen recht schwierig zu individualisieren. Glücklicherwei-se wird die Schwierigkeit seiner Aufgabe dadurch etwas erleichtert, daß er nor-male Kinder mit durchschnittlich gleichem Verstande vor sich hat. Diese Schüler ähneln einander in ihrem Verhalten gegenüber sittlichen Einflüssen. Eine Maß-nahme, die auf A wirkt, wird in der Regel nicht verfehlen, ihre Spuren auch bei B und C zu hinterlassen, vorausgesetzt allerdings, dass die nichtnormalen Kinder aus der Klasse ausgemustert worden sind" (Bartsch 1909, 40f).

Aufgrund der Pathologisierung von Lernschwierigkeiten wurden die Volksschullehrer für diese Kinder als nicht zuständig erklärt. Lückerath (1910, 225) forderte: „In die Volksschule gehören nur die geistig gesunden Kinder." Dass die Volksschullehrer keine Ge-genposition eingenommen haben, zeigte sich darin, dass sie Hilfs-schulgründungen nicht widersprochen, sondern diese eher ge-fördert haben. Auch wenn Fittje (1986, 265) darlegt, dass die rea-le zahlenmäßige Entlastung zu dieser Zeit aufgrund der wenigen Hilfsschulen kaum spürbar gewesen sein dürfte, bleibt die Tat-sache, dass die Entlastungsfunktion sehr stark durch die Hilfs-schulpädagogen in den Vordergrund gerückt wurde. Dies allein als taktisches Argument zu werten, wird dem Sachverhalt sicher nicht gerecht. Mit dem Entlastungsargument ist zudem sehr eng das Element des „wesensmäßigen Unterschiedes" des „Hilfs-schulkindes" vom „Volksschulkind" verbunden. Mit der hyposta-sierten hirnorganisch bedingten sogenannten Schwachsinnigkeit wurde eine Nichtförderbarkeit in der Grundschule verbunden. „Für solche Kinder ist die Volksschule nicht geschaffen. Es ist un-möglich, daß ihr Gehirn dort die erforderliche Übung erfährt und dementsprechend weitergebildet wird" (Lückerath 1910, 229). Raatz (1920, 51) formulierte es noch deutlicher:

Pathologisierung und Aussonderung

„Die Einheitsschule nach dem Grundsatz ‚freie Bahn dem Tüchtigen' ist auf dem Marsche. Die Hilfsschule für schwachsinnige Kinder wird eine notwendi-ge Vorbedingung für sie sein; denn ihre Pflegebefohlenen sind von dem frei-en Wettlauf selbst durch die unterste Stufe der Einheitsschule ausgeschlossen. Ihr Verbleiben in der Grundschule würde den ungehemmten Aufstieg der Be-gabten beeinträchtigen."

Hinter der Aussonderung stand somit die unbewiesene These, dass Kinder mit Lernschwierigkeiten ihre Mitschüler in der Volks-schule hemmen.

2.1.3 Das gesellschaftliche Interesse an der Entwicklung der Hilfsschule

Das gesellschaftliche Interesse der monarchistischen Staaten an der Hilfsschule kann auf zwei Ebenen betrachtet werden. Erstens versprach man sich von den Hilfsschulen eine Reduzierung der Sozialausgaben (Funktion der sozialen Brauchbarmachung der Schüler) und zweitens eine Erziehung der sozial deklassierten Kinder und Jugendlichen zur Loyalität gegenüber der Obrigkeit (Integrationsfunktion). Die Hilfsschule sollte so die zentralen gesellschaftlichen Funktionen, die Schule in einer kapitalistischen Gesellschaft zugewiesen bekommen hat, in spezifischer Weise erfüllen. Dies soll im Folgenden näher ausgeführt werden.

Soziale Brauchbarmachung der Schüler

Die Hilfsschule sollte die Kinder für einfache, ungelernte Tätigkeiten qualifizieren und dafür sorgen, dass sie für ihren Lebensunterhalt – auf niedrigstem Niveau – selbst sorgen können. Die Befähigung der Schüler, einen Beruf zu ergreifen, war deshalb ein wichtiges Ziel der Hilfsschulpädagogen (Altstaedt 1977, 68f). Damit versprach sie eine Entlastung der Ausgaben der Kommune für die Armenfürsorge (Stötzner 1864/1963, 12). Es ist dabei davon auszugehen, dass die Schüler aufgrund ihrer unterdurchschnittlichen Qualifizierung äußerst unsichere Arbeitsplätze bekamen und ständig von Arbeitslosigkeit, Marginalisierung und Verarmung bedroht waren. Die minimale Qualifizierung zur Erarbeitung des eigenen Lebensunterhaltes veränderte somit nichts an der sozioökonomischen Randstellung der betroffenen Schüler. Angestrebt wurde aber durch die spezifische, auf unterem Niveau angesiedelte Qualifizierung die Befähigung der Schüler, ihren Lebensunterhalt selbst zu verdienen, um Fürsorgeleistungen zu vermeiden. Insgesamt kann der Feststellung Reichmanns (1981, 110), dass die Hilfsschule eine „Klassenschule für die schwächsten Mitglieder des Proletariats" war, sicherlich zugestimmt werden.

Die Integrationsfunktion

Neben der Funktion der sozialen Brauchbarmachung sollte die Hilfsschule ihre Schüler natürlich auch in das Gesellschaftssystem integrieren. Schüler der Hilfsschule waren zu Beginn des 20. Jahrhunderts – wie heute überwiegend auch – Kinder aus sozial randständigen, armen, unterprivilegierten gesellschaftlichen Milieus. Es waren Kinder, die in ihrer Lebenswelt mit einer großen Zahl von belastenden, bedrohlichen und beeinträchtigenden Bedingungen konfrontiert wurden. Die Akzeptanz der bestehenden gesellschaftlichen Verhältnisse und der gültigen Normen und Regeln sowie die Entwicklung einer loyalen Gesinnung sollten durch den Unterricht an der Hilfsschule gesichert werden. Auch im Kampf gegen die sozialistische bzw. sozialdemokratische Arbeiterbewegung kam der Hilfsschule aus obrigkeitsstaatlicher Sicht

eine wichtige Bedeutung zu, indem sie zur pädagogischen Be-
friedung sozial randständiger Schüler beitragen sollte. Dies wird
aus den damals formulierten Erziehungszielen sehr deutlich:
Fleiß, Ordnung, freundlicher Gehorsam, sittlich religiöse Gesinnung, innere Festigkeit, Bekämpfung des zügellosen egoistischen
Verhaltens, staatstreue Gesinnung wurden immer wieder genannt
(Horrix 1899). Ellger-Rüttgardt (1985, 119) weist darauf hin, dass
in der Spaltung des unteren Bildungswesens in Hilfs- und Volksschule auch ein Instrument zur Entsolidarisierung der Arbeiterklasse gesehen werden kann. Ferner kommt der Hilfsschule gerade in gesellschaftlicher Hinsicht neben der Integrationsfunktion auch die Funktion der sozialen Kontrolle zu, da ihrer Klientel
ja nicht selten sozial abweichendes, normverletzendes Verhalten
zugeschrieben wird.

Mit der Gründung von Hilfsschulen wurde häufig eine präven-
tive Wirkung gegen Kriminalität verbunden. So konstatiert Frenzel
(1903, 24): „Öffnet eine (Hilfs-) Schule und ihr dürft ein Gefängnis
schließen." Die Hilfsschulpädagogik wurde so als Element der Vermeidung bzw. Reduktion abweichenden, insbesondere kriminel-
len Verhaltens gesehen und übernahm somit Funktionen der
sozialen Kontrolle für arme, ausgegrenzte und unterprivilegierte
Personen. Gnerlich forderte, dass Hilfsschullehrer als pädagogische Sachverständige bei Gerichten eingesetzt werden sollten (Gnerlich 1912, 248). Ferner wurden sozial-statistische Daten
der Schüler in einem sogenannten Personalbogen gesammelt
(Myschker 1969, 110ff). Der Personalbogen sollte u. a. Angaben
enthalten zu erblichen Belastungen des Kindes, zu sittlichen und
wirtschaftlichen Verhältnissen der Familie, zu Beobachtungen
während der Schulzeit, Angaben über das Kind am Schluss der
Schulzeit sowie nach der Hilfsschulzeit (Schoelzel 1981, 62ff).
Kielhorn forderte, dass der Bogen Informationen enthalten sollte über die Beurteilung der Geisteskräfte, des Gemüts-, Willens-
und Trieblebens (Charakter im engeren Sinne), des sittlichen
Gehaltes sowie der volkswirtschaftlichen Tüchtigkeit und Ver-
wendbarkeit (Schoelzel 1981, 64). Die Angaben und Informationen waren jedoch nicht in erster Linie für die pädagogische
Förderung in der Schule vorgesehen, sondern sollten insbesondere staatlichen Stellen als Informationsquelle dienen. Dazu
gehörten Justiz, Militär und Ortsbehörden. Kielhorn, der den
Personalbogen den Juristen förmlich aufgedrängt haben soll
(Schoelzel 1981, 65), konstatierte am 29. Juni 1909 vor dem Hilfs-
schulverband Magdeburg-Braunschweig, „daß über jedes Hilfsschulkind beim Verlassen der Schule dem zuständigen Register-
amte und der Ortsbehörde des Geburtsortes ein kurzer Auszug
aus dem Personalbogen überwiesen wird, und daß über jeden

Soziale Kontrolle

Rassenhygiene

Beschuldigten mit der Nachfrage über Vorstrafen auch die geistige Minderwertigkeit ermittelt werden soll".

Eine besondere brutale und perfide Form der sozialen Kontrolle findet sich in der lange vor der nationalsozialistischen Machtergreifung von Münter (1914, 150f) erhobenen Forderung, dass die Hilfsschullehrer auch „Rassenhygieniker" sein sollten. Er schrieb im Verbandsorgan „Die Hilfsschule":

> „Wenn nun von uns Hilfsschullehrern eine Kenntnis der Psychopathologie gefordert wird, die sich auch auf Ursache und Folge, auf Heilung und Verhütung der Minderwertigkeiten erstreckt, so kann uns nicht abgesprochen werden, dass auch wir dadurch in die Lage kommen, Bausteine beizutragen zu dem Bau des Tempels, dem ich über seine Pforte die Inschrift setzen möchte: ‚Deutschtum ist Kraft' und auf dessen Altar mit Flammenzeichen verzeichnet steht: Erkenne dich, beherrsche dich, veredle dich! Sehen Sie, auch darin liegt eine ideale, ich möchte sagen, die idealste Seite unseres Berufes; denn sie ist nationaler Natur. Lassen Sie uns daher im Sinne unserer Prüfungsordnung auch Rassenhygieniker sein, deren Aufgabe ist, durch Erforschung der Familieneigentümlichkeiten in aufklärender Weise eine Herabminderung des Schwachsinns herbeizuführen."

Die barbarische Realisierung dieser Forderung fand zur Zeit des Nationalsozialismus statt.

2.1.4 Standespolitische Interessen einer sich entwickelnden Hilfsschullehrerschaft

Schon zu Anfang des Jahrhunderts machten die Hilfsschullehrer deutlich, dass sie besondere Lehrer sein wollten. Dies bedeutete eine Abgrenzung von den Volksschullehrern. Sowohl auf der Ebene der beruflichen Inhalte, der Ausbildung und der Besoldung proklamierten sie einen Sonderstatus. Der Hilfsschulberuf wurde als besonders belastend und anspruchsvoll aufgrund der Schwierigkeiten und Mängel der Schüler beschrieben.

> „Der Unterricht an diesen Anstalten (Hilfsschulen R. W.) ist äußerst mühsam und aufreibend. Infolge der mangelhaften geistigen Kräfte der Kinder kann der Lehrer nur ein Stoffgebiet von geringem Umfange vorbereiten. Hierbei wird der Gedankenfortschritt des Lehrers stetig gehemmt, weil die Kinder nur schwer zu folgen vermögen. ... Hierzu kommt noch, daß die schwachbefähigten Kinder oft mit körperlichen Fehlern und Gebrechen behaftet sind. Nicht selten zeigen sie auch unsaubere, unmoralische, widerwärtige Gewohnheiten, die der Lehrer täglich ertragen und bekämpfen muß. ... Nur die erbarmende, edle Menschenliebe kann ihnen (den Hilfsschullehrern, R. W.) die Kraft verleihen, auf einem solchen Posten auszuharren" (Mitteilung des Verbandsvorstandes 1908, 37).

Aufgrund der vorherrschenden medizinisch-psychiatrischen, auf das Individuum reduzierten Erklärungskonzepte von Lernschwierigkeiten wurde die Nähe zur Medizin, insbesondere zur Psychiatrie, proklamiert. Hierdurch konnte man an der besonders hohen Professionalität der Medizin partizipieren.

„Der Hilfsschullehrer hat es mit einem ganz anderen Material zu tun als der Volksschullehrer. Er arbeitet mit pathologischen Kindern ..." (Lückerath 1910, 229). Besonders wurden auch die diagnostischen Anforderungen herausgestellt.

Nähe zur
Psychiatrie

„Es kann nicht unbeschadet der Fähigkeiten unserer Kollegen von der Volksschule gesagt werden, daß dem Volksschullehrer die entsprechenden Vorkenntnisse zu einer Intelligenzprüfung und zu einer detaillierten Bezeichnung der vorliegenden Defekte im allgemeinen abgehen" (Jansen 1914, 98).

Zudem wurde schon damals die beratende Aufgabe der Hilfsschullehrer gegenüber den Volksschullehrern (vgl. Die Hilfsschule, 1919, 30) sowie der Wunsch, als pädagogische Sachverständige vor Gericht zu agieren (Gnerlich 1912, 246), herausgestellt.

Aufgrund der besonderen Aufgaben des Hilfsschullehrers wurde aus den eigenen Reihen eine Zusatzausbildung gefordert. Hierzu wurden Fortbildungskurse in verschiedenen Städten angeboten, die die Hilfsschullehrer neben ihrer Unterrichtstätigkeit besuchten und selbst finanzierten (Friederici 1911).

Gefordert wurde eine staatlich organisierte und finanzierte *Spezialausbildung,* die sich an eine mehrjährige (mindestens dreijährige) praktische Tätigkeit in der Volksschule anschließen sollte. Friederici (1911) wünschte die Ausbildung an einer Hochschule oder einem Seminar für Hilfsschullehrer bzw. die Einrichtung einer allgemeinen Bildungsanstalt für alle Zweige der Abnormenpädagogik. Die deklarierten Inhalte der „Spezialausbildung" entsprachen der individualisierenden Sichtweise von Lernbeeinträchtigungen. Genannt wurden immer wieder: Psychiatrie, Psychopathologie, Anatomie und Physiologie des zentralen Nervensystems, Psychologie und Anatomie der Sinnesorgane und der Sprachorgane, Phonetik, Sprachstörung, Fürsorge für die entlassenen Zöglinge, Geschichte der Heilpädagogik, Falt- und Fröbelarbeiten, Knabenhandarbeit und praktische Ausbildungsteile wie Hospitieren und Halten von Lektionen (Friederici 1911).

Die Einführung einer Prüfungsordnung für Hilfsschullehrer Ende 1913 wurde von den Kollegen mit großer Zustimmung aufgenommen (Münter 1914, Koch 1914). Damit konnte man sich von den Volksschullehrern absetzen und besondere Ansprüche und Privilegien geltend machen: Dazu zählte neben einer besseren Besoldung, die sich an den Taubstummen- und Blindenlehrern (vgl. Die Hilfsschule, Mitteilung des Verbandsvorstandes

Spezialausbildung
für Hilfsschullehrer

1908) bzw. an den Fortbildungsschullehrern oder den Mittelschullehrern (Weiß 1909, 185ff) orientieren sollte, auch die Ermäßigung der Pflichtstundenzahl (Raatz, 1920, 55). Deutlich wird das Bemühen, sich über die besonderen Schüler, für die eine besondere Schule notwendig ist, als besondere Lehrer zu präsentieren, um spezifische Privilegien durchzusetzen.

Bei einigen wenigen Pädagogen gab es jedoch auch expliziten Widerstand gegen die Entwicklung von Hilfsschulen. Diese frühen integrationspädagogischen Ansätze sollen im Folgenden skizziert werden.

2.2 Widerstand gegen die Entwicklung von Hilfsschulen

Frühe Integrations-
bewegung

Zu Beginn der Hilfsschulentwicklung gab es auch Pädagogen, die die Problematik einer solchen Entwicklung erkannten und benannten. Interessant in diesem Zusammenhang ist die Tatsache, dass sich die wenigen Gegner einer besonderen Beschulung für Kinder mit Beeinträchtigungen, Schädigungen oder Lernschwierigkeiten durch integrativen Unterricht positive Auswirkungen auf die Volksschule versprachen. Bemühungen, die Volksschullehrer mit den notwendigen (heil-) pädagogischen Verfahren zur Unterrichtung von Kindern mit Beeinträchtigung bzw. Schädigung vertraut zu machen, gab es besonders bei den Taubstummenpädagogen und bei den Blindenpädagogen (Heese 1954, 342). Auch für den Bereich des Hilfsschulwesens schlug Witte (1901) vor, die bereits bestehenden Hilfsklassen und -schulen aufzulösen und die Schüler durch besondere Förderung in der Volksschule zu belassen. Ellger-Rüttgardt (1981 und 1994, 48) weist auf den Direktor der Berliner Idiotenanstalt in Dalldorf, Pieper, den Berliner Volksschulrektor Hinz sowie den Hamburger Lehrer Armach und den Lehrer Esche an der Braunschweiger Hilfsschule hin, die ihre Argumente gegen eine separierte Erziehung von Kindern mit Lernbeeinträchtigungen veröffentlicht haben. Die Vertreter dieser frühen Integrationsbewegung erkannten auch, dass eine Erweiterung des Volksschulunterrichts durch heilpädagogische Verfahren eine Verbesserung der Lernbedingungen für alle Kinder mit sich bringen würde (vgl. auch Möckel 1988, 114).

Die Kritik der
Hilfsschulgegner

Die Kritik der Hilfsschulgegner beinhaltete schon damals wesentliche Aspekte, die auch heute gegen eine separierende Beschulung von Kindern und Jugendlichen mit Lernschwierigkeiten vorgetragen werden.

So wurde die Ungenauigkeit der Begriffe „Schwachbefähigung" und „Schwachsinn" kritisiert und es wurde angeprangert, dass die Hilfsschule nicht nur sogenannte schwachsinnige Kinder aufnimmt, sondern auch solche, die aufgrund von Vernachlässigung oder temporärer Lernschwierigkeiten aus der Volksschule ausgesondert wurden.

Gleichzeitig wurde auch die Mitbeteiligung der Volksschule am Schulversagen von Kindern herausgestellt: „... je weniger auf die Leistungsfähigkeit der Kinder Rücksicht genommen wird, desto mehr muß sich die Differenz zwischen den Leistungen schwachbegabter und geistig normaler Kinder steigern" (Hintz 1897, 821). Kritisiert wurde ferner die Aussonderung gerade der Kinder aus „ungünstigen häuslichen Verhältnissen" (Armack 1890), wobei man den Zusammenhang von Schulversagen und sozialer Randständigkeit schon deutlich erkannte. Auch die Möglichkeit der Stigmatisierung der Schüler durch den Hilfsschulbesuch stellte Armack damals heraus. Statt einer separierten schulischen Förderung forderten die Hilfsschulgegner deshalb eine grundlegende Reform der Volksschule sowie eine sozialpädagogische Orientierung und eine ganztägige Betreuung der Schüler (Hintz 1897, 822; Armack 1890, Nr. 49).

Wie der „Fall Esche" (Ellger-Rüttgardt 1981) zeigt, wurden Kritiker an der herrschenden Auffassung jedoch mit disziplinarischen Mitteln bekämpft und mundtot gemacht. Esche, der an der Hilfsschule in Braunschweig unter Kielhorn unterrichtete, rüttelte am Schwachsinnskonzept, propagierte prophylaktische Förderung schulschwacher Kinder in der Bürgerschule und trat für die Rückschulung von Hilfsschülern ein. Damit stand er den standespolitischen Interessen der Hilfsschulvertreter im Wege und musste 1890 die Hilfsschule verlassen.

Widerstand gegen die Hilfsschule bzw. gegen die Einweisung in die Hilfsschule gab es ebenfalls von Elternseite. Wie heute auch erlebten die Väter und Mütter diesen Schritt damals als Demütigung und Schmach und – genau wie heute – wussten sie, dass damit die Berufsaussichten ihrer Kinder erheblich reduziert wurden (Ellger-Rüttgardt 1981). Der „Segen", den die Hilfsschulvertreter in ihrer Einrichtung sahen, fand bei den betroffenen Kindern und ihren Eltern keinen Widerhall. Wie unpädagogisch, rigoros und obrigkeitsstaatlich die besondere Beschulung gegen die Einwände der Eltern durchgesetzt wurde, zeigen die Beispiele, die Ellger-Rüttgardt (1981) aufführt. Zwang und staatliche Macht sicherten so die Hilfsschule. Der Elternwille war – wie heute auch – keine bedeutsame Größe.

Letztlich konnte sich eine integrationspädagogische Orientierung gegenüber den Verfechtern eigenständiger Sonderschulen

Widerstand der Eltern

nicht durchsetzen. Ein bedeutsamer Grund hierfür liegt sicherlich auch in den standespolitischen Interessen der Lehrer an besonderen Schulen.

2.3 Die Entwicklung der Hilfsschule im Überblick

Zunächst entstanden gegen Ende der 60er und in den 70er Jahren des 19. Jahrhunderts sogenannte Nachhilfeklassen zuerst in Dresden (1867), dann in Gera (1876), in Apolda (1877) und in Elberfeld (1879).

Hier war das Ziel noch die Rückschulung der Schüler in die Bürgerschulen. In Braunschweig und Leipzig wurden 1881 die ersten Hilfsschulen gegründet. Auch hier ging man davon aus, die Kinder zu befähigen, wieder am Unterricht der Bürgerschulen teilzunehmen. Sowohl in den Nachhilfeklassen wie auch in den neu gegründeten Hilfsschulen wurde diese Orientierung aber schnell fallengelassen und es etablierte sich unterhalb der Volksschule eine neue Schulform. Auch in Berlin, wo man zunächst an der Einrichtung von sogenannten Nebenklassen an bestehenden Volksschulen festhielt, wurden zwischen 1906 bis 1911 diese Einrichtungen in Hilfsschulen umgewandelt oder aufgelöst (Myschker 1983, 141f).

Förderung nach dem Schwachsinnskonzept

Aus dem Schwachsinnskonzept leitete man dann spezielle Grundsätze der schulischen Förderung ab: „So anschaulich – ich möchte fast sagen – so handgreiflich wie möglich! Man gehe nicht nur Schritt für Schritt, sondern Schrittchen für Schrittchen vorwärts! Und zuletzt: Man langweile die Kinder nie, sondern wechsele fleißig mit den Unterrichtsgegenständen ab; im Anfang alle viertel Stunden!" (Stötzner 1864/1963, 16).

Hatte Stötzner dabei noch eine Schule gefordert, die sich an der Eigenart der Kinder orientierte, entwickelte sich die Hilfsschule jedoch immer mehr zu einer „Minusvariante" der Volksschule. Auch hier wurde versucht, die Lerngruppen zu homogenisieren, indem Schüler Klassen wiederholen mussten oder – bei mehrzügigen Hilfsschulen – Parallelklassen mit schwächeren bzw. stärkeren Schülern gebildet wurden. Schüler, die auch in der Hilfsschule versagten, wurden dann in sogenannten Sammelklassen zusammengefasst, die ab 1917 (zunächst in Berlin) eingerichtet wurden. Damit differenzierte sich das Hilfsschulsystem und eine neue Aussonderung wurde etabliert. Statt die Bedürfnisse der Schülerinnen und Schüler in das Zentrum der Hilfsschulpädagogik zu stellen – wie dies noch von Stötzner (1864/1963) angedacht war – wurden auch hier allgemeinverbindliche Normen durch den Lehrplan vorgegeben, an denen die Lernentwicklung der Kinder bewertet wurde.

„Angenommen, die von Arno Fuchs für seine Berliner Hilfsschule errechneten Zahlen seien repräsentativ gewesen, … so wären etwas über 20 % der Schüler nicht über die Mittelstufe hinausgekommen und etwas weniger als 5 % auf der Unterstufe der Hilfsschule verblieben. Das heißt, daß sich für ein Viertel aller Schüler ihr Schicksal in der Volksschule nach der Umschulung in der Hilfsschule wiederholte" (Beschel 1980, 130).

An dieser Stelle sei aber auch auf eine bis heute sehr interessante pädagogische Konzeption jener Zeit verwiesen, die der Hilfsschullehrer Johannes Langermann in seiner Schrift: „Der Erziehungsstaat nach Stein-Fichteschen Grundsätzen" (1. Aufl. 1911) ausführte. Jank und Meyer (1994, 349ff) sehen in Langermann einen Begründer des Konzeptes des „Handelnden Unterrichts" und zeigen auf, wie er Schüler zum selbsttätigen Handeln im Unterricht anregte.

Die Zeit von 1920 bis 1932 wird häufig als „Hochblüte der Heilpädagogik" beschrieben. Durch den Weimarer Schulkompromiss (Blankertz 1982) wurde die gemeinsame vierjährige Grundschule für (fast) alle Kinder eingeführt. Die Tatsache, dass gleichzeitig das Hilfsschulwesen ausgebaut und differenziert wurde, zeigt, dass die Konzeption der Grundschule dabei nicht die Förderung von lern- und leistungsschwachen Schülern beinhaltete. Diese Schüler, die die normativen Vorgaben nicht erfüllen konnten, wurden immer häufiger den Hilfsschulen zugeführt. 1928 gab es in fast allen größeren Orten Hilfsschulen, und auch in vielen kleineren Gemeinden wurden ein- oder zweiklassige Hilfsschulen eingerichtet (Myschker 1983, 139). Dies geschah, obwohl in der Weimarer Zeit ebenfalls eine Vielzahl von pädagogischen Innovationen im Rahmen der Reformpädagogik entwickelt wurde. Hier waren durchaus auch integrative Orientierungen erkennbar (z. B. bei Peter Petersens Jena-Plan-Schule), die sich aber im Regelschulbereich nicht durchsetzen konnten. Die Funktionen der Hilfsschule:

Die Hochblüte der Heilpädagogik

• Entlastung der Grundschule
• wirtschaftliche Brauchbarmachung und
• Vermeidung von Fürsorgeleistung

blieben vielmehr erhalten. Beschel (1980, 138) macht jedoch deutlich, dass auch in der Hilfsschule gegen Ende der 20er Jahre pädagogische Reformbemühungen initiiert wurden.

„Der Lehrer stand nicht mehr einem ‚Schülermaterial' (z. B. noch bei Henze 1928) gegenüber, das gemäß seiner Subnormalität gewertet wurde, sondern schwachen Kindern, die recht verstanden, als Menschen geachtet … und nicht mehr dem Sammelbegriff ‚medizinischer Schwachsinn' untergeordnet wurden … Damit war die eigentliche Voraussetzung einer pädagogischen Reform in der Hilfsschule gegeben, und sie kündigte sich in den Versuchen an, die Sozialformen und Unterrichtsverfahren des ‚Jena-Plans' (P. Petersen) in Hilfsschulen zu erproben …" (Beschel 1980, 138).

Hilfsschule im
Nationalsozialismus

Die Zeit des Nationalsozialismus setzte nun den in der Weimarer Republik mit den reformpädagogischen Ansätzen verbundenen fortschrittlichen pädagogischen Bestrebungen ein vollständiges Ende. So führt Altstaedt (1977, 164ff) aus, dass Tausende von Lehrern, die eine Demokratisierung des Schulwesens vorangetrieben hatten und sich für die Verbesserung der schulischen Bildung eingesetzt hatten, entlassen wurden. Sozialdemokraten und Kommunisten wurden vollständig aus dem Schuldienst entfernt. Die Funktionen und Strukturen des Hilfsschulwesens behielt man jedoch im Grundsatz bei. Das medizinisch fundierte Schwachsinnskonzept, das mit erbbiologischen Ursachen begründet wurde, gliederte sich problemlos in nationalsozialistisches Gedankengut ein. Die karitativen und humanen Anliegen der Hilfsschulbewegung wurden jedoch völlig zugunsten einer Ausweitung der Selektionsfunktion zurückgenommen. Die Hilfsschule wurde als Ausleseinstanz bei niedrigen Kosten konsolidiert und der Aspekt der Brauchbarmachung – im Zusammenhang mit der Hochrüstung der Kriegswirtschaft – trat in den Vordergrund. Damit spricht man ca. ab 1938 von einer Umorientierung der Hilfsschule zur Leistungsschule.

Dazu gehörte, dass die Sammelklassen abgeschafft wurden und damit in ihrer Lernfähigkeit schwerer beeinträchtigte Kinder nunmehr, nachdem sie zuvor schon in eigenen Klassen abgesondert worden waren, als bildungsunfähig ausgeschult und damit teilweise in sogenannten Euthanasieprogrammen ermordet wurden. Viele Hilfsschüler wurden im Rahmen von „rassenhygienischen Maßnahmen" zwangssterilisiert.

Die Hilfsschullehrer standen dieser Entwicklung teils hilflos gegenüber, teils unterstützten sie diesen Prozess. 1942 wurden mit dem Erlass des Reichsministers für Wissenschaft, Erziehung und Volksbildung allgemeine Richtlinien für den Unterricht an den Hilfsschulen ausgegeben, die den Forderungen nach einer eigenen gesetzlichen Regelung des Hilfsschulwesens und nach Hebung des Unterrichtsniveaus durch Aussonderung der sogenannten hilfsschulunfähigen Kinder entgegen kamen. Abgeschlossen wurde die gesetzliche Konstituierung der isolierten Hilfsschule bereits durch das Reichsschulpflichtgesetz vom 6. Juli 1938, das erstmals reichseinheitlich nach § 6 (1) die Sonderschulbedürftigkeit der sonderschulpflichtigen Kinder festlegte (Altstaedt 1977, 164f).

Restauration des
Schulsystems

Nach dem Zweiten Weltkrieg ist eine Restauration und ein gleichzeitiger Ausbau der Sonderschule festzustellen. Das sogenannte dreigliedrige Schulsystem, begründet durch die „natürliche Begabungsstruktur" der „deutschen Jugend" (Huth 1952, 133) wurde nach 1945 zementiert. Auch die Hilfsschulpädagogik knüpfte im Wesentlichen wieder an die Tradition der Hilfsschulbewegung vor 1933 an. Gleichzeitig wurde der im Faschismus forcierte Ansatz der Leistungsschule weitergeführt. Die Entlastungsfunktion für die Volksschule wurde weiterhin als bedeutsam herausgestellt. So stellte der Kultusminister Schenkel (1951) vor dem Württemberg-Badischen Landtag fest: „Um das Niveau der Schulleistungen für das Normalkind in unseren Volksschulen hochhalten zu können, war der Ausbau des Hilfsschulwesens nötig."

Die sechziger Jahre sind im deutschen Bildungswesen durch vielfältige Reformbemühungen gekennzeichnet. Picht konstatierte – ausgelöst durch den sogenannten Sputnik-Schock Ende der 50er Jahre – die deutsche Bildungskatastrophe (1964, 14). Ähnlich wie heute fürchtete man um den Wirtschaftsstandort Deutschland. Bildungsreserven sollten aktiviert werden. Dies bedeutete, dass auch Kinder, die bisher – aufgrund ihrer sozialen Herkunft – kaum die Chance auf eine höhere Bildung erhielten, nun gefördert werden sollten. Die Gesamtschule wurde konzipiert, um damit die Starrheit und soziale Selektivität des dreigliedrigen Schulsystems zu überwinden. 1968 legte der deutsche Bildungsrat unter der Leitung von Heinrich Roth das Gutachten „Begabung und Lernen" vor.

Reformphase des Bildungswesens

Hier wurde ein dynamischer Begabungsbegriff eingeführt, der beinhaltet, dass Kinder durch pädagogische Förderung begabt werden können und Begabung nicht als statische Größe anzusehen ist. Diese Reform ging an der Sonderschule jedoch weitgehend vorbei. So schreiben Reichmann-Rohr und Weiser (1996, 30): „Bis weit in die siebziger Jahre waren Politiker, Pädagogen und Theoretiker geradezu euphorisch an institutionellen Isolierungen und Aussonderungen interessiert, der fortgesetzte Ausbau der Sonderschule begeisterte." Der in der Erziehungswissenschaft eingeführte dynamische Begabungsbegriff führte damit zunächst nicht zur Infragestellung von isolierten Sonderschulen. Von 1960 – 1973 verdreifachte sich gar die Zahl der Sonderschüler und -schülerinnen (Reichmann-Rohr/Weiser 1996, 31).

Seit Anfang der 70er Jahre gab es jedoch bei Vertretern aus Wissenschaft und Lehrerverbänden sowie im Gesamtschulbereich vermehrt kritische Stimmen zur schulischen Separation und der damit verbundenen sozialen Diskriminierung von schulschwachen Kindern. Der Gedanke der Integration wurde verstärkt thematisiert. So widmete 1970 der Gesamtschulinformationsdienst des pädagogischen Zentrums in Berlin ein Heft ausschließlich dem Thema: „Lern- und verhaltensgestörte Schüler in der Gesamtschule". Das Gutachten der Kultusminister-Konferenz 1972 vertrat jedoch noch ausdrücklich die isolierte Form der Lern-

Perspektiven der Integration

behindertenschule als Ganztagseinrichtung. Ein Wechsel wurde erst 1973 durch die Empfehlung des deutschen Bildungsrates „Zur pädagogischen Förderung behinderter und von Behinderung bedrohter Kinder und Jugendlicher" auf offizieller Ebene eingeleitet.

„Sie (die Bildungsratskommission, R. W.) legt in der vorliegenden Empfehlung eine neue Konzeption zur pädagogischen Förderung Behinderter und von Behinderung bedrohter Kinder und Jugendlicher vor, die eine weit mögliche gemeinsame Unterrichtung von Behinderten und Nichtbehinderten vorsieht und selbst für behinderte Kinder, für die eine gemeinsame Unterrichtung mit Nichtbehinderten nicht sinnvoll erscheint, soziale Kontakte mit Nichtbehinderten ermöglicht. Damit stellt sie der bisher vorherrschenden schulischen Isolation Behinderter ihre schulische Integration entgegen" (Deutscher Bildungsrat 1973, 15f).

Die hohen Erwartungen, die mit dieser Empfehlung verbunden waren, sind jedoch weitgehend enttäuscht worden. Dass es überhaupt zu integrativen Projekten der Unterrichtung gekommen ist, geht vielmehr auf das Engagement von Eltern und Lehrern und einigen Wissenschaftlern zurück, die trotz der Ignoranz in den Schulverwaltungen nicht länger hinnehmen wollten, dass ein Teil der Kinder und Jugendlichen schulisch ausgegrenzt wurde.

2.4 Übungsaufgaben zu Kapitel 2

Aufgabe 1

Diskutieren Sie, inwieweit die Funktionen der Hilfsschule zu Beginn des 20. Jahrhunderts auch heute noch gültig sind bzw. welche Veränderungen sie erkennen oder vermuten!

Aufgabe 2

Überlegen Sie, warum die Gegner der Hilfsschule sich mit ihrer Kritik nicht durchsetzen konnten!

Aufgabe 3

Die Zeit von 1920 bis 1932 wird häufig als „Hochblüte der Heilpädagogik" beschrieben. Was versteht man darunter und welche kritischen Anmerkungen können Sie zu dieser Einschätzung machen?

Aufgabe 4

Diskutieren Sie die Gründe, warum nach der Zeit des Nationalsozialismus versucht wurde, an alte Traditionen anzuknüpfen, anstatt durchgreifende Reformen einzuleiten!

3 Theorien der Lernbehinderung

3.1 Wissenschaftstheoretische Positionen

In diesem Kapitel wird es darum gehen, Lernbehinderung so darzustellen, wie sie in wissenschaftlichen Überlegungen und Untersuchungen gesehen wird. Dabei wird deutlich, dass hier kein einheitliches Bild vorliegt, sondern sehr unterschiedliche, teilweise gar widersprüchliche Vorstellungen existieren. Dies liegt im Besonderen an der Tatsache, dass die Grundlagen, auf denen wissenschaftliche Erkenntnisse gesammelt und wie daraus Theorien entwickelt werden, kontrovers diskutiert werden. Das bedeutet, dass es auf einer metatheoretischen Ebene unterschiedliche Vorstellungen über die Anforderungen an Theoriebildung im erziehungswissenschaftlichen bzw. sozialwissenschaftlichen Bereich gibt.

Bekannt geworden ist hier besonders der sogenannte Positivismusstreit der deutschen Soziologie als metatheoretische Auseinandersetzung (Adorno u. a. 1972, 24), der auch in der deutschen Erziehungswissenschaft ausgetragen wurde (Brezinka 1989, 78ff). Der Disput fand statt zwischen den Anhängern eines positivistischen Wissenschaftsverständnisses, das sich dem *Kritischen Rationalismus* verbunden sah, und den Vertretern der *Kritischen Theorie.*

Positivismusstreit

Die erste Position ist durch ein Wissenschaftsverständnis gekennzeichnet, nach dem Erfahrungswissenschaften im Unterschied zu den Formalwissenschaften (Logik und Mathematik) als

Kritischer Rationalismus

„ein System von methodisch gewonnenen Aussagen über bestimmte Ausschnitte der Wirklichkeit anzusehen (sind), die intersubjektiv nachprüfbar sind. Zwischen Naturwissenschaften und sogenannten Geisteswissenschaften besteht in forschungslogischer Hinsicht kein wesentlicher Unterschied. In jedem Fall handelt es sich um Hypothesen, die durch Zurückgehen auf die Fakten grundsätzlich überprüfbar sein müssen" (Brezinka 1989, 81).

Es geht also primär um die Ermittlung und Analyse sogenannter objektiver Fakten, Ereignisse bzw. Sachverhalte, die zu als gesichert geltenden Gesetzmäßigkeiten führen sollen. Solche Sätze lauten dann z. B. wie folgt: „Je niedriger der Intelligenzquotient eines Kindes ist, desto wahrscheinlicher versagt es in der Schule."

Im Rahmen einer Theoriebildung werden solche Gesetze der ständigen kritischen Prüfung unterzogen (Popper 1994, 8). Dabei wird nicht versucht, Gesetzesaussagen zu verifizieren (also als wahr zu beweisen), sondern sie werden als Hypothesen interpretiert und möglichst strengen Prüfungen unterzogen. So lange es nicht gelingt, sie in solchen Überprüfungen zu falsifizieren (also als unrichtig zurückzuweisen), werden sie als bewährt beibehalten. Indem nun solche bewährten Gesetze widerspruchsfrei zusammengefügt werden, entstehen Theorien. Die empirische Basis – also beobachtbare Phänomene – stellen die Grundlage dieser wissenschaftlichen Orientierung dar. Daran knüpft sich die Forderung nach der Wertfreiheit von Wissenschaft an. Über den jeweiligen Gegenstandsbereich dürfen lediglich beschreibende und analysierende, aber niemals normative oder wertende Aussagen gemacht werden.

„Die Forderung nach Wertfreiheit bezieht sich im Kritischen Rationalismus ausschließlich auf die eigentlichen Werturteile: Wissenschaft, so das Ergebnis, setzt mit der Wertbasis selbstverständlich Wertentscheidungen voraus, aber darf selbst innerhalb der Wissenschaft keine Normen aufstellen" (König/Zedler 1998, 49).

Die Aufgabe wissenschaftlicher Theoriebildung liegt in der Beschreibung, Erklärung und Vorhersage von Phänomenen, verbunden mit der Entwicklung von Technologien, um erwünschte Ergebnisse herbeizuführen bzw. unerwünschte zu vermeiden.

Für die empirische Erziehungswissenschaft stellt Brezinka heraus, dass sie „zum Zweck der realwissenschaftlichen Erkenntnis des Kulturphänomens Erziehung entworfen (ist) und ... auf empirische Probleme oder Tatsachenfragen beschränkt (ist)" (König/Zedler 1998, 328). An anderer Stelle führt er weiter aus:

Empirische Erziehungswissenschaft

„Die empirische Erziehungswissenschaft hat Erziehungsphänomene zum Gegenstand, aber sie gibt keine Vorschriften für das Erziehen. Sie informiert über die Wirkzusammenhänge, die in Erziehungsfeldern bestehen; insbesondere über die Beziehungen zwischen zu erziehenden Menschen, den für sie gesetzten Erziehungszielen, den Bedingungen ihrer Erreichung, den Erziehern und ihren erzieherischen Handlungen als Mitteln und seinen Ergebnissen. Soweit darüber gesetzesartiges Wissen existiert, kann es auch erziehungstechnologisch zur Aufklärung über Handlungsmöglichkeiten genutzt werden" (Brezinka 1989, 330f).

Kritische Theorie

Im Gegensatz zu dem positivistischen Verständnis einer wertfreien Wissenschaft ist eine grundlegende Prämisse der Kritischen Theorie, dass Wissenschaft immer Teil der gesellschaftlichen Arbeit ist. Die Gegenstände der Forschung im sozialwissenschaftlichen Bereich sind aus dieser Perspektive immer durch die Gesellschaft vermittelt. Für die Erziehungswissenschaft ergibt sich daraus die Notwendigkeit, ihre je gegebenen historisch-gesellschaftlichen Entstehungs- und Verwertungsbedingungen in ihr

Wissenschaftsverständnis mit einzubeziehen. Das Ziel der Kritischen Theorie ist deshalb nicht die wertfreie Beschreibung, Erklärung und Vorhersage von Phänomenen, sondern die Aufklärung über gesellschaftliche Entstehungszusammenhänge sozialer Gegebenheiten, um hinter diese Erscheinungen zu blicken und damit das „Wesen" einer Gesellschaft erkennen zu können.

„Im Unterschied zur Ausklammerung des gesellschaftlichen Verwendungszusammenhanges wissenschaftlicher Erkenntnisse in der traditionellen Theorie, fordert Kritische Theorie die Einbeziehung und Vorwegnahme des Verwendungszusammenhanges durch eine Festlegung des Zwecks, dem die Theorie gesellschaftlich dient. Die Festlegung des Zweckes, der die Theoriebildung leitet, erfolgt als Antizipation von gesellschaftlichen Verhältnissen, in denen die Menschen selbstbestimmt und frei von Zwängen in der Lage sind, ihr Zusammenleben zu organisieren. Diese Antizipation wird für Theoriebildung wirksam als Frage nach den Ursachen und Gründen, die eine Selbstbestimmung und eine vernünftige Verfasstheit des gesellschaftlichen Zusammenlebens verhindern. Theorie, die sich in ihren Untersuchungen von dieser Frage leiten lässt, hat eine praktische Absicht, nämlich durch Aufklärung über den gesellschaftlichen Entstehungszusammenhang von Verhältnissen, die einer Selbstbestimmung entgegenstehen, zur Veränderung der gesellschaftlichen Verhältnisse beizutragen" (König/Zedler 1998, 117).

Zentrale Orientierungen der Kritischen Theorie liegen damit in der Aufklärung und Emanzipation zur Befreiung aus der „unverschuldeten Unmündigkeit", indem durch Reflexionsprozesse Verdinglichung, Kommunikations- und Denkbarrieren aufgelöst werden. Eine Kritische Theorie in der Erziehungswissenschaft hat zum Ziel, „dass sie Prozesse der Unterdrückung, der sozialen Ungerechtigkeit, überflüssiger Herrschaft, der Verdinglichung und Selbstentfremdung im Bereich der Erziehung aufdeckt, ihre gesellschaftlichen und institutionellen Ursachen analysiert und mögliche Handlungskonsequenzen ins Auge fasst" (Wulf 1983, 193). *[Aufklärung und Emanzipation]*

Diese kurze Nachzeichnung des Positivismusstreits macht deutlich, dass die Frage, was Wissenschaft im sozialen Bereich ist, welche Aufgaben, Ziele und Methoden sie umfasst, keineswegs eindeutig geklärt ist, sondern dass es vielmehr unterschiedliche Paradigmen gibt. Unter einem Paradigma in der Wissenschaft versteht man dabei nach Kuhn (1967) eine wissenschaftliche Schule oder Strömung, die einen gemeinsamen Fundus an Theorien, Methoden, empirischen Befunden, Meinungen und Wertungen aufweist. *[Paradigmen]*

Neben dem Positivismusstreit gibt es noch eine Vielzahl von weiteren metatheoretischen Disputen in den Sozialwissenschaften, die auch im erziehungswissenschaftlichen Bereich ausgetragen werden: zum Beispiel zwischen Marxisten und Interaktionisten, zwischen Behaviorismus, humanistischer Psychologie und

Psychoanalyse, zwischen Systemtheorie und Individualpsychologie etc. In neuerer Zeit hat eine weitere Perspektive im Bereich der metatheoretischen Diskussionen für Auseinandersetzungen gesorgt: der *Radikale Konstruktivismus.*

Konstruktivismus

Die Grundthese, die in diesem Ansatz vertreten wird, besagt, dass wir die Welt, in der wir leben, durch unser Zusammenleben, durch unsere Kommunikationen und Interaktionen, durch unser Erfahren, Wahrnehmen und Handeln konstruieren und nicht abbilden. Daraus ergibt sich die Perspektive, dass eine Trennung gemacht werden muss zwischen einer vor aller Wahrnehmung gegebenen „ontischen Wirklichkeit" und der Wirklichkeit, die wir im Prozess unseres Zusammenlebens erzeugen. Erstere – so der Radikale Konstruktivismus – bleibt uns immer verschlossen, denn keine Beschreibung von Wirklichkeit kann jemals ohne den Beobachter gemacht werden, der sie vornimmt. Damit ist aber jede Aussage, auch jede wissenschaftliche Aussage, niemals objektiv (also vom Beobachter unabhängig), sondern sie ist an den Möglichkeitsraum der Beobachtung des Beobachters gebunden.

> „Die Instrumente des Beobachtens (seien es Sinnesorgane, technische Beobachtungsinstrumente wie Mikroskope oder Ultraschallgeräte, oder seien es kognitive Strukturen, Begriffe, Theorien oder Weltsichten) definieren den Möglichkeitsraum der Beobachtung" (Willke 1994, 23).

Wissenschaftlich aufgestellte Gesetze, Modelle und Theorien bilden aus dieser Perspektive keine objektive Wirklichkeit ab. Wissen umfasst somit keine Repräsentationen einer „ontischen Wirklichkeit". Die Schaffung von Wissen ist vielmehr als Prozess der Konstruktion zu verstehen.

> „Wissen als Resultat eines Erkenntnisprozesses ist demnach nicht ein Abbilden im Sinne eines Entdeckens der äußeren Wirklichkeit, sondern eher eine *Konstruktion* von Wirklichkeit" (Fischer 1995, Zitat ohne Kursivdruck im Original).

Beziehung zwischen Wissen und Wirklichkeit

Die Frage, die sich daraus ergibt, ist die Beziehung zwischen Wissen und Wirklichkeit, denn Wahrheit – als letztgültige Einsicht in die Wirklichkeit – kann nicht mehr das Kriterium für wissenschaftliches Handeln sein. Glasersfeld führt hier die *Viabilität* ein.

Viabilität

> „Wenn diese begrifflichen Gebilde, die der Konstruktivismus ‚Wissen' nennt, passen, so heißt dies nicht mehr und nicht weniger, als dass dieses Wissen sich der Erfahrungswelt als Selektionsmechanismus stellt und dass aus diesem Rückkoppelungsprozess ein für den erkennenden Organismus so lange gangbarer (‚viabler') Weg erzeugt wird, als dieser sein Überleben bzw. seine Anpassung sichert. Erkenntnis als Konstruktion in diesem Sinne heißt aber nicht, die Wirklichkeit als beliebige, willkürlich zuzurichtende phantastische Konstruktion zu begreifen, sondern als Konstruktion, die von der Widerständigkeit der ontischen Welt nicht negiert wird, und insofern ‚passt' bzw. viabel ist, als sie funk-

tioniert. Im evolutionären Prinzip des ‚Passens' liegt die Parallele zur evolutionären Erkenntnistheorie und zum kritischen Rationalismus, der sich allerdings doch zu einer Form von Realismus bekennt" (Fischer 1995, 20).

Der Radikale Konstruktivismus ist dabei durch ein pragmatisches Wissenschaftsverständnis gekennzeichnet: Wissenschaft dient der Erhaltung und Erweiterung unserer Handlungsmöglichkeiten, sie trägt zur Optimierung der Lebensbedingungen und der längerfristigen Sicherung des Überlebens der Art bei (Schmidt 2000, 38).

An dieser Stelle soll die Darstellung metatheoretischer Dispute abgebrochen werden. Das Ziel war es herauszuarbeiten, dass wissenschaftliches Arbeiten durch unterschiedliche metatheoretische Prämissen, unterschiedliche Theoriebegriffe und unterschiedliche methodische Orientierungen gekennzeichnet ist. Um wissenschaftliche Aussagen einordnen und einschätzen zu können, ist es deshalb sehr hilfreich, die zugrunde liegende wissenschaftstheoretische Position zu kennen.

Trotz der aufgezeigten Differenzen gibt es jedoch grundlegende Anforderungen an wissenschaftliche Theoriebildung, die solche Theorien von Alltagstheorien, also Theorien, die prinzipiell jeder Mann und jede Frau im Alltag ständig aufstellt, unterscheiden. Hier hat Schulze (1980, 40) spezifische Kriterien formuliert, die hilfreich sind, wissenschaftliche Theorien von alltagswissenschaftlichen Theorien abzugrenzen:

Kriterien wissenschaftlicher Theoriebildung

„**1. Daten:** Sie berufen sich nicht allein auf persönliche Eindrücke und Erfahrungen. Sie versuchen, ihre Annahmen und Aussagen auf systematisch gesammelte, empirische Daten zu stützen, die im Prinzip jedermann zugänglich sind.

2. Gegenstandsbereich: Sie beziehen sich auf einen bestimmten, genauer umrissenen Gegenstandsbereich. Sie versuchen anzugeben, für welche Erscheinungen ihre Annahmen und Aussagen gelten sollen und für welche nicht.

3. Konzepte: Sie versuchen für den Gegenstandsbereich ein umfassendes Konzept zu entwerfen, ein Modell zu konstruieren, das einen logischen Zusammenhang herstellt zwischen den einzelnen Erscheinungen, und in vernünftiger Weise erklärt, was in diesem Bereich geschieht. Sie geben darüber hinaus zu verstehen, dass solche Konzepte nur Konstruktionen der Wirklichkeit sind und nicht diese Wirklichkeit selbst.

4. Reflexion: Sie suchen die einzelnen Schritte, die zu der Konstruktion geführt haben, zu kontrollieren und für andere nachvollziehbar zu machen. Sie enthalten Reflexionen über das methodische Vorgehen, über die Voraussetzungen, auf denen sie beruhen, und über die Reichweite und Geltung der gemachten Annahmen und Aussagen.

5. Diskussionen: Sie setzen ihre Annahmen und Aussagen Einwänden und widersprechenden Tatsachen oder Erfahrungen aus. Sie bringen sie in einen Diskussionszusammenhang ein, beziehen sich auf vorausgegangene Untersuchungen und Überlegungen.

6. Fragen und Kritik: Sie gehen von einer Fragestellung aus, wollen etwas herausfinden, zu neuen Erkenntnissen gelangen, die ihrerseits neue Handlungsmöglichkeiten eröffnen oder gewohnte Handlungsweisen besser verstehbar machen. Sie betrachten ihren Gegenstand kritisch, aber im Sinne einer neugierigen, konstruktiven Kritik, die noch offen und auf die Erweiterung unserer Vorstellungen und Pläne gerichtet ist" (Schulze 1980, 40f, ohne Hervorhebung im Original).

Die hier formulierten Kriterien bieten sich als Prüfkriterien für die Wissenschaftlichkeit theoretischer Aussagen an. Im Folgenden soll nun versucht werden, zentrale theoretische Modellvorstellungen von Lernbehinderung vorzustellen, die historisch oder aktuell besonders bedeutsam waren bzw. sind.

Die Einteilung der vorhandenen Ansätze ist bereits nicht unproblematisch. Eine Möglichkeit besteht in der *Zuordnung zu wissenschaftstheoretischen Konzepten,* also z. B. zur geisteswissenschaftlichen Pädagogik, zur Kritischen Theorie, zu marxistischen, interaktionistischen, psychoanalytischen, systemtheoretischen Ansätzen etc. Es ist aber auch möglich, *inhaltliche Gesichtspunkte* als Kriterium der Einteilung vorzunehmen. Hier wird danach unterschieden, welche Aspekte, welche Perspektiven bei der Betrachtung des Phänomens der Lernbeeinträchtigung im Mittelpunkt stehen. Für ein einführendes Buch spricht einiges dafür, den zweiten Weg zu wählen, da davon auszugehen ist, dass der/die geneigte Leser/Leserin zunächst stärker an inhaltlichen Gegebenheiten und Problemen interessiert ist. Dabei soll jedoch nicht auf die wissenschaftstheoretische Einordnung der jeweiligen Ansätze verzichtet werden.

3.2. Lernbehinderung als individueller Defekt

Pathologische Ursachen

Grundlage der theoretischen Ansätze, die Lernbehinderung auf einen individuellen Defekt zurückführen, ist ein medizinisches Modell, das sich an einem positivistischen Wissenschaftsverständnis orientiert. Bestimmte Schülerinnen und Schüler – so ist zu beobachten – können den schulischen Lern- und Leistungsanforderungen nicht genügen. Da andere Schüler dies augenscheinlich können, liegt es zunächst nahe, das Fehlen bzw. den Mangel individueller Fähigkeiten und/oder Voraussetzungen als Ursache für die Lernbehinderung zu konstatieren. Nach Suhrweier (1993, 37) kann Lernbehinderung im organfunktionellen Bereich auf

* „genetisch-metabolische,
* chromosomal-bedingte,

- exogen-bedingte Störungen der Hirnentwicklung (prä-peri-postnatal) sowie auf
- Endokrinopathien"

zurückgeführt werden. Der Autor fügt jedoch sofort hinzu, „dass nur bei einem Teil der lernbehinderten Kinder Schädigungen im Potential biologischer Lernvoraussetzungen nachweisbar sind" (Suhrweier 1993, 37). Und da dieser Teil eher sehr klein ist – Kniel gab 1979 für Kinder mit einem IQ zwischen 50 und 70 einen Anteil von 6 % mit einem Nachweis pathologischer Ursachen an – bietet dieser Ansatz kein umfassendes Modell zur Erklärung des Phänomens der Lernbehinderung.

Weitaus bedeutsamer – sowohl historisch als auch aktuell – ist da das Konzept der Intelligenz. Alltagssprachlich wird unter Intelligenz meist eine stabile geistige Fähigkeit verstanden; ähnlich sah die ältere Psychologie Intelligenz als das „Ganze der Verstandesanlagen" (Rempler 1954, 55). Heute wird Intelligenz eher als eine Vielzahl von kognitiven Aktivitäten aufgefasst, die wir zur Lösung von Problemen und zur Bewältigung von Herausforderungen aus unserer Umwelt und Kultur benötigen (Zimbardo/Gerrig 1996).

Intelligenz ist danach eine sehr allgemeine mentale Fähigkeit, die daran beteiligt ist, vernünftig zu urteilen, zu planen, abstrakt zu denken, komplizierte Ideen zu verstehen sowie schnell und aus Erfahrungen zu lernen. Sie ist nicht das Auswendiglernen von Büchern, nicht eine schmale akademische Begabung oder Cleverness beim Ausfüllen von Fragebögen. Vielmehr ist sie eine wesentlich breitere und tiefere Befähigung, unsere Welt zu begreifen, zu durchschauen und sinnvoll in ihr zu handeln.

Intelligenz

Zudem ist festzustellen, dass es heute keineswegs nur eine, sondern eine Vielzahl von Intelligenztheorien gibt. Dabei ist zu beachten, dass Begriffe wie Intelligenz, Begabung, Kreativität und auch Lernbehinderung Konstruktbegriffe sind. Dies bedeutet, dass die damit beschriebenen Phänomene nicht direkt bzw. unmittelbar, sondern mittelbar, d. h. aus dem (beobachteten) Verhalten einer Person geschlossen werden. Um dies zu können, werden spezifische Testverfahren entwickelt. Für die Intelligenz handelt es sich dabei um standardisierte Beobachtungsinstrumente (Intelligenztests), die festgelegten Gütekriterien entsprechen und objektive Aussagen über das intelligente Verhalten der Getesteten zulassen sollen. Die Tests sind in der Regel so konzipiert, dass sie schulisch relevante Fähigkeiten, z. B. in den Bereichen Wortschatz, Zahlenverständnis, abstraktes/logisches Denken und/oder räumliches Vorstellungsvermögen, untersuchen. Ein festgelegtes Auswertungsschema soll dann eine objektive Beurteilung in Form eines Intelligenzquotienten ermöglichen.

Lernbehinderung und Intelligenz

Zur Erklärung von Lernbehinderung hatte und hat Intelligenz einen zentralen Stellenwert. So definierte Bach: „Im allgemeinen wird ein Kind als lernbehindert angesehen, wenn seine seelisch-geistige Gesamtsituation um etwa ein bis zwei Sechstel unterhalb des Regelbereiches liegt, sich also im Rahmen dessen befindet, was bei einem IQ von etwa 60/65 bis 80/85 unter mäßigen sonstigen Bedingungen an Lernleistungen zu erwarten ist" (Bach 1973). Bleidick (1968, 455) formulierte:

„Das wesentliche unterscheidende Kriterium zwischen Volksschule und Lernbehindertenschule ist ebenfalls zweifelsfrei die Höhe des IQ der Kinder. Es gibt neben dem Merkmal Niedrigkeit des IQs auch bei Lernbehinderten, trotz gut gemeinter Ansätze, noch keine bessere Markierungseinheit ... Die Folgerung liegt insofern nahe – solange keine anderen psychodiagnostisch objektivierten Kriterien vorhanden sind – den niedrigeren IQ als relativ verlässliche Indikation für eine präzise Fassung der Hilfsschulbedürftigkeit und damit des pädagogischen Selbstverständnisses dieser Schule überhaupt anzusehen."

Klauer (1977, 6) relativiert die Bedeutung der Intelligenz für Schulerfolg etwas, indem er betont, dass „Intelligenz ... eine sehr wichtige Bedingung des Lernens (ist), aber keinesfalls die allein ausschlaggebende". Für ihn ist Lernbehinderung durch eine herabgesetzte Lernleistung gekennzeichnet, die durch eine Intelligenzschwäche mitbedingt ist.

Schröder (1996, 62) konstatiert, „dass die Rolle der Intelligenzminderleistung für das Verständnis der Lernbehinderung zwar vorsichtiger diskutiert werden muss, als es in früheren Konzeptionen der Fall war, dass sie aber keineswegs als irrelevant oder unzuverlässig außer Betracht bleiben darf".

Zur Feststellung von sogenannter Lernbehinderung spielen bis heute Intelligenztests eine wesentliche Rolle. Zur Feststellung des sonderpädagogischen Förderbedarfs sehen immer noch viele Verfahren, die in den Bundesländern dazu vorgeschrieben sind, eine Prüfung der Intelligenz vor.

Gleichwohl wird der Aspekt der Intelligenz bei der Erklärung und Vorhersage von Lernversagen in der Schule auch kritisch gesehen. So weisen Helmke und Weinert (1997, 105) darauf hin, „dass die Beziehung zwischen Leistungsfähigkeiten (z. B. Intelligenz, R. W.) und Leistungsergebnissen keineswegs perfekt ist".

Im Bereich der Lernbehinderungen wird dies an verschiedenen Stellen deutlich (vgl. hierzu auch Suhrweier 1993, 38ff und Randoll 1991, 46ff).

1. Der Wertbereich, angegeben als Intelligenzquotient, der Lernbehinderungen umfassen soll, ist nicht eindeutig definiert. Angaben zur unteren Grenze schwanken zwischen einem IQ 50 und einem IQ 65 und Angaben zu einer oberen Grenze liegen zwischen IQ 70 und IQ 85.

2. Es gibt einen großen Überschneidungsbereich der Verteilung von IQ-Werten in Sonderschulen und Grund- bzw. Hauptschulen (vgl. hierzu Thimm/Funke 1980, 589ff). Das heißt, in Sonderschulen findet man einen nicht unerheblichen Teil von Schülern mit durchschnittlichen bzw. überdurchschnittlichen Intelligenzwerten und an Grund- und Hauptschulen gibt es ebenfalls nicht wenige Schüler mit einem unterdurchschnittlichen Intelligenzquotienten.

Hierdurch wird deutlich, dass Intelligenz lediglich ein Faktor unter anderen zur Erklärung von Lernversagen in der Schule darstellt. Dabei muss berücksichtigt werden, dass Intelligenz keineswegs eine statische bzw. biologische Größe ist. Zwei Studien sollen dies verdeutlichen:

Rosenthal und Jacobson (1971) haben die Auswirkungen von Erwartungshaltungen auf IQ-Werte untersucht. Dabei konnte deutlich gemacht werden, dass eine Veränderung der Lehrererwartung Auswirkungen auf die intellektuelle Leistungsfähigkeit der Schüler hat. Lehrern wurde erklärt, dass ein Test, der mit den Schülern in den Klassen K (Kindergarten) bis 5 durchgeführt wurde, „Aufblüher" identifizieren könne, die im folgenden Jahr mit großer Wahrscheinlichkeit ungewöhnliche Fortschritte in der Schule wie auch im intellektuellen Verhalten allgemein machen würden. Es handelte sich bei dem Test jedoch nur um einen nichtverbalen Gruppenintelligenztest. Den Lehrern wurde nach der Testdurchführung eine Liste mit den Schülernamen vorgelegt, die als „Spurter" bezeichnet wurden. Die Auswahl dieser Schüler erfolgte rein zufällig. Bei der Wiederholung des Gruppenintelligenztests nach ein und nach zwei Jahren zeigte sich bei diesen Kindern (den „Spurtern") eine überdurchschnittliche Zunahme des Intelligenzquotienten, die auf die – künstlich erzeugten – Vorannahmen der Lehrer zurückgeführt wird.

Die Relativität von Intelligenz

Die durch die Untersucher erzeugten Bedeutungszuschreibungen – „dieses Kind ist besonders intelligent und damit auch besonders lernfähig" – schaffen Interaktions- und Kommunikationsstrukturen, die anscheinend diese angenommenen Fähigkeiten tatsächlich anregen und fördern. Dieses Phänomen ist als *self-fulfilling-prophecy* bekannt geworden. Natürlich wirkt es auch bei der Entstehung und Stabilisierung einer Behinderung des Lernens, denn die Annahme, dass ein Schüler dumm, unbegabt und wenig intelligent ist, kann vice versa zu einer Beeinträchtigung seiner Lernfähigkeit führen.

Die enge Beziehung zwischen dem, was Intelligenztests messen, und den Lebensbedingungen von Kindern hat jüngst eine Studie von Duyme/Dumret/Tomkiewicz (1999) deutlich gemacht. Bei Kindern aus äußerst schwierigen sozial randständigen

Lebenswelten mit schwerwiegenden Deprivationserfahrungen in früher Kindheit konnte aufgrund eines Milieuwechsels durch Adoption ein signifikanter Zuwachs der in IQ-Tests gemessenen Werte nachgewiesen werden. In die Untersuchung wurden 65 Kinder einbezogen, die zwischen dem vierten und sechsten Lebensjahr adoptiert wurden und zu der Zeit einen IQ kleiner als 86 (Mittelwert 77, Standardabweichung [S. D.] = 6,3) aufwiesen. Alle Kinder wurden in der frühen Kindheit vernachlässigt oder missbraucht und wuchsen in sozial randständigem Milieu auf. Sie wurden nach vier Jahren, die sie in ihren Adoptivfamilien gelebt hatten, erneut untersucht. Die Ergebnisse zeigen einen deutlichen Anstieg der IQ-Werte. Je höher der sozio-ökonomische Standard der Adoptivfamilie war, desto höher waren die IQ-Werte bei der zweiten Untersuchung. Die Autoren kommen damit zu dem Schluss-Statement, „that, even after early childhood, some environmental factors highly increase borderline IQ's" (Duyme/Dumret/Tomkiewicz 1999, 8793).

Intelligenz ist also eng verknüpft mit sozialen Interaktionsprozessen und lebensweltlichen Entwicklungsbedingungen von Menschen. Kanter (1977, 54) kam schon unter Rückgriff auf die Ausführung von Aebli (1969, 166ff) zu der Einschätzung, dass „Intelligenzleistungen … durch vielfältige Umweltfaktoren und ständig sich wiederholende(n) Lebenssituationen über Lernprozesse ausgebildet (werden)", und zwar im Sinne einer „ungeleiteten Entwicklung". In neuerer Zeit hat auch die pädagogische Psychologie diesen Sachverhalt wiederentdeckt. So weisen Helmke und Weinert (1997, 109) darauf hin, „dass die kognitive Entwicklung nicht nur Bedingung, sondern stets auch eine Folge, ja sogar ein Ziel schulischen Lernens darstellt …" (Helmke/Weinert 1997, 109).

Boringsches Diktum

Interessant ist in diesem Zusammenhang das sogenannte Boringsche Diktum:

„Intelligenz als messbare Fähigkeit muss vorab als die Fähigkeit definiert werden, in einem Intelligenztest gut abzuschneiden. Intelligenz ist, was der Test testet" (zit. nach Herrnstein 1973).

Damit ist es nicht mehr verwunderlich, dass verschiedene Faktoren intelligenten Verhaltens unterschiedlich mit Schulerfolg korrelieren. Suhrweier (1993, 41) stellt heraus, dass stärkere Beziehungen zum Sprachentwicklungsstand und Schulleistungen bestehen, und Ingenkamp (1988, 45) kommt zu dem Ergebnis, dass

„Intelligenz dann ein guter Prädiktor für Lernerfolg (ist), wenn die Intelligenztests in allgemeiner Form die Anforderungen stellen, die im Lernprozess spezifisch gefordert werden, wenn also z. B. mathematische und verbale Denkprozesse berücksichtigt werden. Hier kommen also wieder soziale Sachverhalte ins Spiel, denn unterschiedliche sozio-kulturelle Lebensbedingungen führen zu unterschiedlichen Vorerfahrungen im mathematischen und verbalen Bereich. Und gerade diese Vorerfahrungen haben bedeutsame Auswirkung auf Lernerfolge von Schülern" (Helmke/Weinert 1997, 106ff).

Dass das Phänomen Intelligenz und Intelligenztest zudem immer auch im Kontext sozialer Kontrolle und Sicherung sozialer Privilegien zu sehen ist, hat Chorover (1982, 52) deutlich gemacht.

Abschließend sollen hier die Schwächen der Intelligenzmessung zur Erklärung des Phänomens Schulversagen, wie sie Suhrweier (1993, 40f) zusammengestellt hat, wiedergegeben werden:

- „Es wird etwas gemessen (Intelligenz), was in seiner Struktur und Entwicklung noch nicht befriedigend aufgearbeitet ist.
- Gleiche Leistungen können durchaus unterschiedlich erbracht werden, sodass nicht bei allen das Gleiche geprüft und gemessen wird.
- IQ ist ein ‚Sammelquotient‘, der ganz Verschiedenes vereint.
- Die meisten Intelligenztests sind verbalabstrakt ‚kopflastig‘.
- Es wird nur ein Teil der Intelligenz (wenn überhaupt) erfasst, und zwar der, der in der Schule und später gebraucht wird.
- Der IQ stellt eine Summation von Ergebnissen dar, er bildet keine individuelle Intelligenzstruktur ab.
- Die Lebenserfahrungen der Kinder bleiben weitgehend unberücksichtigt.
- In den meisten Fällen bieten Intelligenztests keine Ansatzpunkte für Interventionen.
- Testergebnisse werden nicht selten durch die Prüfsituation verfälscht.
- Der Gesamt-IQ verdeckt Differenzen bei den einzelnen Items …
- Die bisherige Prozedur der Gütekriterien ist innovationsbedürftig …
- IQ-Werte sind nicht genau zu fixieren; sie zeigen einen Standardmessfehler…
- Der prognostische Aussagewert von IQ-Testergebnissen ist umstritten" (Suhrweier 1993, 41).

3.3. Lernbehinderungen und soziale Randständigkeit

Behinderungen sind – im gesellschaftlichen Kontext – ungleich verteilt. Mit sinkender sozialer Schichtzugehörigkeit bzw. mit steigender Armut nimmt – nicht nur bei Lernbeeinträchtigung – das Risiko zu, behindert zu werden (Cloerkes 1997, 66ff). Bei Schülerinnen und Schülern, die in den so genannten Regelschulen versagen, tritt dieses Phänomen in besonderer Deutlichkeit hervor und ist seit Anbeginn einer besonderen Beschulung, in Hilfsschulen, seit Ende des 19. Jahrhunderts bekannt. So schreibt Stötzner (1864, 7): „Grade in den unteren Schichten, wo es oft an zweckmäßiger Ernährung, gesunder Wohnung, sorgfältiger Erziehung der Kinder fehlt, stellt sich die Zahl der Schwachsinnigen als eine wahrhaft schreckenerregende heraus."

Soziale Verursachung von Lernbeeinträchtigungen

Nicht die gesellschaftlich vermittelte soziale Lebenssituation, sondern der medizinische Erklärungsansatz des Schwachsinns und damit ein individueller Defekt wurde zu dieser Zeit jedoch noch für das Schulversagen verantwortlich gemacht. Die soziale Verursachung von Lernbeeinträchtigungen wurde in besonderer Weise erst in den 70er Jahren des 20. Jahrhunderts herausgestellt. In den 60er Jahren zeigten Untersuchungen schichtspezifische Unterschiede in den Sozialisationsprozessen von Kindern auf, die sich auf die Bildungschancen auswirken. Eine Vielzahl von empirischen Ergebnissen machten deutlich, dass Kinder aus sozial benachteiligten Elternhäusern im Vergleich zu Kindern aus der sogenannten Mittelschicht – auch bei vergleichbaren Intelligenzquotienten – schlechtere Bildungs- und damit auch Zukunftschancen hatten (vgl. z. B. Whiteman/Deutsch 1968).

Roth (1968, 40f) wies auf spezielle Untersuchungen von Kindern der Unterschicht in den USA hin, die aufzeigen, „dass diese wenig selbstständig aktiv, vor allem wenig zukunftsgerichtet und aufstiegsgerichtet orientiert sind, und dass sie weiterführende Schulen gar nicht erst ins Auge fassen". Weiter stellt er fest: „Die unbewussten und bewussten Erziehungs- und Sozialisierungsprozesse, die in der Familie dem Schuleintritt vorangehen, sind für die geistige Entwicklung von körperlich und geistig gesunden Kindern vermutlich wichtiger als die vererbten Anlagen." Die Benachteiligung von Unterschichtkindern im Schulsystem wurde im Weiteren durch eine Vielzahl an Studien nachgewiesen (vgl. z. B. Rolff 1972).

Sozialstatistiken der 70er Jahre

So war es nicht verwunderlich, dass auch im Bereich der sogenannten Lernbehindertenpädagogik die sozio-kulturelle Benachteiligung der Sonderschüler thematisiert wurde. Anfang bis Mitte der 70er Jahre wurden vorrangig sozialstatistische Untersuchungen zu den Lebensbedingungen sogenannter Lernbehinderter durchgeführt.

Vgl. hierzu Begemann 1970, Eggert 1972, Ferdinand und Uhr 1973, Klein 1973, Topsch 1975, Kerkhoff 1975.

Insgesamt wird in den sozialstatistischen Untersuchungen der 70er Jahre deutlich, dass über 90 % der Schüler in der Schule für Lernbehinderte aus unteren bis untersten sozialen Schichten stammen, gegenüber einem damals zu erwartenden Anteil von rund 45 %. Eine besonders deutliche Überrepräsentation in der Schule für Lernbehinderte zeigt sich bei Schülerinnen und Schülern aus der unteren Unterschicht einschließlich der sozial verachteten (bei Begemann 50 %, bei Eggert 53,4 %). Der Anteil dieser Bevölkerungsgruppen an der Gesellschaft betrug zu dieser Zeit zwischen 15 % und 20 %.

Begemann (1970, 70 und 1974, 82ff) und Klein (1973, 11ff) konnten zudem spezifische Merkmale der Familienstruktur und der Wohnverhältnisse von so genannten Lernbehinderten nachweisen. „Lernbehinderte" kommen in der Regel aus größeren Familien als Hauptschüler (Klein 1973, 11), ihre Wohnverhältnisse sind beengter, sie haben im Vergleich zu den Wohnungen von Volks- bzw. Hauptschülern häufig kein Bad bzw. Zentralheizung und die Schüler haben in weit geringerem Maße ein eigenes Zimmer, ein eigenes Bett und einen eigenen Arbeitsplatz.

Ebenfalls war der Anteil von Lernbehinderten unter den früher so bezeichneten Fürsorgezöglingen bis zu 6 mal höher als der, den die KMK derzeit für die Gesamtbevölkerung annahm, und fast 10 mal höher als der entsprechende von der Bildungskommission kalkulierte Anteil (Thimm/Funke 1980, Eberhard/Kohlmetz 1973). Auch die Anzahl von Schülern der Schule für Lernbehinderte, die aus Obdachlosensiedlungen kommen, wurde als überproportional hoch angegeben. Thimm und Funke (1980, 597) fassen diesbezügliche Studien folgendermaßen zusammen:

„Im Regelfall geht jedes zweite Kind aus einer Obdachlosensiedlung in eine Lernbehindertenschule. Höchstens zwei von drei Kindern haben die Chance, in der Volksschule zu verbleiben, ohne jedoch die Garantie zu haben, diese erfolgreich zu durchlaufen" (vgl. auch die Untersuchung von Iben 1991).

Die Anfang der 70er Jahre gefundenen Ergebnisse zeigen, dass die Schule für Lernbehinderte in überwiegendem Maße von sozial randständigen Schülerinnen und Schülern der sozialen Unterschicht besucht wird. Gleichzeitig zeichnet sich jedoch ab, dass keineswegs alle Kinder dieser Sozialschichten zur Schule für Lernbehinderte gehen. So zeigten Untersuchungen, dass nur etwa 10 % (Thimm/Funke 1980, 594) aller Unterschichtkinder die Sonderschule für Lernbehinderte besuchten. Der weit größere Teil, etwa 85 %, ging hingegen zur Volksschule/Hauptschule. Von einer linearen Beziehung zwischen sozialer Schicht und Lernbehinderung kann also nicht ausgegangen werden. Ein zentraler Schwachpunkt der damaligen Untersuchungen lag dabei in dem ungenauen und wenig aussagekräftigen Schichtungsmodell.

> Schule für Lernbehinderte als Schule für sozial randständige Schüler?

Zur Kritik vgl. Bargel 1973, Klein 1976, 70ff, zusammenfassend Preuss-Lausitz 1981, 19.

Die Kategorie der sozialen Unterschicht war äußerst heterogen und umfasste sozial randständige Familien genauso wie Facharbeiterhaushalte. Um hier eine genauere Beschreibung der Lebensbedingungen zu ermöglichen, forderte Klein (1976, 71) einen „Deprivationsindex", in dem das konkrete Maß sozialer Belastung angegeben werden sollte.

Preuss-Lausitz (1981, 21) versuchte auf der Grundlage einer marxistisch orientierten Klassentheorie eine genauere soziale Positionierung vorzunehmen und verortete die Schülerinnen und Schüler der Schule für Lernbehinderte in dem Teil der Arbeiterklasse, die dem „Kernbereich der materiellen Produktion" nahe stehen, also besonders schwierige ungesicherte Lebensbedingungen vorfinden. Die Kumulation entwicklungsbeeinträchtigender, sozio-kulturell benachteiligender Faktoren hat Klein (1985) durch die Analyse von Lebensläufen von Schülerinnen und Schülern der Schule für Lernbehinderte aufgezeigt.

Gegenwärtige Sozialstruktur

Diese Erfassung der Lebensbedingungen sogenannter lernbehinderter Schüler ist gegenwärtig weitgehend abgebrochen. Mand (1996, 166) merkt berechtigterweise an: „20 Jahre sind eine lange Zeit, da könnte sich einiges geändert haben in der Sozialstruktur Deutschlands, in der Zusammensetzung der Schülerschaft der Schule für Lernbehinderte." Aus einer kürzlich vorgelegten Studie von Klein (2001), in der er aktuelle Ergebnisse zum sozialen Hintergrund und zur Schullaufbahn von Lernbehinderten mit eigenen Befunden von 1969 vergleicht, kann jedoch geschlossen werden, dass sich die soziale Lage der Schüler der Schule für Lernbehinderte/Lernhilfe zwischen 1969 und 1997 nicht gravierend verändert hat. Zusammenfassend stellt Klein für beide Zeitpunkte fest: „Förderschüler kommen zu einem überwiegenden Teil aus Lebens- und Erziehungsbedingungen, die ihre Entwicklung in den frühen Lebensjahren beeinträchtigt oder gar beschädigt haben" (Klein 2001, 59). Was sich geändert hat und auch empirisch aufgezeigt werden konnte, ist heute die deutliche Überrepräsentierung von Kindern nichtdeutscher Herkunft in Schulen für Lernbehinderte (vgl. dazu auch Golz 1996, Kornmann und Klingele 1996). Die Ergebnisse der Untersuchung von Klein (2001, 55) zeigen zudem, dass die soziale Lage der ausländischen Schüler an Sonderschulen noch deutlich ungünstiger ist als bei ihren deutschen Mitschülern. Dazu zählt, dass die berufliche Qualifikation ausländischer Väter erheblich schlechter ist als bei deutschen Vätern. Die Wohnsituation ausländischer Kinder ist beengter und durch schlechtere Wohnlagen gekennzeichnet; die Zahl der ausländischen Kinder, die einen Kindergarten besucht haben, ist kleiner als die der deutschen Kinder. Ebenso werden ausländische Kinder tendenziell seltener von Frühfördermaßnahmen erreicht als deutsche Kinder.

Auch in der PISA-Studie zeigen die Ergebnisse zu Sozialschichtzugehörigkeit und Bildungsbeteiligung, dass die Wahrscheinlichkeit, eine Sonderschule zu besuchen, insbesondere bei Kindern aus Familien unqualifizierter Arbeiter hoch ist (Baumert/Schümer 2001, 358).

Die besondere sozio-kulturelle Situation von Schülern der Schule für Lernhilfe hat in neuerer Zeit auch Gotthilf G. Hiller im Rahmen der Beschreibung einer Schule für Lernbehinderte als „realitätsnahe Schule" (Hiller 1997, 15ff) thematisiert (vgl. dazu ausführlich Kapitel 4.1.8).

Die Frage, die sich allgemein bei diesen Ansätzen aus der Verknüpfung sozialer Randständigkeit und Lernbehinderung ergibt, betrifft das Warum. Warum versagen sozial randständige Schüler überproportional häufig in der Regelschule?

Hier wiederum gibt es unterschiedliche Erklärungsansätze. Begemann (1996, 135) schreibt der Sprache „ein zentrales, wenn nicht das wichtigste Moment (zu), um ihre Schulmisere zu verstehen". Sprache entwickelt sich in spezifisch soziokulturellen Kontexten. Da Schule eine mittelschichtspezifische „Hoch"-Sprache fordert, werden Kinder systematisch benachteiligt und in ihrem Lernen behindert, die abweichende, andere Spracherfahrung und Sprachkompetenz mitbringen.

Kommunikationsprobleme

Belusa, Mand, Eberwein und Michaelis (1992) haben in einem qualitativen empirischen Zugang zur Lebenswelt von sozial benachteiligten Kindern und Jugendlichen auf der Grundlage der Deutungsmusteranalyse Kommunikationsprobleme zwischen Schülern aus sozialen Brennpunkten und ihren Lehrern herausgestellt. Ein Ergebnis ihrer Befragung von Schülern der Schule für Lernbehinderte in Berlin ist die Herausstellung der Bedeutung der Beziehungsebene bei diesen Schülerinnen und Schülern und ihren Eltern.

„Normen der eigenen (der Schüler und Eltern, R. W.) Lebenswelt werden übertragen auf den schulischen Alltag. Leistungsprobleme und Konflikte in Folge abweichender Verhaltensnormen werden als Ausdruck einer persönlichen Abneigung des Lehrers interpretiert. Solche Einschätzungen erzeugen aggressives Verhalten der Schüler, beeinträchtigen die Motivation und setzen so eine Abwärtsspirale in Bewegung" (Eberwein/Mand 1992).

Werning und Wischer (2002) haben die sozio-kulturell bedingten Unterschiede im Bereich von Planungskompetenz beleuchtet. Schülern mit Lernbehinderungen wird nicht selten eine mangelnde Planungskompetenz als ursächlicher Faktor für Schulversagen zugeschrieben (Klauer/Lauth 1997, 707f). Durch den Vergleich lebensweltlicher Bedingungen sogenannter moderner und sozial randständiger Kinder konnten die Unterschiede deutlich herausgearbeitet werden. Während erstere durch die aktive Führung ihres Alltagslebens, durch das Setzen und Einhalten von Terminen, durch das Management von Sozialbeziehungen auf eine stringente Planung kurz-, aber auch langfristiger Prozesse angewiesen sind, ist die Lebenswelt letzterer durch geringe Pla-

Planungskompetenz

nungsanlässe gekennzeichnet. Statt aktiver Planung dominiert hier die Verplanung durch andere (insbesondere pädagogische Betreuungsinstanzen) oder durch Medien (z. B. unspezifischer Fernsehkonsum) und die Langeweile (z. B. an Wochenenden). Auch hier führen unterschiedliche sozio-kulturelle Bedingungen der Lebenswelt zur Benachteiligung sozial randständiger Schüler in einer an Mittelschichtsnormen orientierten Schule.

Vorkenntnisse erleichtern Lernen

Auch Ergebnisse aus dem Bereich der Pädagogischen Psychologie können auf dem Hintergrund unterschiedlicher Milieubedingungen interpretiert werden:

So zeigen Untersuchungen, dass die jeweils vorhandenen Vorkenntnisse eines Lerners die folgenden Lernprozesse im gleichen Bereich deutlich positiv oder negativ beeinflussen. Es ist leicht nachvollziehbar, dass z. B. die Kenntnis der Addition für das Erlernen der Multiplikation eine notwendige Voraussetzung darstellt. Ebenso ist Ausubel (1968) zuzustimmen, der behauptete, dass sinnvolle neue Ideen besser gelernt werden, indem man sie einer bereits bestehenden kognitiven Struktur – also einem zusammenhängenden Netzwerk von Wissen bzw. Kenntnissen, die bereits zuvor gelernt wurden – zuordnen kann. Mietzel (1998, 30) bezieht sich auf Anderson, wenn er schreibt: „Grundsätzlich hängt es vom jeweils vorliegenden Wissen eines Menschen ab, wie er dargebotene, neue Informationen wahrnimmt, interpretiert und behält …" (vgl. auch Helmke und Weinert 1997, 106ff). Vorwissen – gerade bei Grundschulkindern – ist jedoch in hohem Maße mit der familiären Sozialisation verbunden. Unterschiedliche primäre Sozialisationsbedingungen regen die Entwicklung unterschiedlicher kognitiver Strukturen an, die jedoch sehr unterschiedlich mit den schulischen Anforderungen korrespondieren. Die Überlegung ist dabei nicht von der Hand zu weisen, dass z. B. Kinder aus sozial randständigem Milieu weniger kompatibles und damit anschlussfähiges Vorwissen mit in die Grundschule bringen als sogenannte Mittelschichtskinder. Auch hier kann nicht von einer linearen oder kausalen Beziehung ausgegangen werden. Vielmehr ist das Vorwissen ein weiterer Faktor im Netzwerk lern- und leistungsförderlicher bzw. -hinderlicher Bedingungen.

Lernbeeinträchtigungen und Emotionen

Ein weiterer Aspekt zur Erklärung des überproportional häufigen Schulversagens sozial randständiger Kinder kann ferner im emotionalen Bereich vermutet werden. Lernen wird durch Gefühle beeinflusst. So wies Piaget in seiner Vorlesung 1953/54 an der Sorbonne darauf hin, dass es

„keine kognitiven Vorgänge ohne Gefühlsbeteiligung (gibt). Selbst die abstraktesten Intelligenzleistungen sind von Gefühlen begleitet. Wenn z. B. ein Schüler ein algebraisches Problem löst oder ein Mathematiker einen Lehrsatz findet, steht am Anfang immer ein Bedürfnis, ein intrinsisches oder extrinsisches Interesse. Während der Arbeit können Freude, Enttäuschung, Eifer, Ermüdung, Anstrengung, Langeweile usw. aufkommen und bei ihrer Befriedigung Hochgefühle über den erreichten Erfolg oder Niedergeschlagenheit wegen des Mißerfolgs (auslösen)" (Piaget 1995, 19f).

Gleichzeitig betont Piaget, dass es keine Gefühlszustände ohne kognitive Anteile gibt (Piaget 1995, 20). Aus seiner Sicht gestaltet sich die Beziehung zwischen Affekten und Kognition derart, dass erstere die Rolle einer Energiequelle spielen, selbst aber nicht kognitive Strukturen hervorbringen oder verändern.

Bower (1981) stellt den selektierenden Einfluss von Emotionen heraus. D. h., die Gefühle wirken bei der Verarbeitung von Informationen als selektierende Filter. Ein weiterer entscheidender Aspekt der Wirkung von Gefühlen auf Lernprozesse stellen Erfolgs- bzw. Misserfolgserlebnisse dar. Diese treten in leistungsbezogenen Kontexten auf. Es wird zwischen Emotionen direkt nach einer Leistungserbringung und Emotionen, die darauf folgend von den jeweils getroffenen Attribuierungsprozessen abhängen, unterschieden. Zunächst ist eine Person erfreut bzw. erleichtert, ein gutes Leistungsergebnis erbracht zu haben, oder bei Nichterfüllung der Leistungserwartung ist die Person traurig oder enttäuscht. Je nachdem, worauf im Folgenden der Erfolg bzw. Misserfolg zurückgeführt wird, entstehen länger andauernde Gefühle, die das Selbstwertgefühl beeinflussen. Führt man das eigene Versagen z. B. auf mangelnde Begabung zurück, können Hoffnungslosigkeit, Resignation, Gleichgültigkeit entstehen. Wird der Lehrer für die zu schwer gewählten Aufgaben verantwortlich gemacht, sind vielleicht Wut oder Ärger die Folge. Wird die eigene Anstrengungsbereitschaft als zu gering bewertet und als Ursachenfaktor herangezogen, können vielleicht Beschämung, aber auch Ärger darüber entstehen. Verfestigt sich bei Personen das Gefühl der Hoffnungslosigkeit und Resignation, sei es, weil sie sich selbst als unfähig oder unbegabt etc. ansehen, sei es, dass sie davon ausgehen, der Lehrer gibt ihnen keine Chance, wirkt sich dies auf die folgenden Lernprozesse meist negativ aus.

Seligman (1992) spricht hier von einer „erlernten Hilflosigkeit". Diese stellt sich ein, wenn Personen die Überzeugung entwickeln, dass sie nur unzureichende Fähigkeiten entwickelt haben, die sie auch nicht verändern können. Dies führt in der Konsequenz zu einer spezifischen emotionalen Orientierung der Interesselosigkeit, der Gleichgültigkeit, die emotionale und kognitive Beschränkungen hervorbringen kann. Erlernte Hilflosigkeit führt dazu, Lernanstrengungen – die als aussichtslos angesehen werden – zu vermeiden. Damit werden Interesse und Neugierverhalten und damit die Lernbereitschaft eingeschränkt oder sogar weitgehend blockiert.

Erfolg und Misserfolg

Erlernte Hilflosigkeit

Einen entscheidenden Beitrag zur Analyse des Zusammenhangs zwischen Affekten und Kognitionen hat in neuerer Zeit Luc Ciompi (1997) vorgelegt. Ciompi versteht unter Affekt eine

Affektlogik

„von inneren oder äußeren Reizen ausgelöste, ganzheitliche psycho-physische Bestimmtheit von unterschiedlicher Qualität, Dauer und Bewußtseinsnähe". Kognition bezeichnet „das Erfassen und die weitere neuronale Verarbeitung von sensorischen Unterschieden und Gemeinsamkeiten bzw. von Varianzen und Invarianzen" (Ciompi 1997, 67 und 72).

Er geht von einer phylogenetisch ausdifferenzierten Koppelung affektiver und kognitiver Dimensionen aus, die er als Extrempole in einem

„bipolaren Kontinuum von zwei obligat zusammengehörigen biologischen Funktionsweisen oder ‚Axen' … (auffasst), die sich von einem gemeinsamen Ursprung aus in unterschiedliche Richtungen weiter differenziert haben …: Die ‚affektive Achse' in Richtung auf eine zunehmend differenzierte, aber prinzipiell immer den gesamten Organismus affizierende Ausbreitung einer spezifischen psycho-physischen ‚Gestimmtheit' oder Bereitschaft; die ‚kognitive Achse' dagegen in Richtung auf eine ständig zunehmende neuronale Verdichtung und Verrechnung der einlaufenden sensorischen Information in einem immer komplexer organisierten zentralen Nervensystem" (Ciompi 1997, 75).

Ciompi postuliert nun eine Operatorwirkung der Affekte auf die Kognitionen, die er mit sechs Thesen näher beschreibt (Ciompi 1997, 94ff). An dieser Stelle sollen zentrale, für das Lernen relevante Dimensionen seiner Darstellung diskutiert werden.

1. Ciompi sieht in Affekten einen entscheidenden *Energielieferanten* – also Anregungs- bzw. Motivationseffekte – für die kognitive Dynamik. Gefühle können Lernprozesse anregen, unterstützen, intensivieren oder aber beeinträchtigen, behindern bzw. lähmen. Ein Schüler, der große Angst hat, zu versagen oder ausgelacht zu werden, kann in seinem Lernen dadurch behindert werden. Fasziniert ihn ein Gegenstandsbereich und erlebt er seine soziale Umwelt als unterstützend, wird er interessiert und zuversichtlich gestimmt sein. Dies fördert sein Lernen.

2. Affekte beeinflussen den *Fokus der Aufmerksamkeit*. Ist eine Person freundlich gestimmt, sieht die Welt anders aus, als wenn sie wütend, traurig oder verzweifelt ist. Dadurch wird natürlich auch die Aufmerksamkeit beeinflusst. Ein Schüler, der tief bedrückt über die dauerhafte Streitsituation seiner Eltern ist, oder ein Schüler, der sich in der Schule isoliert und verunsichert fühlt, kann seine Aufmerksamkeit häufig nicht auf den Lerngegenstand richten. Affekte prädisponieren somit Handlungstendenzen. Mitarbeits- und Lernbereitschaft, Offenheit für Unterrichtsinhalte, Kooperationsbereitschaft, Frustrationstoleranz, Kreativität, all dies ist nicht unabhängig von der Gefühlslage einer Person zu verstehen.

3. Affekte haben *Auswirkungen auf Gedächtnisleistungen.* Ciompi sieht Affekte als „Schleusen oder Pforten, die den Zugang zu unterschiedlichen Gedächtnisspeichern öffnen oder schließen" (Ciompi 1997, 97). Kognitionen werden mit Affektstimmungen gespeichert. Mit welchen Lerninhalten ich mich intensiv auseinandersetze, wie gut ich die Inhalte verarbeite und erinnere, ist mit den beteiligten Affekten verbunden. So zeigen Untersuchungen von Bower (1981), dass intensive Gefühle bei Lernprozessen und ein hoher Grad an Bedeutsamkeit des Lernmaterials wichtige Faktoren für die Gedächtnisleistung darstellen.

Ferner weist Ciompi (1997) darauf hin, dass Affekte die Hierarchie unserer Denkinhalte bestimmen und eine wichtige Beziehung zum Phänomen des Wollens oder Willens besitzen. Diese Orientierung wurde auch in der Motivationspsychologie Maslows (1973) schon deutlich. Er postulierte fünf Motivationen, die hierarchisch aufeinander aufbauen. D. h., die jeweils höhere Ebene kann erst wirksam werden, wenn die niedrigeren Ebenen befriedigt sind. Als basale Bedürfnisse nennt Maslow Hunger, Durst, Sexualität; dann folgen die Sicherheitsbedürfnisse, dann die Bedürfnisse nach Zugehörigkeit und Liebe, dann die Bedürfnisse, von anderen und sich selbst geschätzt zu werden, und schließlich das Bedürfnis nach Selbstverwirklichung. Dominieren Gefühle wie Unsicherheit und Ablehnung, so werden sie z. B. Interesse, Neugier und Lernfreude beeinträchtigen.

Affekte können somit Lernprozesse anregen wie auch behindern. Wenn Schüler die Schule als Institution, den Lehrer oder Unterrichtsinhalte als bedrohlich und fremd erleben, wenn auf ihre lebensgeschichtlich erworbenen Lernerfahrungen sowie auf ihre Bedeutungskonstruktionen wenig oder gar nicht eingegangen wird, ist mit der Behinderung von Lernen zu rechnen. Zu beachten ist ferner, dass gerade bei Schülern aus sozial randständigem Milieu von einer verstärkten emotionalen Belastung auszugehen ist. Erfahrungen von Armut, sozialer Unsicherheit, Zukunftsängste etc. können Emotionen hervorrufen, die die Konzentrationsfähigkeit, die Gedächtnisleistungen sowie die Lernmotivation und damit die schulische Leistungsfähigkeit deutlich negativ beeinflussen können.

Motivations-psychologie

3.3.1 Etikettierungsansatz

Ein bedeutsamer Ansatz zur Erklärung des Scheiterns gerade von sozial randständigen Schülerinnen und Schülern in der Schule ist im Rahmen des sogenannten Etikettierungsansatzes (labeling approach) formuliert worden (z. B. Homfeldt 1974). Die Basis

Lernbeeinträchtigungen als soziale Zuschreibung

Sozialer Interaktionismus

dieses Ansatzes ist der soziale Interaktionismus. Die Grundlagen dieses Ansatzes hat Blumer (1973) wie folgt dargestellt:

Der erste Grundsatz beinhaltet, dass Menschen all jenen Dingen gegenüber, die sie in ihrer Welt wahrzunehmen vermögen, seien dies nun Gegenstände, andere Menschen, Gruppen von Menschen, Institutionen, Leitideale, Handlungen etc., auf der Grundlage der Bedeutungen handeln, die diese Dinge für sie besitzen. Der symbolische Interaktionismus differenziert damit zwischen einer materiell gegebenen Welt außerhalb der Vorstellung und des Bewusstseins des Menschen einerseits und der erfahrenen Welt andererseits, die für den Menschen dann existiert, wenn sie für ihn eine Bedeutung hat.

Die zweite Prämisse besagt, dass die Bedeutungen der Dinge aus den sozialen Interaktionen, die das Individuum mit anderen Personen eingeht, abgeleitet oder hervorgebracht werden. Die Bedeutungen der Dinge, die die Lebenswelt des Individuums ausmachen, sind somit soziale Konstruktionen, die sich für ein Individuum daraus ergeben, wie andere Personen ihm gegenüber in Bezug auf die Dinge ihrer Lebenswelt handeln.

Die dritte Prämisse beinhaltet, dass dem Handeln des Menschen in seiner bedeutungsformierten Lebenswelt nicht eine mechanische, unreflektierte Anwendung der erworbenen Bedeutungen zugrunde liegt, sondern dass die Bedeutung der Dinge in einem interpretativen Prozess, der zwischen der Person und den Dingen stattfindet, gehandhabt, benutzt und modifiziert wird. Die Anwendung von Bedeutungen durch den Handelnden unterliegt einem ständig neuen Interpretationsprozess. Bedeutungen und Handlungen sind somit rekursiv verknüpft.

labeling approach

Im Rahmen des sogenannten Etikettierungsansatzes (labeling approach) wurden spezifische Erkenntnisse der Theorie des sozialen Interaktionismus auch auf (sonder-)pädagogische Fragestellungen bezüglich der Entstehung bzw. Erklärung sozial auffälliger bzw. abweichender Verhaltensweisen übertragen. Hierbei war das Forschungsinteresse nicht mehr vorrangig auf die Person gerichtet, die sich abweichend verhält (z. B. den lernschwachen Schüler), sondern vielmehr auf die sozialen Reaktionen der Umwelt auf ein konkretes Verhalten. Das Interesse richtete sich darauf, zu analysieren, wie ein Verhalten die Bedeutungszuschreibung eines abweichenden, eines nicht normgemäßen Verhaltens im Prozess der sozialen Interaktion erhält.

Aufgrund ihrer primären Sozialisation haben sozial randständige Kinder Verhaltensweisen in unterschiedlichen Bereichen (Sprache, Konfliktregulierung, Leistungsmotivation, Planungsverhalten, Sozialverhalten etc.) entwickelt, die mit institutionell gesetzten Normen in Konflikt geraten können. Im

Rahmen des Etikettierungsansatzes wird Lernbehinderung dann als Ergebnis eines Interaktionsprozesses verstanden, in dem es gelungen ist, das Lernverhalten eines Schülers über einen längeren Zeitraum als normabweichend zu beschreiben. Wenn dies durch bedeutsame Erwachsene (z. B. Lehrer) geschieht, dann können Normalisierungsmechanismen des so etikettierten Schülers nicht mehr greifen, und schlussendlich übernimmt er die Zuschreibung der Lernbehinderung in sein Selbstbild und verhält sich danach. Der Zuschreibungsprozess ist dabei durch soziale Erwartungshaltungen, durch Vorurteile sowie durch Normen- und Wertmaßstäbe zwischen Schüler (Definierter) und bedeutsamen Erwachsenen (Definierenden) gekennzeichnet. Lernbehinderung ist aus dieser Perspektive kein *ätiologischer*, sondern ein *relationaler* Begriff, der im Kontext eines sozialen Interaktionsprozesses zugeschrieben wird. Die Bedingungen für eine erfolgreiche Zuschreibung und Übernahme einer (meist negativen) sozialen Etikettierung „… dürfte u. a. vom Machtgefälle zwischen Etikettierer und Etikettiertem …, vom Öffentlichkeitscharakter der sozialen Etikettierung, von dem Ausmaß, in dem [signifikante] andere die Etikettierung unterstützen, von der Häufigkeit und Zeitdauer der Etikettierung sowie von diversen Bedingungen von Seiten des Adressaten (seine psychische Stabilität, seine Bereitschaft die angetragene Kategorisierung als legitim zu akzeptieren usw.) abhängen" (Peukert/Asmus 1979, 21; vgl. auch Hargreaves 1980).

Aus dieser Perspektive ist Lernbehinderung kein individueller Defekt oder keine individuelle Störung des Individuums. Das Phänomen Lernbehinderung wird vielmehr in seiner interaktionistischen Gebundenheit als prozessuales Ergebnis der sozialen Konstruktion von Abweichung verstanden (Homfeldt 1996, 176ff). Bei der Entstehung von Zuschreibungen können sozialpsychologisch untersuchte Verzerrungen in der Wahrnehmung der signifikanten Anderen in dem Etikettierungsprozess eine bedeutsame Rolle spielen.

Dazu gehört z. B. der Halo-Effekt (auch Hofeffekt genannt): Hier wird von einem Schülermerkmal (z. B. ungepflegtes Äußeres, spezifischer Sprachstil) auf andere – davon eigentlich unabhängige Merkmale (z. B. Intelligenz, Lernfähigkeit) – geschlossen. Ausgehend von Einzelbeobachtungen werden dabei Einschätzungen der Persönlichkeitsstruktur eines Schülers entwickelt. Brusten und Hurrelmann (1973) konnten in einer Untersuchung aufzeigen, dass die Typisierung von Lehrern und Schülern nach Leistung, Beliebtheit und Konformität mit der sozialen Herkunft der Schüler eng zusammenhängt.

Halo-Effekt

„Schüler aus den unteren sozialen Schichten werden in signifikant höherem Maße als relativ leistungsschwach, unbeliebt und delinquent typisiert. … Sie (die Typisierungsprozesse, R. W.) erreichen dann ganz besondere Intensität, wenn nicht Schichtindikatoren, die von ‚objektiven' Merkmalen oder Kriterien wie ‚Stellung im Beruf' und ‚Ausbildungsniveau der Eltern' ausgehen, sondern die subjektiven Einschätzungen der sozialen Herkunft durch die Lehrer zugrunde gelegt werden" (Brusten/Hurrelmann 1973, 61).

Stigmatisierungsprozesse

Lehrer erwarten und beobachten bei sozial randständigen Schülern eher normabweichendes Verhalten und setzen sie somit schneller sozialen Stigmatisierungsprozessen aus. Besonders problematisch an solch „erfolgreichen" negativen Etikettierungsprozessen ist die Beobachtung, dass die Schüler diese Zuschreibungen (z. B. lernschwach, dumm, faul, frech) in ihr Selbstbild übernehmen. Dies führt zu einer Neuorganisation der Identität des Schülers, der sich in der Folge so verhält, wie es die Umwelt von ihm z. B. als Sonderschüler erwartet. Diesen Prozess der negativen Etikettierung und Typisierung des Schülers hat Lösel (1975, 25) vereinfacht im unten stehenden Schema verdeutlicht.

Am Ende eines solchen Prozesses steht also die Stigmatisierung des Schülers. D. h., er ist damit in „unerwünschter Weise anders" (Goffmann 1967, 13) und wird einer Vielzahl von Diskriminierungen ausgesetzt, wodurch seine Zukunftschancen erheblich reduziert werden.

Abb. 3.1:
Negative Etikettierung des Schülers nach Lösel (1975, 25)

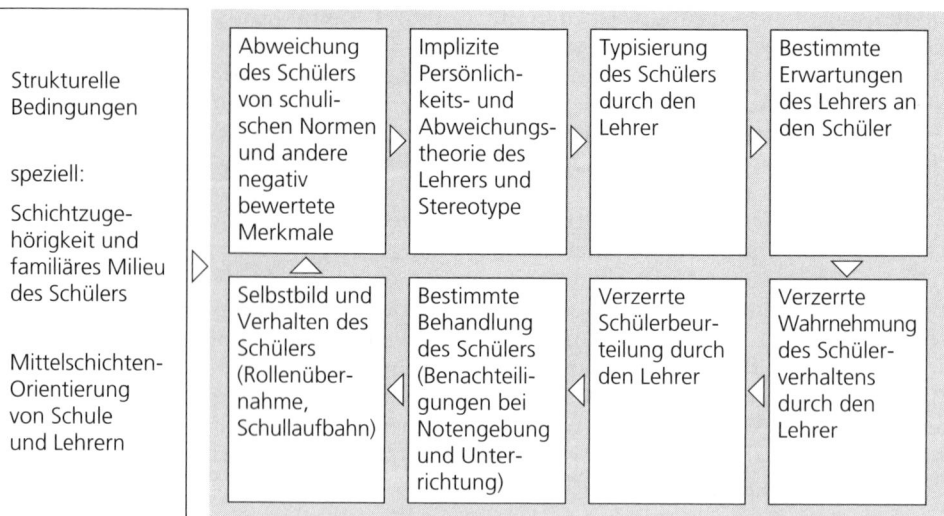

| Strukturelle Bedingungen

speziell:

Schichtzugehörigkeit und familiäres Milieu des Schülers

Mittelschichten-Orientierung von Schule und Lehrern	Abweichung des Schülers von schulischen Normen und andere negativ bewertete Merkmale	Implizite Persönlichkeits- und Abweichungstheorie des Lehrers und Stereotype	Typisierung des Schülers durch den Lehrer	Bestimmte Erwartungen des Lehrers an den Schüler
	Selbstbild und Verhalten des Schülers (Rollenübernahme, Schullaufbahn)	Bestimmte Behandlung des Schülers (Benachteiligungen bei Notengebung und Unterrichtung)	Verzerrte Schülerbeurteilung durch den Lehrer	Verzerrte Wahrnehmung des Schülerverhaltens durch den Lehrer

Zur Stigmatisierung sogenannter Lernbehinderter wird folgende Literatur empfohlen: Thimm 1975; Randoll 1991; Homfeldt 1996.

Im folgenden Ansatz wird ebenfalls die soziale Lage von Kindern und Jugendlichen in ihren Auswirkungen auf die Beeinträchtigung des Lernens untersucht. Hier steht aber nicht die Analyse der Interaktionen, sondern die Betrachtung gesamtgesellschaftlicher Verhältnisse in ihren Auswirkungen auf Bildungsprozesse im Mittelpunkt.

3.3.2 Lernbehinderung aus materialistischer Sicht

Der materialistische Ansatz beschreibt die enge Verknüpfung zwischen gesellschaftlich bedingter Klassenlage und schulischem Lern- und Leistungsversagen. Grundlage dieses Konzepts ist der dialektische Materialismus, dessen Zielsetzung die Analyse historisch-gesellschaftlicher Prozesse verbunden mit der Parteinahme für den politischen Kampf des Proletariats ist (Tillmann 1996, 157). Ohne hier auf die makro-soziologischen Analysen eingehen zu können, ist die Beschreibung der Beziehung zwischen Subjekt und gesellschaftlicher Wirklichkeit hierbei von besonderer Bedeutung. Nach Marx ist das Wesen des Menschen „… kein dem einzelnen Individuum innewohnendes Abstraktum. In seiner Wirklichkeit ist es das Ensemble der gesellschaftlichen Verhältnisse" (Marx 1981, 584). Die Entfaltung der menschlichen Fähigkeit ist aus der Perspektive dieses Ansatzes unter den historischen Gegebenheiten des Kapitalismus abhängig von der Klassenzugehörigkeit.

Lernbeeinträchtigung und Gesellschaft

Für Jantzen (1974), einem prominenten sonderpädagogischen Vertreter dieses Ansatzes, ist Behinderung direkt verbunden mit den Produktionsverhältnissen einer Gesellschaft. Die Gemeinsamkeit der Schüler der Lernbehindertenschule liegt in ihrer „Arbeitskraft minderer Güte". Dies bedeutet, dass sie ihre Arbeitskraft nicht auf dem Arbeitsmarkt gegen Lohn tauschen können, es sei denn, sie erhalten zusätzliche Unterstützung (Beihilfen, Unterstützung zur Ausbildung, Umschulungen etc.).

Ökonomisch fundierter Begriff von Behinderung

Damit wird ein ökonomisch fundierter Begriff von Behinderung eingeführt, der nicht vom Schulsystem, sondern von den sozio-ökonomischen Lebensbedingungen her definiert ist. Das Wesen von Behinderung allgemein fasst er durch die Kategorie der Isolation.

Lernbehinderung – wie jede andere Behinderung – ist hiernach kein abgrenzbarer oder objektiv fassbarer Defekt einer Person, sondern das Ergebnis spezifischer Sozialisationsprozesse in Abhängigkeit von soziokulturellen und sozio-ökonomischen Gegebenheiten. Die gegebenen gesellschaftlich vermittelten Lebensbedingungen sind durch Leistung und Kapitalmaximierung gekennzeichnet. Diese Situation schafft und braucht Gewinner und Verlierer. Die Verlierer – dazu gehören alle Personen mit einer „Arbeitskraft minderer Güte" – stabilisieren dieses System. D. h., die Gesellschaft ist nicht daran interessiert, Benachteiligungen z. B. durch eine andere Förderung von Kindern mit erschwerten Lern- und Lebenssituationen abzubauen, da es etwa aus Kosten-Nutzen-Abwägungen nicht notwendig ist. Die Benachteiligung sog. lernbehinderter Kinder im Bildungssystem ist dabei ein Aspekt der prinzipiellen Benachteiligung der Arbeiterklasse und der sozialen Randgruppen innerhalb der kapitalistischen Gesellschaft (Müller/von Salzen 1981, 133).

„Tatsächlich ist ein mangelnder Stand der Fähigkeitsentwicklung nicht Ergebnis individueller natürlicher Begabungsmängel, sondern Resultat gesellschaftlich erzeugter ungleicher Lernmöglichkeiten" (Reichmann/Struwe/Müller 1984, 409, Zitatabdruck ohne Hervorhebung).

Behinderung

Der Begriff der „Behinderung" wird aus der Sicht einer materialistischen Behindertenpädagogik verstanden

„... als Prozess der sozialen Beeinträchtigung der Lebensmöglichkeiten menschlicher Individuen, der auf der Basis mangelnder Vermittlungsprozesse zwischen Individuum und Gesellschaft sich als Beeinträchtigung der Entwicklung der Persönlichkeit realisiert" (Jantzen 1990).

Reichmann, Struwe und Müller (1984, 410) definieren Lernbehinderung in ähnlicher Weise als „,Einschränkung möglicher Teilhabe an umfassender Aneignung' und demgemäß als mehr oder weniger umfassende Isolation vom gesellschaftlichen Erbe".

Neben interaktionistischen und gesellschaftstheoretischen Modellen, die hier diskutiert worden sind, sind auch schulorganisatorische Aspekte in ihrer Wirkung auf die Entstehung von Lernbehinderung untersucht worden. Dies wird besonders deutlich, wenn man sieht, dass Lernbehinderung eng mit dem sehr selektiven deutschen Schulsystem verbunden ist.

3.4 Lernbehinderung als Folge des selektiven Schulsystems

Funktionen
der Schule

Die Schule hat in einer Gesellschaft einen spezifischen Auftrag. Fend (1974) differenzierte hier drei zentrale Funktionen:

- die Qualifikationsfunktion durch Unterricht zum Erwerb von Kenntnissen, Fähigkeiten und Fertigkeiten zur Herstellung des Arbeitsvermögens;

- die Selektionsfunktion durch Prüfungen, Noten, Zeugnisse zur Vergabe gesellschaftlicher Positionen und zur Stabilisierung sozialer Strukturen;
- die Integrationsfunktion durch die Vermittlung spezifischer Einstellungen und Haltungen, die zur Unterstützung und Aufrechterhaltung bestimmter gesellschaftlicher Verhältnisse erforderlich sind (vgl. auch Fend 1980).

Die Auslese von Schülern ist somit in der Schule – insbesondere aufgrund der Selektions- und Integrationsfunktion – schulrechtlich und institutionell vorgesehen und erwünscht. Innerhalb des Schulsystems sind durch Differenzierungsprozesse Subsysteme entstanden. Dazu zählen in Deutschland die nach Leistung differenzierten Schulformen: die Schule für Geistigbehinderte, die Schule für Lernbehinderte, die Hauptschule, die Realschule und das Gymnasium. Hierdurch wird versucht, die Komplexität, die sich durch die Heterogenität der Kinder und Jugendlichen ergibt, zu reduzieren. Ziel ist es, anhand von spezifischen Kriterien – hier besonders Lern- und Leistungsfähigkeit – homogene Gruppen von Schülern zusammenzustellen, die dann nach unterschiedlichen Curricula beschult werden. Aufgrund dieses Bestrebens nach Reduktion von Komplexität spaltete sich Ende des 19. Jahrhunderts die Hilfsschule von der Volksschule ab. Durch die Schaffung des Subsystems der Hilfsschule werden gleichzeitig Schülerinnen und Schüler definiert, die dieser Institution zugewiesen werden.

„Behinderung und Sonderpädagogik können also, systemsoziologisch betrachtet, eine Folge des Schulsystems sein. Dies ist an der Schullaufbahn der Lernbehinderten, die nicht von vornherein lernbehindert sind, sondern erst werden, als ‚Systemkarriere' ablesbar. Der Leistungszwang der allgemeinen Schule bildet eine ‚monopolartige Instanz' zur Feststellung der Lernbehinderung" (Bleidick 1985, 259).

Systemsoziologisch ist weiterhin relevant, dass einmal geschaffene Systeme – so auch die Sonderschule – funktionelle Autonomie, eine Verselbstständigung ihrer Zwecke und die eigene Erhaltung anstreben. Dies bedeutet, dass dort, wo es mehr Sonderschulen für Lernbehinderte gibt, auch Schüler gesucht und gefunden werden, die diese Schule besuchen müssen. So konnte Topsch (1975, 89ff) in einer Untersuchung von 1970 zeigen, dass die Prozentanteile lernbehinderter Schüler in unterschiedlichen Verwaltungsbezirken sehr stark differieren und dies mit dem Ausbau des Sonderschulsystems zusammenhängt. Während zum Beispiel in Borken 0,7 % aller Kinder und Jugendlichen im Alter von 6–15 Jahren in eine Schule für Lernbehinderte gingen, waren es in Herne 7,0 %. Das bedeutet, dass „auf 100 Kinder in

Lernbehinderung und Schulsystem

der Schule für Lernbehinderte in Borken 1000 Kinder in der Lernbehindertenschule in Herne kommen" (Topsch 1975, 90).
Die selektiven Strukturen und Mechanismen sind somit an der Erzeugung sog. lernbehinderter Kinder und Jugendlicher mitbeteiligt. Dabei ist zu berücksichtigen, dass das deutsche Schulsystem in besonderem Maße selektiv ist.

Exkurs: Schüler nicht-deutscher Herkunft an Schulen für Lernbehinderte

An der Sonderschule für Lernbehinderte sind Kinder nicht-deutscher Herkunft überrepräsentiert. Dies ist seit langem bekannt. 1981 legte Helga Reiser eine Monografie mit dem Titel „Sonderschulen: Schulen für Ausländerkinder?" vor. Reimer Kornmann hat mehrfach die statistischen Veröffentlichungen der Ständigen Konferenz der Kultusminister der Länder der Bundesrepublik Deutschland (KMK) in Bezug auf die Häufigkeit der Überweisung Kinder nicht-deutscher Herkunft an die Sonderschule für Lernbehinderte ausgewertet (vgl. zusammenfassend Kornmann 1998). Die Ergebnisse zeigen, „dass der relative Anteil ausländischer Kinder an der Schülerschaft von Sonderschulen für Lernbehinderte von Jahr zu Jahr überproportional stark ansteigt" (Kornmann 1998, 55).

Länderspezifische Unterschiede

Bei den Analysen fallen eklatante länderspezifische Unterschiede auf. 1999 haben Kornmann u. a. zur Berechnung der Überrepräsentation einen Relativen-Risiko-Index (RR) eingeführt, der als Quotient zweier Prozentzahlen ermittelt wird: „Den Zähler bildet der Anteil aller ausländischen Schüler, die eine Schule für Lernbehinderte besuchen, an der Gesamtzahl aller ausländischen Schüler, und der Nenner ist der Anteil aller deutschen Schüler, die eine Schule für Lernbehinderte besuchen, an der Gesamtzahl aller deutschen Schüler. Werte größer als 1 bedeuten somit Überrepräsentation, Werte kleiner 1 bedeuten Unterrepräsentation" (106). Insgesamt ermittelten die Autoren für 1996 einen relativen Risiko-Index von 2,013. Für Baden-Württemberg lag der Wert bei 3,66 (hier waren 37,2 % aller Schüler der Schule für Lernbehinderte nicht-deutscher Herkunft). Den kleinsten RR wiesen Hamburg mit 1,77 (hier waren 29,9 % aller Schüler der Schule für Lernbehinderte nicht-deutscher Herkunft) und Schleswig-Holstein mit 1,80 (hier waren 9,4 % aller Schüler an der Schule für Lernbehinderte nicht-deutscher Herkunft) auf. Die Überrepräsentation besteht nicht in den neuen Bundesländern, was auf die sehr geringe Zahl von Kindern nicht-deutscher Herkunft in diesen Ländern zurückzuführen ist. Während 1996 in den alten Bundesländern 871.751 Kinder (=11,1 % aller Schüler) nicht-deutscher Herkunft wohnten, waren es in den neuen Bundesländern nur 9347 (= 0,45 % aller Schüler) (Kornmann u. a. 1999, 108).

Da ein großer Anteil der nicht-deutschen Schülerinnen und Schüler auch aus sozial benachteiligten bis sozial randständigen Bereichen der Gesellschaft kommt, können auch hier die oben diskutierten Erklärungsansätze für das Versagen in der Grund- bzw. Hauptschule herangezogen werden. Ebenso zeigen sich hier auch die Auswirkungen eines auf Selektion angelegten Schulsystems. Hinzu kommen spezifische Schwierigkeiten, die sich aus der Migration ergeben. Golz (1996) nennt folgende Aspekte:

- Sozialisationsbedingungen in der Bundesrepublik Deutschland: Migrantenkinder leben „zwischen verschiedenen Welten" (Golz 1996, 233), wobei Widersprüchlichkeiten in familiären und gesellschaftlichen Lebensräumen zu einer besonderen Belastung führen und die Entwicklung einer bikulturellen Identität beeinträchtigen. Nicht selten bringt der Status des Ausländers eine wirtschaftliche und politische Unsicherheit mit sich, die eine längerfristige Lebensplanung verhindert.
- Sprachschwierigkeiten ausländischer Kinder: Kinder nichtdeutscher Herkunft kommen in eine Schule, die einen altersangemessenen Gebrauch der deutschen Sprache fordert. Ihre besondere Situation der Zweisprachigkeit wird nicht berücksichtigt. Bei Schulantritt findet vielmehr nicht selten eine abrupte Unterbrechung ihres Primärspracherwerbs statt (Golz 1996, 235).
- Diskrepanz zwischen schulischen Anforderungen und individuellen Lernvoraussetzungen: Die Unterschiede zwischen der familiären, außerschulischen und der schulischen Lebenswelt werden hier in ihren Konsequenzen auf schulisches Lernen angesprochen. Die Unterschiedlichkeit der sozialen Erfahrungen, die Nicht-Passung individueller Lernvoraussetzungen und schulischer Lernanforderungen verbunden mit sprachlichen Schwierigkeiten führen zu Lernschwierigkeiten, die sich im Laufe der Grundschulzeit aufgrund der unzureichenden Förderung und Unterstützung verfestigen und ausweiten (Golz 1996, 236f).

Das deutsche Schulsystem hat bisher keine adäquaten Strukturen für eine angemessene Förderung nicht deutscher Kinder – insbesondere Migrantenkinder – entwickelt. Dieser Tatbestand schlägt sich in der eklatanten Überrepräsentation dieser Kinder in der Sonderschule für Lernbehinderte nieder.

3.5 Lernbehinderung aus systemisch-konstruktivistischer Sicht

Diese Perspektive stellt keineswegs einen völlig neuen, bisher nicht bekannten Zugang zu dem Phänomen der Lernbehinderung dar. Vielmehr knüpft sie sehr gut an den Ausführungen zu Lernbehinderung und sozialer Randständigkeit an. Im Besonderen beinhalten die Konzepte des sozialen Interaktionismus wie auch des Etikettierungsansatzes viele konstruktivistische Orientierungen, die die Unterschiedlichkeit, Konflikthaftigkeit und manchmal gar Unvereinbarkeit der schulischen und außerschulischen Lebenswelt sozial randständiger Schüler als zentrale Faktoren der Beeinträchtigung schulischen Lernens beschreiben. Die Leistung des systemisch-konstruktivistischen Ansatzes liegt in der Zuspitzung der Perspektive durch einen radikalen Abschied vom Absoluten (Pörksen 2001).

Verschiedene Wirklichkeitskonstruktionen

Die grundlegende These besagt, das wir nicht in der gleichen, quasi objektiv vorgegebenen Wirklichkeit leben. Wir leben vielmehr in mehr oder weniger unterschiedlichen Wirklichkeiten, die das Ergebnis und gleichzeitig die Basis unserer Handlungen, unserer Interaktionen und unserer Kommunikation sind. In der Schule dominieren bestimmte Wirklichkeitskonstruktionen. Schülerinnen und Schüler können sich aufgrund ihrer biografisch entstandenen, im Kontext ihrer jeweiligen Lebenswelten entwickelten Wirklichkeitskonstruktionen dabei in unterschiedlicher Weise mit der schulischen Wirklichkeit in Beziehung setzen. Für die einen ergeben sich viele Übereinstimmungen. Sie finden sich schnell zurecht und erleben die Unterschiede kaum. Bei anderen Kindern passen die mitgebrachten Wirklichkeitskonstruktionen nicht oder nicht hinreichend zu den Ansprüchen, die in der Schule an sie gestellt werden. Damit wächst die Gefahr, dass bei ihnen Fremdheit, Orientierungslosigkeit, Ängste, Verunsicherungen und damit Lernbeeinträchtigungen wie auch Aggressivität und Devianz gefördert werden. Beeinträchtigungen des Lernens können sich somit aus Beziehungsstörungen entwickeln, die sich aus unterschiedlichen Wirklichkeitskonstruktionen ergeben.

Um dies zu verdeutlichen, ist es zunächst einmal notwendig, die Grundlagen dieses Ansatzes darzustellen. Dazu sollen zunächst zwei grundlegende Prinzipien konstruktivistischen Denkens dargestellt werden, die sich

a) auf die Beziehung zwischen einem Organismus und der ihn umgebenden Umwelt und

b) auf das Verständnis von einem lernenden Organismus beziehen.

3.5.1 Das konstruktivistische Verständnis der Beziehung zwischen Organismus und Umwelt

Die Beschreibung der „funktionalen Beziehungsgestaltung" zwischen Organismus und Umwelt umfasst einen Kernpunkt konstruktivistischen Denkens: die Analyse der Erkenntnisfähigkeit von Organismen. Aus konstruktivistischer Perspektive ist zunächst einmal zu trennen zwischen der Umwelt, die unabhängig vom Organismus, vor aller Wahrnehmung als ontische Umwelt existiert – im Folgenden in Anlehnung an Maturana und Varela (1987, 84ff) „umgebendes Milieu" genannt –, und der Umwelt, wie sie als Erfahrungs- bzw. Lebenswelt durch die kognitiven und emotionalen Prozesse eines Organismus im sozialen Kontext konstruiert und durch affektlogische Schemata (Ciompi 1997) repräsentiert wird.

Konstruktivistisches Denken basiert auf der Prämisse, dass es für ein Subjekt unmöglich ist, das umgebende Milieu direkt abzubilden oder zu erkennen. Die vom Organismus entwickelte Erfahrungs- bzw. Lebenswelt, als einzige ihm zugängliche Wirklichkeit, basiert auf den Möglichkeiten und Grenzen seiner jeweiligen subjektiv determinierten Erfahrungsfähigkeit und bildet das umgebende Milieu keineswegs einfach ab. Die Struktur eines psychischen Systems bestimmt vielmehr, wie es sich mit den Anregungen – Perturbationen – aus dem umgebenden Milieu auseinandersetzen kann. Die Beziehung zwischen umgebendem Milieu und Erfahrungs- bzw. Lebenswelt ist damit nicht ikonisch – abbildhaft –, aber auch nicht beliebig. Aus konstruktivistischer Sicht ist sie vielmehr *funktional* und *kontingent*. Das umgebende Milieu als prinzipiell nicht erkennbare Dimension verträgt vielfältige Möglichkeiten der Konstruktion von Wirklichkeiten. Deshalb sprechen Konstruktivisten nicht vom Universum, sondern von Multiversen. Auf der biologischen Ebene repräsentieren z. B. die unterschiedlichen Lebensformen (z. B. des Wildschweins, der Fledermaus, der Amöbe, des Menschen etc.) die unterschiedlichen funktionalen Beziehungsmöglichkeiten zwischen Organismen und umgebendem Milieu.

Alles, was existiert, hat eine mögliche – oder, wie von Glasersfeld (1996, 43) sagt, „viable" – Beziehung zwischen seiner Struktur und seiner Konstruktion von Wirklichkeit und dem umgebenden Milieu entwickelt. Im Kontext sozialer bzw. gesellschaftlicher Entwicklungsprozesse bilden Individuen genau wie soziale Systeme funktionale Beziehungsstrukturen zwischen ihrer Wirklichkeit und dem umgebenden sozialen bzw. gesellschaftlichen Milieu aus. Die jeweilige Erkenntnisstruktur, das Wissen eines Subjektes bzw. die Kommunikationsstruktur eines sozialen Systems

sind auch hier viabel, wenn sie das Subjekt bzw. das soziale System handlungsfähig machen. Aus der Handlungsfähigkeit kann aber kein exklusiver oder gar objektiver Zugang zum umgebenden Milieu abgeleitet werden.

Der Beobachter von Wirklichkeit

Jede Konstruktion von Wirklichkeit bleibt ein Produkt des Subjekts, des Systems, das sie erzeugt. Konstruktivisten benutzen hier den Begriff des Beobachters. Damit ist nicht eine dritte Person gemeint, die das Verhalten bzw. die Interaktion von anderen Personen beobachtet. Vielmehr ist jede Äußerung eine Beobachterbeschreibung. Alles, was gesagt oder gedacht wird, wird von einem Beobachter gesagt und gedacht, dessen Beobachtungen von seinem sensorischen, kognitiven und affektiven System abhängen. Wirklichkeit und Beobachter sind sich gegenseitig bedingende Faktoren. Objektivität, sprich Aussagen, die vom Aussagenden unabhängig sind, gibt es somit nicht. Oder, wie Heinz von Foerster ausführt:

„Objektivität ist die Selbsttäuschung des Subjekts, Beobachtung sei ohne ihn möglich. Die Anrufung der Objektivität ist gleichbedeutend mit der Abschaffung der Verantwortlichkeit; darin liegt ihre Popularität begründet" (zit. nach Schmidt 1986, 2).

Keeney (1987, 13) formuliert, „dass das, was man sieht, immer eine Folge dessen ist, wie man handelt. … So gesehen enthüllen Beschreibungen von Beobachtern immer die Handlung des Beobachters". Damit ist gesagt, dass eine Beobachtung mehr über den Beobachter als über den oder das Beobachtete(n) aussagt. Das heißt, dass wir als Personen für die Konstruktionen, die unsere Wirklichkeit ausmachen, Verantwortung übernehmen müssen. Wir müssen unsere Entscheidung bezüglich der Präferenz für Konstruktionen begründen. Statt objektive Wahrheit zu proklamieren, kann zwischen zwei alternativen Konstrukten nur die Praxis entscheiden, indem überprüft wird, welches Konstrukt besser passt, welches nützlicher ist, welches mit den gewählten ethisch-moralischen Grundentscheidungen zu vereinbaren ist.

3.5.2 Das konstruktivistische Verständnis von einem lernenden Organismus

Lernender Organismus

Heinz von Foerster (1987) hat die Unterscheidung zwischen *trivialen* und *nicht-trivialen* Systemen getroffen. Ein triviales System ist durch eine lineare, kausale Beziehungsstruktur zwischen Input und Output gekennzeichnet. Beispiel: Drücke ich bei einer Schreibmaschine auf die Taste mit dem Buchstaben „L", so erwarte ich, dass auf dem Bogen Papier, den ich eingespannt habe, ein „L" erscheint. Triviale Systeme haben keine Geschichte, keine Freiheit der Wahl, keine Stimmungen und Launen. Egal, wie viele Male ich einen bestimmten Input setze, ich erwarte denselben Output. Sollte dies nicht so sein, so ist das triviale System kaputt und es wird zum Re-Trivialisierer, besser als Mechaniker bekannt, gebracht. Ein triviales System ist dabei strukturdeterminiert, denn seine Struktur legt fest, wie die lineare Input-Output-Beziehung funktioniert.

Nicht-triviale Systeme sind durch nicht lineare, rekursive Beziehungsmuster, durch Geschichtlichkeit und durch Strukturdeterminiertheit gekennzeichnet. Sie stimmen in ihrer Strukturdeterminierung mit trivialen Systemen in der Weise überein, dass nicht die Intervention von außen, sondern die interne Struktur bestimmt, wie es sich verhält. Nicht-triviale wie triviale Systeme können somit nur zu je eigenen, durch ihre interne Struktur vorgegebenen Operationen angeregt werden. Die Struktur nicht-trivialer Systeme ist jedoch dabei im Unterschied zu trivialen Systemen selbst rückbezüglich, rekursiv. D. h., jede Handlung des Organismus führt zu einer Beeinflussung der eigenen Struktur und jede Beeinflussung der Struktur kann neue Handlungen ermöglichen oder bestehende Handlungsdispositionen bestätigen. Konstant bleibt nur die Organisation eines Organismus, die seine Existenz ausmacht. Nicht-Trivialität kennzeichnet somit die Fähigkeit, offen, überraschend, variabel, kreativ zu handeln.

Nicht-triviale
Systeme

Wenn ich z. B. einen Schüler lobe, so kann dies seine Anstrengungsbereitschaft zur Lösung einer Aufgabe erhöhen, oder aber auch, wenn er das Lob als Sarkasmus interpretiert oder aber nicht Gefahr laufen will, als Lehrerliebling angesehen zu werden, seine Widerstände gegenüber den schulischen Arbeitsanforderungen erhöhen. Seine interne Verarbeitungsstruktur, die das momentane Ergebnis seiner Biographie, seiner bisherigen Erfahrungs- und Handlungsdimensionen, seiner Interessen, Motive und Werthaltungen sowie seiner Sichtweise der Situation ist, bestimmt die Auseinandersetzung mit dem Lob. Gleichzeitig wirkt seine Handlung auf ihn selbst zurück, und es ist durchaus möglich, dass seine interne Struktur so verändert wird, dass er in einer weiteren – ähnlichen – Situation unerwartet anders handelt.

Aufgrund der Strukturdeterminiertheit und der Selbstreferentialität können Umweltkontakte nicht-triviale Systeme immer nur zu Selbstkontakten anregen, aber nicht ihre Handlungen determinieren.

Ausführlich dazu Maturana/Varela 1987; Böse/ Schiepek 1989, Krüll/Luhmann/ Maturana 1987.

Nicht-triviale Systeme sind damit aber nicht völlig abgeschlossen von dem umgebenden Milieu. Vielmehr bilden sich Vernetzungen zwischen nicht-trivialen Systemen und dem umgebenden Milieu heraus, die als strukturelle Kopplungen beschrieben werden.

Strukturelle Kopplungen

Strukturelle Kopplungen haben Maturana und Varela (1987) zunächst auf der biologischen Ebene für nicht-triviale (autopoietische) Systeme untersucht, die dadurch gekennzeichnet sind, dass sie sich ständig selbst herstellen, indem sie durch ihr Operieren ihre eigene Organisation fortlaufend erzeugen (Kneer/Nassehi 1994, 47ff). „Dass sich zwei (oder mehr) autopoietische Einheiten in ihrer Ontogenese gekoppelt haben, sagen wir, wenn ihre Interaktionen einen rekursiven oder sehr stabilen Charakter erlangt haben" (Maturana/Varela 1987,85). D. h., die lebenden Systeme haben einen Bereich wechselseitig kompatibler Interaktionen herausgebildet. Rekursiv bedeutet hierbei, dass die gegenseitigen Perturbationen (Verstörungen, Anregungen) so zueinander passen, dass sie wechselseitig in anschlussfähiger Weise verarbeitet werden.

Dies geschieht auch im sozialen Bereich. Auf der Grundlage der Herausbildung rekursiver – also wechselseitiger anregender, verstörender – Interaktionsmuster entwickeln sich zwischen Personen strukturelle Kopplungen. Hieraus entstehen im zwischenmenschlichen Bereich Koordinationen von Handlungen. So wird im sozialen Miteinander ein konsensueller Bereich entwickelt, der die Grundlage aller weiterführenden Konsensbildung höherer Ordnung bildet, wie sie letztlich durch sprachliche Kommunikation erreicht wird (Schmidt 1986).

„Dies findet statt in einer Welt, die wir miteinander teilen, da wir sie gemeinsam durch unsere Handlungen spezifiziert haben. Dies ist so offensichtlich, dass wir buchstäblich blind für diese Tatsache sind. Nur wenn unsere strukturelle Kopplung in irgendeiner Dimension einmal versagt, erkennen wir (wenn wir darüber reflektieren), in welchem Ausmaß unsere Verhaltenskoordinationen bei der Manipulation unserer Welt und bei der Kommunikation untrennbar sind von unserer Erfahrung. Diese gelegentlichen Zusammenbrüche in einer Dimension unserer Strukturkopplung treten im Alltag immer wieder auf, sei es beim Einkaufen oder in der Erziehung von Kindern" (Maturana/Varela 1987, 251).

Im Rahmen von Lernprozessen werden Strukturkopplungen, also aus der Beobachterperspektive erfolgreiche bzw. verträgliche Interaktionsstrukturen, aufgebaut. Aufgrund der Strukturdeterminiertheit lebender Systeme können solche strukturellen Kopplungen nicht determiniert werden. Sie entwickeln sich vielmehr aufgrund der Interaktionsprozesse zwischen Subjekt und Umwelt. Solche strukturellen Kopplungen können auch nicht objektiv richtig oder falsch sein. Strukturelle Kopplungen existieren, weil sie existieren. Ihre Bewertung ist eine Beobachterperspektive, die jeweils wiederum von der jeweiligen Struktur des beobachtenden Subjekts abhängt.

Daraus folgt, dass sich jede Form der Beeinflussung, ob sie nun von pädagogischen, therapeutischen oder wirtschaftlichen etc. Interessen abgeleitet wird, damit auseinandersetzen muss, dass es keine direkten, instruktiven Interaktionsbeziehungen geben kann.

Unterrichten und Lehren ist somit der Versuch der Anregung zur strukturellen Kopplung von komplexen Systemen, die nach ihrer eigenen Logik operieren.

Unterrichten und Lehren

Die bisher ausgeführten konstruktivistischen Gedanken machen deutlich, dass aus dieser Perspektive Lernen nicht als Aufnahme von Wissen, von Informationen oder Erkenntnissen verstanden werden kann. Modellvorstellungen wie Sender und Empfänger, Aufnahme, Speicherung und Reproduktion, jedwede lineare Vorstellung von Input-Output-Prozessen – auch mit der Zwischenschaltung einer informationsverarbeitenden kognitiven Instanz – werden aus dieser Perspektive als reduktionistisch abgelehnt. Sie beinhalten eine unzulässige Trivialisierung des Subjekts und gaukeln die direkte Erzeugung von Lernprozessen durch Lehren vor.

Trivialisierung vs. Komplexität

Luhmann (1987) verweist darauf, dass der Erziehungsprozess, „der ein Resultat erzielen will, es kaum vermeiden kann, die Zöglinge wie Trivialmaschinen ... zu behandeln". Tatsächlich – so könnte man hinzufügen – behandeln wir uns in unserer alltäglichen Kommunikation und Interaktion immer mehr oder weniger wie Trivialmaschinen, die Informationen direkt aufnehmen und Wirklichkeit damit abbilden können. Dies ist bis zu einem gewissen Grad sicherlich nützlich und erleichtert die Interaktion, es führt allerdings zu unzulässigen Vereinfachungen. Die Konstruktionsprinzipien der schulischen Lebenswelt forcieren diese trivialisierende Orientierung. Als Beispiele sind hier besonders die Schaffung möglichst altersgleicher Lerngruppen und die Einteilung der Schülerinnen und Schüler nach Leistung in unterschiedliche Schultypen oder Kurse zu nennen. Dieses Prinzip der Homogenisierung unterstützt die Vorstellung von einem Lernen im Gleichschritt – was wohl eher ein Lehren im Gleichschritt ermöglichen soll. Das Prinzip der Homogenität ist dabei ein Konstruktionselement von Schule aus der Perspektive des Lehrens mit dem Ziel, Komplexität zu reduzieren.

Aus der Perspektive des Lernens ergeben sich dabei aber Dysfunktionalitäten, denn Lernprozesse können durch die Trivialisierung von Lehrprozessen behindert werden. Lernen ist aus konstruktivistischer Perspektive immer Selbstlernen (vgl. auch Begemann 1996). Die Lernprozesse der Schülerinnen und Schüler sind durch ihre je subjektiven Regeln, Erfahrungsbereiche, Vorerfahrungen, ihre individuellen Verständniszugänge heraus be-

Lernen ist Selbstlernen

stimmt (vgl. dazu ausführlich Werning 2002). Indem Schul- und Unterrichtsstrukturen vorrangig aus einem funktionalen Verständnis von Lehren heraus entwickelt worden sind, wird versucht, Vielfalt und Heterogenität – und damit auch Individualität – zu reduzieren. Damit wächst die Gefahr, dass bei jenen Schülern, deren Wirklichkeitskonstruktionen nur unzureichend zu den Ansprüchen von Schule passen, Fremdheit, Orientierungslosigkeit, Ängste, Verunsicherungen entstehen und damit auch Lernbeeinträchtigungen, Aggressivität und Devianz gefördert werden.

Dies ist – wie schon mehrfach erwähnt – besonders häufig bei sozial randständigen wie auch bei Kindern nicht- deutscher Herkunft zu beobachten. Bei ihnen gelingt es der allgemeinbildenden Schule offensichtlich nicht hinreichend, an den mitgebrachten Wirklichkeitskonstruktionen anzuknüpfen. Erfahrungen und Fähigkeiten, die den schulischen Lehr-Strukturen nicht entsprechen, werden sogar teilweise ignoriert.

3.5.3 Die systemische Rekonstruktion von Lernbeeinträchtigungen als Beziehungsstörungen in sozialen Kontexten

An dieser Stelle kann die Komplexität systemtheoretischer Ansätze auch nicht ansatzweise diskutiert werden (vgl. dazu Balgo 2002, 91ff). Systemisches Denken, das auf spezifischen systemtheoretischen Prämissen aufbaut, ist durch ein vernetztes Denken gekennzeichnet und unterscheidet sich damit von einem Denken,

> „dem es um die Zergliederung und Isolation von Elementen geht (Atomismus), das Elemente auf noch grundlegendere zurückführen will (Reduktionismus), das eine unmittelbar gegebene, eindeutige Realität annimmt (naiver Realismus) und das sich auf eine geradlinige, kausale Abhängigkeit zwischen Variablen beschränkt (lineares, dualistisches Denken)" (Schiepek 1986, 33).

Soziale Systeme

Eine systemische Perspektive im humanwissenschaftlichen Bereich ist dadurch gekennzeichnet, dass menschliches Handeln niemals isoliert, sondern im Kontext der sozialen und materiellen Beziehungen gesehen und verstanden wird. Soziale Systeme sind dabei durch spezifische Aspekte gekennzeichnet:

a) Ein System existiert dann, wenn es von seiner Umwelt unterschieden wird. D. h., Systeme gibt es nicht „an sich", es sind vielmehr Konstruktionen, die sich durch die Differenz zwischen System und Umwelt ergeben. Beispiel: Die Familie oder die Schulklasse als System wird dadurch existent, dass sich die Interaktionen und Kommunikationen innerhalb der Familie bzw. innerhalb der

Schulklasse unterscheiden von beliebigen Interaktionen. D. h., Kommunikation und Interaktion innerhalb des Systems ist von besonderer qualitativer und quantitativer Intensität und unterscheidet sich damit von anderer Kommunikation und Interaktion. Die Grenze eines sozialen Systems kann damit nicht physikalisch-räumlich, sondern vielmehr symbolisch-sinnhaft verstanden werden.

b) Systeme sind durch Selbstorganisation gekennzeichnet. D. h., die Elemente, aus denen ein System besteht, stellt es selbst her. Die Elemente eines sozialen Systems sind Kommunikation. Indem in einem sozialen System kommuniziert wird, erzeugt es sich durch diese Kommunikation selbst.

c) Systeme sind strukturdeterminiert. D. h., dass die jeweilige historisch bedingte aktuelle Struktur eines Systems bestimmt, wie es sich in einer spezifischen Situation verhalten bzw. verändern kann.

d) Systeme sind operational geschlossen. D. h., dass die jeweiligen Operationen eines Systems an vorherige Operationen des Systems anknüpfen u. s. w. Sie benutzen damit ständig die Produkte oder Ergebnisse ihrer Operationen als Grundlage für weitere Operationen.

Systemisch-konstruktivistische Ansätze im sonderpädagogischen Bereich stimmen darin überein, Phänomene – wie z. B. Lernprobleme bzw. Lernversagen – nicht isoliert, sondern in dem Netz des Beziehungsgefüges, in den das Phänomen eingebettet ist, wahrzunehmen. Statt isolierter Daten geht es um die Berücksichtigung von Mustern und Strukturen in ihren sozialen Kontexten. Diese Perspektive wird dabei durch die Ergebnisse vielfältiger Forschungsarbeiten zu dem Bereich der Lern- und Leistungsbedingungen in Schule gestützt. So kommen Helmke und Weinert (1997, 73) bei der Diskussion der Vielzahl von empirischen Untersuchungen in diesem Bereich zu dem Ergebnis:

Vernetzungen und Wechselwirkungsprozesse

„Wie bei Wirkungsanalysen isolierter, also dekontextuierter Lern- und Leistungsbedingungen nicht anders zu erwarten, sind die Ergebnisse von Untersuchung zu Untersuchung oft instabil, zum Teil widersprüchlich und in den meisten Fällen theoretisch enttäuschend. Das belegen auch die vorliegenden Metaanalysen. Sie ergeben im Durchschnitt schwache bis sehr schwache Zusammenhänge zwischen einzelnen Schüler-, Unterrichts- und Kontextvariablen auf der einen und Indikatoren der Schulleistung auf der anderen Seite."

Hieraus ergibt sich die Einsicht, dass Lernen und auch die Behinderung des Lernens in einem komplexen Netzwerk sich gegenseitig bedingender, miteinander interagierender sowie zirkulärer und damit auf sich selbst zurückwirkender Faktoren stattfindet. Bestimmte Faktoren können andere kompensieren, negativ oder positiv beeinflussen, verstärken oder vermindern. So kann z. B. ein besonders guter Unterricht und intensive Fürsorge und Förderung eines Schülers durch die Lehrkraft geringe kognitive Fähigkeiten und/oder soziale Benachteiligungen ausgleichen. Ebenso kann aber auch abwertendes und stigmatisierendes Lehrerverhalten und/oder schlechter Unterricht die Lernschwierigkeiten eines Schülers verstärken bzw. chronifizieren.

Sechs Fehler im Umgang mit Lernschwierigkeiten

Hieraus lässt sich ableiten, dass für ein Verständnis schulischer Lernprozesse und ihrer Behinderung eine systemische Perspektive sinnvoll ist, die Vernetzungen und Wechselwirkungsprozesse berücksichtigt. Dörner (1976, vgl. auch Vester 2000, 35ff) hat schon vor mehr als 25 Jahren sechs Fehler im Umgang mit komplexen Systemen herausgestellt, die ich im Folgenden für die Auseinandersetzung mit Lernschwierigkeiten konkretisieren möchte:

Dörner kritisiert an erster Stelle ein *Reparaturdienstverhalten*, wobei versucht wird, einen „ins Auge springenden" Missstand zu beseitigen, ohne die Zusammenhänge zu berücksichtigen. Dann geht man zum nächsten Missstand über. Positiv formuliert heißt dies, dass Lernschwierigkeiten im Kontext der Lebenswelt des Schülers/der Schülerin zu sehen sind. Nicht das Symptom, der „Missstand" steht im Mittelpunkt der pädagogischen Arbeit, sondern die Berücksichtigung der Beziehungsstrukturen, unter denen der „Missstand" auftritt, gibt Hinweise zur pädagogischen Förderung. Eine frühzeitige Problemdefinition und eine damit häufig verbundene Einschränkung der Förderperspektive ist zu vermeiden.

Als zweiten Fehler nennt Dörner die *Beschränkung auf Ausschnitte der Gesamtsituation*. Statt Beziehungen, Strukturen und Muster wahrzunehmen und aufzuzeigen, werden unverbundene Datenmengen erhoben. Dadurch entsteht für den/die Handelnde jedoch keine Ordnung, keine Struktur und keine Dynamik. Es sollte deshalb mehr Wert auf die Erfassung von Beziehungsstrukturen und von Mustern gelegt werden. Dazu gehört die Exploration, welche unterschiedlichen Dimensionen die Problemsituation umfasst, welche Verbindungen zwischen den Bereichen (z. B. Familie, Schule, Peer-Group) bestehen und wie hier positive Ressourcen und Potenziale unterstützt werden können.

Drittens ist eine *einseitige Schwerpunktbildung* zu vermeiden. Statt die Vernetzungen wahrzunehmen, versteift man sich auf einen Schwerpunkt, ein Symptom. Im Umgang mit Kindern mit Lernschwierigkeiten darf der Blick somit nicht „symptomzentriert" werden. Vielmehr ist gerade die Wahrnehmung der Stärken, der Fähigkeiten und Ressourcen in der Person des Kindes sowie in seiner Lebenswelt ein wichtiger Bereich.

Als vierten Fehler führt Dörner an, dass *Nebenwirkungen nicht beachtet werden*. Es wird vielmehr versucht, linearkausal Maßnahmen zur Systemverbesserung – meist mit dem Ziel der Symptombeseitigung – einzuleiten. Für die pädagogische Förderung sollte deshalb überlegt werden, welche Maßnahmen (z. B. spezielle Förderangebote) eventuell stigmatisierende Auswirkungen haben und sich somit kontraproduktiv auswirken könnten. Aus familientherapeutischer Perspektive ist z. b. darauf hingewiesen worden, dass schulische Probleme manchmal eine stabilisierende Funktion für die familiäre Struktur haben (Campion 1985; Henning/Knödler 1985). Die pädagogische Förderung muss solche möglichen Nebenwirkungen zumindest mitbedenken.

Als fünften Fehler stellt Dörner die *Tendenz zur Übersteuerung* heraus. Dabei wird zunächst zögernd vorgegangen. Zeigt dies keine Wirkung, wird massiv interveniert, um dann erneut gegenzusteuern. Für die pädagogische Arbeit bei Kindern mit Lernschwierigkeiten heißt dies positiv formuliert, dass eine langfristige und koordinierte Perspektive zu entwickeln ist. Nicht eine Förderstunde in der Woche, auf die, wenn sie keine Erfolge bringt, die Überweisung in die Sonderschule eingeleitet wird, sondern eine von den Lehrkräften zusammen mit den Eltern und evtl. mit dem Kind entwickelte umfassende pädagogische Förderplanung ist hier erforderlich.

Als letzten Fehler stellt Dörner die *Tendenz zu autoritärem Verhalten* heraus. Die Vorstellung zu wissen, wo das Problem liegt, was seine Ursachen sind, führt dazu, die eigenen Vorstellungen zur Beseitigung der Störung durchzusetzen. Im System vorhandene Selbsthilfepotenziale, Dynamiken und Ressourcen werden so unterdrückt. Aus pädagogischer Sicht ist deshalb zu beachten, dass Entwicklungen angeregt, aber nicht determiniert werden können. Das professionelle Handeln zielt auf die Eröffnung und Unterstützung von Lern- und Entwicklungsmöglichkeiten. Ein objektives Wissen über richtige Maßnahmen gibt es nicht. Nicht die Durchsetzung einmal geschaffener Förderpläne, sondern die sensible Beobachtung, die Überprüfung der eigenen aufgestellten Perspektive und die Revision wenig hilfreicher Maßnahmen sind hier gefragt.

3.5.4 Perspektiven einer systemisch-konstruktivistisch orientierten Förderung

Die hier skizzierte Sichtweise macht deutlich, dass bei der Auseinandersetzung mit Schülerinnen und Schülern mit Lern- und Leistungsschwierigkeiten die traditionellen individuumszentrierten diagnostischen Orientierungen fragwürdig geworden sind.

Lineare Input-Output-Modelle weichen systemisch-konstruktivistischen Perspektiven. Die Suche nach objektiven, wahren Diagnosen weicht der Auffassung, dass unsere Beobachtungen und Erkenntnisse von unseren Herangehensweisen abhängen. Deshalb sind wir nie unbeteiligte, objektive Diagnostiker, sondern aktive Interaktionspartner.

Diese Perspektive will die Person in ihrer biografischen Entwicklungsgeschichte und in ihrer lebensweltlichen Einbettung erfassen; sie setzt sich bewusst und radikal von einer allein individuumszentrierten Sichtweise ab. Statt Lernschwierigkeiten als individuelle Probleme des Kindes zu begreifen, betont dieser Ansatz die Beachtung der durch strukturelle Koppelungen entstandenen Wechselwirkungen in sozialen Kontexten.

Pädagogische Beobachtungs- und Förderkompetenz

Daraus ergeben sich spezifische Anforderungen an eine pädagogische Beobachtungs- und Förderkompetenz, die im Folgenden konkretisiert werden sollen:

a) Pädagogische Beobachtung erfolgt hypothesengeleitet. Die Auseinandersetzung mit einer Problemsituation (z. B. den Lese- und Rechtschreibschwierigkeiten eines Schülers) ist als ein Prozess des hypothesengeleiteten Suchens zu verstehen. Statt objektiver Ursachen werden Beobachterperspektiven gesammelt. Dabei ist wichtig zu beachten, aus welcher theoretischen Perspektive ich die Problemsituation betrachte. Welche Bereiche der Person-Umwelt-Vernetzung nehme ich wahr, welche Prioritäten setze ich?

Lern- und Verhaltensauffälligkeiten sind Beziehungsstörungen in einem komplexen Netzwerk. Es kann also nicht darum gehen, eine völlige Erfassung und Analyse einer Problemsituation anzustreben. Im Mittelpunkt steht vielmehr die Entwicklung von Hypothesen, deren Nützlichkeit sich erst dann erweist, wenn daraus konkrete pädagogische Förderansätze abgeleitet werden, deren Wirksamkeit im pädagogischen Alltag zu überprüfen ist.

B

Hierzu ein Beispiel: Tom (13 Jahre) ist ein Schüler mit gravierenden Lese-Rechtschreib-Schwierigkeiten. Im Rahmen der „kooperativen Lernbegleitung" (Heuser/Schütte/Werning 1997, vgl. auch Kap. 4.3.1.) haben wir unsere Beobachtungen im Umgang mit dem Schüler in verschiedenen Kontexten als Hypothesen über Bedingungsfaktoren formuliert, die Toms Lernfähigkeit beeinträchtigen:

Hypothese 1: Tom hat ein sehr negatives Selbstwertgefühl entwickelt; er fühlt sich als Versager und vermeidet alle Situationen, in denen er evtl. lesen oder schreiben müsste. Aufgrund seiner bisherigen Misserfolgserlebnisse im Lese-Rechtschreib-Prozess wendet er jetzt seine Energie dazu auf, diesen verhassten Situationen zu entkommen.

Hypothese 2: Toms Eltern werten ihn häufig ab. Aussagen wie „Du kannst ja noch nicht einmal eine Urlaubspostkarte schreiben" stabilisieren sein negatives Selbstkonzept und fördern seine Blockade, sich auf Lesen und Schreiben einzulassen. Die Enttäuschung und Sorge der Eltern führt zu verstärkter Kontrolle, zu Druck und zu Misstrauen. Toms Misserfolgserwartungen werden dadurch verstärkt und er ist überzeugt, dass er ein Versager ist.

Hypothese 3: Im Unterricht gibt es bisher keine hinreichend individualisierte Förderung für Tom. Besonders im Fachunterricht überfordern ihn die Arbeits- und Lesetexte. Aber auch die bisher angebotenen Fördermaterialen erweisen sich als wenig geeignet. Dazu gehören z. B. Lese-Rechtschreib-Lehrgänge aus der Grundschule, die er mit den Worten ablehnt: „Das ist Kinderkram, so was mache ich nicht." So ist es nicht verwunderlich, dass er im Unterricht – besonders in Situationen, in denen gelesen oder geschrieben werden soll – Vermeidungsstrategien einsetzt. Er lenkt ab, „kaspert herum", verweigert die Mitarbeit oder verhält sich aggressiv. Sein Vermeidungsverhalten führt zu Konflikten mit Lehrern und Mitschülern, vergrößert seine Wissenslücken und stabilisiert so seine Lernschwierigkeiten.

Dieses kleine Beispiel zeigt die Wahrnehmung von Lernstörungen im Beziehungsgefüge von Tom, seinem Elternhaus und der Schule. Die gebildeten Hypothesen stellen nun die Grundlage für die Überlegungen zur Konstruktion von lern- und entwicklungsförderlicheren Lebensweltbedingungen dar, deren Stimmigkeit sich erst im Prozess der handelnden Umsetzung zeigt.

b) Pädagogische Beobachtung setzt an den Stärken und Ressourcen an. Nicht die möglichst genaue Beschreibung der Auffälligkeit, des Defizits oder des Defekts kann als Anknüpfungspunkt für eine pädagogische Förderperspektive herangezogen werden. Eine solche Defektorientierung behindert vielmehr den Blick auf ein umfassendes Bild von dem Kind in seinem lebensweltlichen Kontext (Milani-Comparetti/Roser 1987, 89). Sie ist zudem wenig geeignet, Fördermöglichkeiten für einen Schüler/eine Schülerin zu entwickeln. Effektive Förderung von Kindern und Jugendlichen mit besonderen Bedürfnissen muss neben der Erfassung der Problembereiche ein besonderes Augenmerk auf vorhandene Potenziale, Fähigkeiten und Ressourcen der Personen in ihren Lebenswelten legen. Durch die Wahrnehmung, Unterstützung, Aktivierung und Begleitung dieser entwicklungsfördernden Bedingungen wird die „Förderung von Normalität" (Milani-Comparetti/Roser 1987) und nicht die Behandlung der Auffälligkeit zur Aufgabe der pädagogischen Arbeit.

Erst wenn ich weiß, was ein Schüler/eine Schülerin in einem bestimmten Gebiet beherrscht, kann ich weitere Entwicklungsschritte anregen. Pädagoginnen und Pädagogen unterliegen jedoch nicht selten der Gefahr, besonders die Defizite von Schülerinnen und Schülern wahrzunehmen. Insbesondere bei der Auseinandersetzung mit Schülerinnen und Schülern, die Lern-, Leistungs- und/oder Verhaltensauffälligkeiten zeigen, steht die

Beschreibung des „Nicht-Könnens" im Vordergrund. Dies ist aus einer systemisch-konstruktivistischen Perspektive zu überwinden. Damit verbunden ist auch eine veränderte Sicht von Fehlern. Fehler als Versagen oder „Nicht-Können" zu betrachten, ist eine Bewertung, die aus einer bestimmten Beobachterperspektive erfolgt. Der wissende Lehrer beurteilt den schlecht- oder nicht-wissenden Schüler. Es handelt sich hierbei um die Kategorie der Selektion bzw. der Klassifikation.

Im Rahmen der pädagogischen Lernbegleitung müssen Fehler jedoch aus einer anderen Perspektive betrachtet werden. Fehler sind Mitteilungen. Sie verraten etwas über die Denk- und Problemlösungsstrategien von Schülerinnen und Schülern. Fehler sind keineswegs einfach dumm, sie sind vielmehr meist regelgeleitet und zeigen das Bemühen des Schülers um eine Lösung. Bei der Fehleranalyse konzentriert man sich auf sogenannte systematische Fehler, die auf subjektiven Strategien des Schülers fußen. „Die Fehleranalyse ist eine besonders hilfreiche Methode, Schwächen, aber auch Stärken eines Schülers in einem speziellen Lernbereich zu erkennen, in inhaltlich qualifizierter Weise zu beschreiben und aus den erkannten Fehlermustern Fördermöglichkeiten abzuleiten …" (Straßburg 1998).

c) Pädagogische Beobachtung und pädagogische Förderung sind direkt miteinander verknüpft. Das einmalige Feststellen eines Förderbedarfs oder das Festschreiben eines Förderplans ist aus der hier vorgestellten Perspektive nicht sinnvoll. Notwendig ist vielmehr das prozessbegleitende Zusammenspiel von verschiedenen Aktivitäten. Dazu gehört die sensible Beobachtung und die Reflexion der Beobachtungen (möglichst im kollegialen Austausch). Daraus ergeben sich Ansatzpunkte zur Bildung von Hypothesen über Entwicklungsmöglichkeiten, die dann in einer Planung und Realisierung pädagogischer Fördermöglichkeiten konkret umgesetzt werden können. Die Auswirkungen dieser Arbeit müssen wiederum beobachtet und reflektiert werden, um die Fortführung, Veränderung oder völlige Neukonzipierung der Fördermaßnahmen zu gewährleisten. Pädagogische Beobachtung, Hypothesenbildung und pädagogische Förderung stehen somit in einem zirkulären Verhältnis zueinander (Werning 1995).

Im nun folgenden Kapitel werden Konzepte zum Unterricht mit und zur Förderung von Schülerinnen und Schülern mit Beeinträchtigungen des Lernens vorgestellt und diskutiert. Dabei wird deutlich werden, wie die bis zu dieser Stelle skizzierten unterschiedlichen theoretischen Modellvorstellungen hier aufgegriffen und als Grundlage für pädagogisch-didaktische Handlungsorientierungen herangezogen werden.

3.6 Übungsaufgaben zu Kapitel 3

Diskutieren Sie die Auswirkungen auf wissenschaftliches Arbeiten, die sich aus dem Kritischen Rationalismus und der Kritischen Theorie für sonderpädagogische Fragestellungen ergeben! **Aufgabe 1**

Fragen Sie verschiedene Personen in ihrem persönlichen Umfeld nach deren Bild von Lernbehinderung bzw. „Lernbehinderten" und überlegen Sie, welche der vorgestellten theoretischen Positionen (von 3.2 bis 3.5) diesen Aussagen zugeordnet werden können. **Aufgabe 2**

Informieren Sie sich über die gesellschaftspolitischen Veränderungen der späten 1960er Jahre und überlegen Sie, warum zu dieser Zeit die soziale Verursachung von Lernbehinderung thematisiert wurde. **Aufgabe 3**

Überlegen Sie – unter Berücksichtigung aller vorgestellten theoretischen Modellvorstellungen – wie die Bildungsbenachteiligung von Schülern nicht-deutscher Herkunft reduziert werden könnte. **Aufgabe 4**

Überlegen Sie kritisch, welche Anregungen Sie aus einem systemisch-konstruktivistischen Lernverständnis für die schulische Förderung sozial randständiger Kinder ableiten können. **Aufgabe 5**

4 Didaktik: Unterricht für Schülerinnen und Schüler, die von Beeinträchtigungen des Lernens betroffen sind

Schülerinnen und Schüler, die von Lernbeeinträchtigungen betroffen sind, benötigen besondere Unterstützung im Unterricht. Die Berücksichtigung ihrer spezifischen Entwicklungen und Lebenssituationen ist erforderlich, damit lern- und entwicklungsfördernde Bedingungen im Unterricht entstehen können. Benötigen sie deshalb auch einen besonderen Unterricht, eine besondere Didaktik, die sich von der allgemeinen Didaktik unterscheidet? Diese Frage bewegt die sonderpädagogische Fachrichtung Pädagogik bei Lernbeeinträchtigungen seit ihrer Entstehung (vgl. Kap. 2). Sie ist eng verbunden mit der Frage, ob diese Kinder in der allgemeinen Schule gemeinsam mit allen anderen Schülern oder in einer Sonderschule unterrichtet werden sollten.

Fragestellung des Kapitels

In diesem Kapitel soll es um die Frage gehen, wie der Unterricht für Schüler und Schülerinnen mit Lernbeeinträchtigungen begründet und gestaltet werden kann.

Im *ersten Teil* gehen wir – nach einigen grundlegenden Begriffsbestimmungen – auf ausgewählte didaktische Konzepte aus der Geschichte der Lernbehindertenpädagogik sowie der integrativen Pädagogik ein und diskutieren sie in ihren Bezügen zu allgemeinen didaktischen Konzepten.

Um Prinzipien lern- und entwicklungsfördernden Unterrichts aus systemisch-konstruktivistischer Perspektive geht es im *zweiten Teil*. Aus dieser theoretischen Position, die Selbstorganisation, Strukturdeterminiertheit und strukturelle Kopplung als wesentliche Entwicklungsgesetzmäßigkeiten betont, ergeben sich Unterrichtsprinzipien, die der Eigenaktivität und Kooperation der Schüler untereinander einen hohen Stellenwert beimessen.

Die Umsetzung dieser Prinzipien wird im *dritten Teil* anhand von Fall- und Unterrichtsbeispielen aus der Sonderschule für Lernhilfe sowie aus dem integrativen Unterricht veranschaulicht.

4.1   Ausgewählte didaktische Konzepte

4.1.1 Allgemeine und sonderpädagogische Didaktik – ein ambivalentes Verhältnis

In ihrer Geschichte basierte die Didaktik für Schüler und Schülerinnen mit Lernbeeinträchtigungen viele Jahre lang selbstverständlich auf allgemeinen didaktischen Konzepten und bezog sich darauf. Eine Ambivalenz im Verhältnis zur allgemeinen Didaktik entstand aus dem Bedürfnis der Fachrichtung, sich von allgemeinen didaktischen Orientierungen abzugrenzen: Die Spezifität eines Unterrichts für lernbeeinträchtigte Kinder in einer eigenständigen Schulform, der Hilfsschule, sollte legitimiert werden, um die besonderen Bedingungen dieser Arbeit zu begründen (kleinere Klassen, Schonraum) und den Sonderstatus ihrer Lehrkräfte durchzusetzen bzw. zu erhalten (höhere Bezüge, niedrigere Wochenstundenzahl) (vgl. Kap. 2.1.4). Eine spezifische Methodik wurde propagiert, die den Unterricht von Hilfsschulkindern kennzeichnete. Im engeren Sinne, also als metatheoretische Erörterung, wurde eine didaktische Diskussion in der Lernbehindertenpädagogik erst relativ spät begonnen (Bleidick 1983, 57).

In der allgemeinen Pädagogik hat die Auseinandersetzung mit didaktischen Fragen eine jahrhundertealte Tradition, der Theorie des Lehrens und Lernens wurde seit Comenius Didacta Magna (1638) ein hoher Stellenwert für die Planung, Durchführung und Reflexion von Unterricht beigemessen. Comenius hatte sich mit dieser ersten Didaktik zum Ziel gesetzt, — Comenius Didacta Magna

> „dass die gesamte Jugend beiderlei Geschlechts ohne Ausnahme rasch, angenehm und gründlich in den Wissenschaften gebildet, zu guten Sitten geführt, von Frömmigkeit erfüllt und auf diese Weise in den Jugendjahren zu allem, was für dieses Leben nötig ist, angeleitet werden kann" (Comenius in Bundschuh/Heimlich/Krawitz 2001, 57).

Das Zitat macht deutlich, dass Comenius bereits grundlegende Aspekte berücksichtigt, die bis heute in didaktischen Konzeptionen thematisiert werden: es geht ihm um die umfassende Bildung der Menschen in Bezug auf die kulturell bedeutsamen Gegenstände, die für ihre Lebensbewältigung erforderlich sind. Zu den Inhalten rechnet er die Wissenschaften und die Religion, schließt aber auch weitergehendes Handlungswissen nicht aus. Weiterhin verweist er auf methodische Aspekte, wenn er fordert, dass der Unterricht rasches, angenehmes und gründliches Lernen ermöglichen solle. Eine Unterscheidung von Erziehung und Unterricht trifft er nicht. Seine Didaktik richtet sich an „die gesamte Jugend", schließt also Schülerinnen und Schüler mit Beeinträchtigungen nicht aus.

Didaktik wird seitdem als die Teildisziplin der Pädagogik verstanden, die ihre Aufmerksamkeit auf (nicht ausschließlich, aber schwerpunktmäßig) schulische Lehr- und Lernprozesse richtet (Kron 2000, 29ff). Für didaktische Konzepte ist kennzeichnend, dass sie auf einer erkenntnistheoretischen Grundlage theoriegeleitete und problemoffene Prinzipien formulieren, um für eine bestimmte Lerngruppe die didaktische Frage zu beantworten: wer soll was wann mit wem wo wie womit warum und mit welcher Intention lehren und lernen? (Jank/Meyer 1991, 16). Die Begriffe Erziehung und Bildung sind in diesem Zusammenhang zentral.

Erziehung

Grundlegendes Merkmal der Erziehung ist die Interaktion zwischen einem zu Erziehenden und einem Anderen, der in seiner Entwicklung schon weiter ist und ihm mit pädagogischer Absicht gegenübertritt, um ihm kulturell bedeutsame Informationen und Deutungen anzubieten und dadurch Einstellungen und Verhaltensregeln bewusst zu vermitteln (Büeler 1994, 111).

Bildung

Der Begriff der Bildung umfasst neben den zentralen Werten und Normen vor allem die Inhalte der Kultur, über die Menschen verfügen müssen, um in ihr handlungsfähig zu sein und sie mit zu gestalten. Die Vermittlung von Fähigkeiten und Kenntnissen spielt dabei eine zentrale Rolle, darüber hinaus umfasst der Begriff der Bildung aber auch das Ziel, mit den erworbenen Fähigkeiten sozial und konstruktiv umzugehen, sie im sozialen Austausch mit anderen weiterzuentwickeln und gemeinsam nutzbar zu machen (Schlömerkemper 1998, 640). Als allgemeines Bildungsziel gilt nach Büeler ein individuell sinnhaftes Leben in mündiger gesellschaftlicher Teilhabe und sozialer Verantwortung (Büeler 1994, 104).

Didaktik und Methodik

Das Verhältnis von Didaktik und Methodik wird in verschiedenen didaktischen Konzepten unterschiedlich bestimmt. Sieht z. B. Bönsch beide Aspekte gleichrangig nebeneinander, so geht Klafki von einem „Primat der Didaktik gegenüber der Methodik" aus und versteht damit die Reflexion über die Bildungsinhalte und Zielvorstellungen als grundlegend für die Wahl ihrer Vermittlungsformen (Klafki 1994, 88). Methoden und Förderstrategien sind den im Rahmen eines Konzepts formulierten Leitlinien oder Prinzipien demnach als pädagogische Handlungsformen unterzuordnen, Methodik ist ein Teil didaktischer Entscheidungen. Der Begriff der Methode ist daher im Sinne eines Handlungsplans zu verstehen, nicht als die einzig mögliche Lösung eines Problems, sondern als einer unter anderen möglichen Lösungswegen, der den Prinzipien des Konzepts entspricht und sich an der komplexen Realität bewähren muss. Von diesem Verständnis gehen wir im Weiteren aus.

Didaktik versteht sich einer Systematisierung von Klafki zufolge – je nach didaktischem Konzept mit unterschiedlicher Schwerpunktsetzung – als Wissenschaft vom Lehren und Lernen, als Wissenschaft des Unterrichts, als Theorie der Bildungsinhalte, als Theorie der Steuerung von Lernprozessen oder als Anwendung psychologischer Lehr- und Lerntheorien (Klafki 1971, 225).

Didaktische Theorien

Die genannten Titel geben erste Hinweise darauf, dass in den 60er und 70er Jahren die fachliche Perspektive, also die Auseinandersetzung mit inhaltlichen Bildungsprozessen, im Zentrum didaktischer Überlegungen steht: die Auswahl und Vermittlungsformen der Unterrichtsgegenstände werden schwerpunktmäßig thematisiert, vereinzelt werden außerdem auch bereits die Lehr- und Lernprozesse betrachtet. Die bedeutsamsten im Rahmen der Sonderpädagogik rezipierten Konzepte dieser Zeit stehen für diese Orientierungen, die bis heute in die didaktische Konzeptbildung hineinwirken: Klafkis bildungstheoretische Didaktik (Klafki 1964), später weiterentwickelt zur kritisch-konstruktiven Didaktik (Klafki 1985) und Heimanns lehr- und lerntheoretische Didaktik (Heimann 1962), später weiterentwickelt zusammen mit Otto und Schulz (Heimann/Otto/Schulz 1970). Auch die kritisch-kommunikative Didaktik der Frankfurter Schule, die den Interaktionsaspekt von Unterricht in den Vordergrund stellt, entsteht in gegenseitiger Kritik und Anregung mit diesen Konzepten (Kron 2000, 184ff). Weiterhin werden in den 70er und 80er Jahren didaktische Entwürfe populär, die unter Bezugnahme auf reformpädagogische Prinzipien für eine Öffnung und Handlungsorientierung des Unterrichts eintreten wie der erfahrungsbezogene Unterricht (Scheller 1981) und der offene und handlungsorientierte Unterricht (Bönsch 1991, Gudjons 1986, Jantzen 1983, Jank/Meyer 1991). Ab den 80er Jahren werden damit stärker als vorher psychologische und gesellschaftliche Aspekte in den allgemeinen didaktischen Modellen berücksichtigt.

Fachliche Perspektive

Die psychologische Perspektive stellt den lernenden Menschen in den Mittelpunkt, fragt nach seiner Geschichte, seinen Lebensbezügen und der Situation der Lerngruppe. Die gesellschaftliche Perspektive beschäftigt sich mit den ökologischen und institutionellen Bedingungen, im Rahmen derer Unterricht stattfindet und die darauf Einfluss nehmen (Hansen/Stein 1997, 66). In den 90er Jahren wird darüber hinaus das therapeutische Modell der themenzentrierten Interaktion nach Ruth Cohn für didaktische Überlegungen herangezogen, das alle genannten Perspektiven berücksichtigt und verbindet: das „ich" (also der einzelne Mensch, Schüler oder Lehrer, aus psychologischer Perspektive), das „wir" (die Lerngruppe) und das „es" (der Lerngegenstand aus fachlicher Perspektive) sowie der „Globe" (also die struk-

Psychologische vs. gesellschaftliche Perspektive

turellen Bedingungen in der Schule und im Umfeld aus gesellschaftlicher Perspektive) (Reiser/Lotz 1995, Stein 1996). Damit
werden erstmals auch die Beziehungen zwischen den einzelnen
Elementen berücksichtigt und ein kommunikatives Grundver-
hältnis wird unterstellt, wie es sich später auch in systemisch-konstruktivistischen Didaktiken findet (Werning 1996a, Reich 2000).

Sonderpädagogische
Didaktik

"In diesem Sinne kann (sonderpädagogische) Didaktik hier verstanden werden als ein theoretisches Modell der gemeinsamen, demokratischen, begründeten, kontinuierlich-prozesshaft erfolgenden Bildungsanalyse und -planung
einer Gruppe Lernender und pädagogischer Partner in einem systemischen
Handlungsfeld in Hinsicht auf

- die (je subjektiven) Voraussetzungen, Bedingungen, Gegebenheiten,
- die gewählten Entscheidungen (Ziele, Inhalte, Organisation, Lernformen und
  Medien) sowie
- die weiterführenden Entwicklungen und Prozesse" (Hansen/Stein 1997, 67).

Im Weiteren wird zu erläutern sein, wie sich die Didaktik für Kinder mit Lernbeeinträchtigungen entwickelte und inwieweit die bisher genannten didaktischen Modelle dabei aufgenommen wurden.

4.1.2 Didaktische Überlegungen der frühen Hilfsschulpädagogik

Die frühe Hilfsschule verstand sich – ihrem Namen entsprechend
– als eine Schule, die denjenigen Schülern half, die in der Volksschule nicht mitkamen. Dabei entwickelte sie zunächst keine besondere Didaktik, sondern verstand sich als eine „Nachhilfe-
institution" (vgl. Kap. 2.3). Die Auffassung, dass die allgemeine
Didaktik mit ihren Unterrichtsprinzipien ebenso wie ihren Inhalten und Methoden auch für diese Kinder gelten müsse, wurde zu Beginn noch mit dem Ziel der schnellstmöglichen Wie-
dereingliederung der Schüler in den Regelunterricht verbunden.
Eine besondere, andersartige Didaktik wäre damit nicht in Einklang zu bringen gewesen und wurde deshalb abgelehnt (Stötzner 1864 in Klauer 1970, 22).

Das Ziel der Rückschulung wurde, zumal es selten erreicht werden konnte, schnell wieder aufgegeben, und trotz vereinzelt
geäußerter Bedenken gegen eine mögliche Diffamierung der
Schüler durch Herausnahme aus der Volksschule (als der Schule für alle Kinder) wurden ab Ende des 19. Jahrhunderts in größerem Umfang Hilfsschulen eingerichtet. Die Hilfsschulpädagogik
definierte ihre Klientel als „schwachsinnig" und ging davon aus,
dass diese schwache Befähigung zwar zu mildern, aber nicht auf-
zuheben sei und die Schülerinnen und Schüler dementspre-

chend auf dauerhafte Unterstützung angewiesen seien (Kielhorn in Ellger-Rüttgardt 1983, 20). Die Hilfsschulen begründeten sich also aus den zugeschriebenen Eigenschaften ihrer Schülerschaft und rechtfertigten so die Notwendigkeit ihrer Aussonderung. Trotz der postulierten Andersartigkeit der Hilfsschüler durch die Zuschreibung des Merkmals „Schwachsinn" galt den frühen Vertretern der Hilfsschulpädagogik ein Abrücken von allgemeinen didaktischen Prinzipien und Zielen als unmoralisch und nicht zu rechtfertigen. Das humanistische Bildungsideal der Allgemeinbildung sollte auch unter den erschwerten Bedingungen aufrechterhalten werden und die harmonische Entfaltung aller Kräfte der Kinder ermöglichen: „Für das behinderte Kind ein niedrigeres (oder auch anderes) Bildungsideal anzusetzen erschiene als ein Verrat an der Humanität" (Stötzner 1864, zit. nach Klauer 1970, 22). Diese Haltung wurde getragen von einem „christlichen Geist" des Hilfsschullehrers, dessen hervorstechende Eigenschaft es sein musste, Misserfolge ertragen zu können: ... „entsagen dem Wonnegefühl, in helle Kinderaugen blicken zu können, entsagen auch oft der Freude des Gelingens" (Horrix 1921, zit. nach Klauer 1970, 22).

Die Didaktik der Hilfsschule war demnach von Anfang an abhängig von der der Volksschule, weder in ihren Inhalten noch in ihren Zielen gab es grundsätzliche Unterschiede. Auch die Stundentafeln der Hilfsschule und der Volksschule überschnitten sich in weiten Teilen (Ellger-Rüttgardt 1983, 21). Aufgrund des „Schwachsinns" der Schüler wurden allerdings Unterschiede in der Methodik und eine Beschränkung im Unterrichtsstoff für notwendig gehalten, denn

Beschränkung im Unterrichtsstoff

„die ganze Veranlagung der schwachbefähigten Kinder lässt es nicht zu, diese mit vielen Kenntnissen auszurüsten; daher hat der Unterricht seine Hauptaufgabe darin zu suchen, die Kinder im engen Wissenskreise sicher zu machen und anzuleiten, das Gelernte im Leben zu bethätigen" (Kielhorn 1887 in Ellger-Rüttgardt 1983, 23).

Wie diese „hilfsschulspezifische Methodik" aussehen sollte, wurde bei verschiedenen Autoren weitgehend übereinstimmend beschrieben. Da die Hilfsschulkinder zuwenig Energie hätten, träge und deshalb geistesschwach seien, sollte eine „stimulierende" oder „Reizpädagogik" mit „handgreiflicher", „plastisch-drastischer" und „grobsinnlicher" Veranschaulichung eingesetzt werden, die die Aufmerksamkeit der Schüler wecken und gegebenenfalls auch durch „eiserne Konsequenz" erzwingen sollte (Stötzner, Raatz). Vereinzelt wurde eine Einbeziehung des Spiels in einen „triebnahen" Unterricht gefordert, die ebenfalls aktivierend wirken sollte (Gürtler). Dazu sollte auch der häufige Wechsel der

Hilfsschulspezifische Methodik

Unterrichtsgegenstände und -methoden beitragen. Weitere methodische Prinzipien waren die Kleinstschritt-Technik (Stötzner), das langsame Voranschreiten, die verweilende Übung und die Lückenlosigkeit des Aufbaus (Raatz). Spezielle Lernhilfen wie das Isolieren von Schwierigkeiten und die individuelle Unterstützung der einzelnen Schüler gehörten ebenfalls zum methodischen Repertoire (alles zit. nach Klauer 1970, 25f).

Bereits zur selben Zeit wurde deutlich, dass auch diese methodischen Grundsätze nicht der Hilfsschule vorbehalten sind, sondern für jeden Unterricht gelten: „Das Charakteristische des Hilfsschulunterrichts hat man in die verschiedenen Imperative gekleidet, wie: Unterricht anschaulich, konkret, individualisiert u. a. m. Jedoch gelten diese Imperative für jeden anderen Unterricht" (Maennel 1905, zit. nach Klauer 1970, 26). So kommt Ellger-Rüttgardt in ihrer Analyse der Geschichte des Unterrichts an der Hilfsschule zu dem Schluss: „Der Hauptunterschied zwischen Volks- und Hilfsschule bestand allein darin, dass die Hilfsschulklassen eine geringere Klassenfrequenz aufwiesen und nach einem reduzierten Volksschullehrplan arbeiteten" (Ellger-Rüttgardt 1983, 21).

Der weitere Ausbau von Hilfsschulen in den 20er und 30er Jahren des 20. Jahrhunderts führte zu einer Erweiterung der Klientel und verstärkte die Notwendigkeit, diese spezielle Schulform zu legitimieren. Dies erforderte eine möglichst zuverlässige Abgrenzung der Schülerschaft im Sinne der Schwachsinnslehre, die vor allem mit Hilfe von Intelligenztests erfolgen sollte (eine Tradition, die bis heute noch nicht vollständig überwunden ist). Die Tatsache, dass die Schülerschaft der Hilfsschule keineswegs allein aus schwach befähigten Kindern bestand, sondern auch damals schon ein Sammelbecken für Kinder aus der Unterschicht mit unterschiedlichsten Schwierigkeiten darstellte, blieb in diesem Begründungszusammenhang unberücksichtigt (Ellger-Rüttgardt 1983). Das Ziel der Reintegration der Schüler in die Regelschule rückte immer weiter in den Hintergrund, statt dessen wurde die „Brauchbarmachung" für das Leben als Erwachsene, als Arbeitskräfte und Soldaten hervorgehoben. In diesem Zusammenhang sind der Hilfsschule verschiedene Funktionen zugeschrieben worden, die in Kap. 2.1 dargestellt wurden.

Geringer Einfluss reformpädagogischer Ideen

Aus didaktischer Perspektive interessant an der bisher beschriebenen Geschichte der Hilfsschuldidaktik ist die Frage, inwieweit die gleichzeitig entstehenden reformpädagogischen Entwürfe (Arbeitsschule, Jena-Plan-Schule, Projekte) von der Hilfsschulpädagogik aufgegriffen wurden. Ellger-Rüttgardt verdeutlicht die konträren Erziehungshaltungen und Entwicklungsverständnisse der Reformpädagogik und der Hilfsschulpädagogik anhand von zwei Zitaten:

Dem Leitsatz Maria Montessoris „Hilf mir, es selbst zu tun" stellt sie den Leitsatz Kielhorns gegenüber „Stütze den Schwachen, damit er stark werde!". Geht Montessori ebenso wie etwa Pestalozzi davon aus, dass die Schülerinnen und Schüler über eigene Kräfte verfügen und bei deren Entfaltung unterstützt werden können, so sieht die traditionelle Hilfsschulpädagogik ihre Schülerschaft als passiv, wenig entwicklungsfähig, unfähig zu problemlösendem und kritischem Denken und vollständig abhängig von der klaren Führung des Lehrers. Im Unterschied zu den offeneren, selbstbestimmten Arbeitsweisen vieler Reformschulen sprechen die oben genannten didaktischen Prinzipien der Hilfsschulpädagogik von einer starken Lehrerzentrierung und Durchstrukturierung des Unterrichts in der Stoffauswahl ebenso wie in den Arbeits- und Vermittlungsformen, eigene Entwicklungspotenziale werden den Schülern abgesprochen und spielen daher im Unterricht kaum eine Rolle.

„Während die reformpädagogische Idee von der ‚freien geistigen Schularbeit' (Gaudig) von einem großen Optimismus hinsichtlich der Bildsamkeit eines jeden Kindes getragen war, verharrten die Hilfsschulpädagogen der 20er Jahre in der letztlich ihre berufliche Existenz legitimierenden These vom schwachsinnigen Hilfsschulkind" (Ellger-Rüttgardt 1983, 25).

Zwar gab es von Anfang an in der Hilfsschulpädagogik auch Gegenströmungen, zum Beispiel im Hinblick auf die Anwendung der Projektmethode, die Heimlich ausführlich dokumentiert. Hervorzuheben ist dabei besonders die Hilfsschulpädagogin Frida Stoppenbrink-Buchholz, die die Vorstellungen und Methoden der Reformpädagogik in Bezug auf den Projektunterricht aufgriff (Heimlich 1999b, 31ff). In der Breite allerdings wurde die Sichtweise des schwachsinnigen Hilfsschulkindes von Beginn der Hilfsschulpädagogik an bis in die Nachkriegszeit weitgehend unhinterfragt tradiert und hatte Bleidicks Einschätzung nach zur Folge, dass eine didaktische Diskussion im eigentlichen Sinne in der Lernbehindertenpädagogik erst mit der Kritik an diesem statischen Begabungsbegriff ab den 70er Jahren des 20. Jahrhunderts begann (Bleidick 1983, 57).

In der Zeit des Wiederaufbaus nach dem Zweiten Weltkrieg wurde die Tradition der Hilfsschule mit denselben Begründungen fortgeführt. Ab den 70er Jahren wurde die Verursachung von Lernbeeinträchtigungen nicht mehr in einem organischen Defekt, sondern vielmehr in einer Intelligenzschwäche gesehen, die individuelle Verursachung wurde dennoch nicht in Frage gestellt. Die genannten methodischen Prinzipien wurden aufrechterhalten, die Sichtweise der lernbeeinträchtigten Schüler als andersartig wurde weiter tradiert (z. B. Schade 1962). Ein wesentliches Argument für die Begründung einer spezifisch sonderpädagogischen Didaktik dürfte auch in berufsständischen Motiven zu sehen sein, in der Aufrechterhaltung der Sonderschule und des damit verbundenen besonderen, auch besser bezahlten Status des Sonderschullehrers. Eine Durchlässigkeit zum allgemeinen Schulwesen und Rückschulung der Schüler wurde nicht angestrebt, die Vertreter forderten vielmehr die Entwicklung eines sonderschulgemäßen Profils und einen behinderungsspezifisch ausgerichteten Unterricht (Schade 1962, Klauer 1970, Bleidick/Heckel 1968). So formulieren Bleidick/Heckel, es bedeute einen

„Verzicht auf ein sonderschulgemäßes Profil, (wenn) sich die Hilfsschule hinsichtlich der Schülerschaft, des Bildungsplanes und der didaktischen Verfahrensweisen stärker an die benachbarte Volksschule anlehnt und ihre Durchlässigkeit zum allgemeinen Schulwesen (Rückschulungen) hin betont" (Bleidick/Heckel 1968, 7).

4.1.3 Klauers „Pädagogik der Vorsorge"

Die erste
Lernbehinderten-
pädagogik

Klauer entwickelt mit seiner „Pädagogik der Vorsorge" 1966 die erste „Lernbehindertenpädagogik", die bis in die 80er Jahre in immer wieder neuen überarbeiteten Auflagen erscheint und umfangreich rezipiert wird (hier zitiert in den Auflagen von 1970 und 1975). Er argumentiert im zitierten Sinne Bleidicks, dass die Sonderschuldidaktik eine spezifische sein müsse, denn:

„Das intelligenzschwache Kind in der Lernbehindertenschule kann in der gegebenen Zeit weniger Bildung erwerben als ein nicht geschädigtes Kind. Eine Beschränkung des Bildungsgutes ist unumgänglich" (Klauer 1975, 77).

Reduktion der
Inhalte auf das
Lebensbedeutsame

Die Reduktion der Inhalte bleibt also bei Klauer ein wesentliches Prinzip, er legt allerdings besonderen Wert darauf, dass diese Reduktion nicht willkürlich erfolgt, sondern an die Anforderungen im späteren Leben der Kinder genau angepasst sein muss: im Unterricht soll „das Lebensbedeutsame" vermittelt werden. Die Auswahl dessen, was lebensnotwendig für die Kinder ist, trifft der Lehrer, und diese Reduktion erscheint ihm unproblematisch, denn

„dem Kinde (ist) nur ein begrenzter, überschaubarer Lebenshorizont gegeben, … so dass es auch nur ein begrenztes – aber spezifisch zugeschnittenes! – Ausmaß an Bildungsgut braucht. Worauf es ankommt, ist, dass die Sonderschule möglichst getreu das vermittelt, dessen das behinderte Kind lebensnotwendig bedarf" (Klauer 1975, 77).

Auffällig ist dabei der Widerspruch, der sich zwischen Klauers didaktischen Vorstellungen und seinem Begabungsverständnis auftut. Als einer der ersten untersucht Klauer systematisch die Intelligenz lernbeeinträchtigter Schüler und kommt 1964 aufgrund seiner Vergleichsuntersuchungen zu dem Ergebnis, dass es hinsichtlich der Schulleistungen, Fehlertendenzen und des problemlösenden Vorgehens keine qualitativen Unterschiede zwischen Volks- und Hilfsschülern gibt. Hilfsschüler seien „kaum im eigentlichen Sinne entwicklungsrückständig" (Klauer 1964, 27) und der ihnen zugeschriebene „Konkretismus" fragwürdig. Die angenommene Andersartigkeit der lernbeeinträchtigten Schüler, die in den didaktischen Entwürfen bis dahin die entscheidende Rolle spielte, ist damit ein erstes Mal widerlegt. Klauer entwickelt auf dieser Grundlage ein Intelligenztrainingsprogramm, was deutlich macht, dass er von einem dynamischen, veränderbaren Begabungsverständnis ausgeht. Anders als die meisten seiner Zeitgenossen sieht er die Lernbehinderung als multifaktoriell verursacht. Trotzdem postuliert er in seinem didaktischen Entwurf, dass „der mögliche Lebensrahmen der Kinder genauestens bekannt ist. Weil der mögliche Lebensrahmen von der Behinderung abhängt, muss für jede Sonderschulart ein spezifisch ausgerichteter Bildungsplan gefordert werden" (Klauer 1975, 78).

Widerlegung der Andersartigkeit lernbeeinträchtigter Schüler

In seinen didaktischen und methodischen Vorstellungen bezieht Klauer sich auf die „genetische Methodik", die auf Rousseau (1762), Comenius (1638) und Pestalozzi (1799) zurückgeführt wird. Er verweist auf die Ähnlichkeiten zu Klafkis Vorstellungen des Elementaren, Fundamentalen und Exemplarischen, und stellt vier Stufen des Verständnisses vor, auf denen ein Thema jeweils bearbeitet werden kann. Diese bilden die Grundlage für eine mögliche Differenzierung des Unterrichts im Sinnes eines Spiralmodells (nach Bruner), das dazu beitragen soll, die Unterrichtsinhalte für jedes Kind jeder Altersstufe erfahrbar zu machen (Klauer 1970, 67f; 1975, 120ff):

Genetische Methodik

„1. Stufe: Sinn- und Zweckverständnis, Funktion, Aufgabe, Name und Einordnung.
2. Stufe: Umgang und Gebrauch; Bezug zum Menschen; Nutzen, Schaden und Gefahren; Versuch und Irrtum.
3. Stufe: Analytische Kenntnisse des Aufbaus, des Funktionszusammenhanges; ‚Einsicht'.
4. Stufe: Konstruktive Beherrschung" (Klauer 1970, 68).

Stufen des Verständnisses nach Klauer

Mit Ausnahme des Lesenlernens, dessen konstruktive Beherrschung er auch für Hilfsschulkinder unerlässlich findet, ist für diese Schülerklientel Klauer zufolge nur die erste und zweite Stufe von Bedeutung. Am Beispiel des Telefons veranschaulicht er diese Haltung, „denn wer weiß schon wirklich genau, wie ein modernes Telefon funktioniert?" (Klauer 1970, 69). Um den Schülern einen systematischen, kleinschrittigen Zugang zu den Unterrichtsgegenständen zu ermöglichen, betont Klauer den Stellenwert von Lehrprogrammen und eines insgesamt programmierten Unterrichts in Einzelarbeit, der „ein Höchstmaß an Individualisierung ... und selbstbildender Aktivität des Schülers" ermöglicht und den Lehrer gleichzeitig von Routinearbeiten entlastet (Klauer 1970, 80).

Das Verständnis von Individualisierung, das hier zugrunde gelegt wird, bezieht sich auf die Anwendung vorgefertigter Materialien, nicht etwa auf die aktive Aneignung selbst gewählter Gegenstände durch die Schüler. Klauers Sichtweise von lernbeeinträchtigten Schülern als „Behinderte", deren möglicher Lebensrahmen aufgrund ihrer Behinderung vorgegeben ist und aus dem sich die lebensbedeutsamen Unterrichtsinhalte ergeben, wird später vor allem von Begemann (1970), Klein (1971) und Nestle (1975, 1976) als „reduktive Didaktik" kritisiert. Sie führt dazu, dass der Unterricht den Schülern viele Angebote von vornherein vorenthält, ihnen damit Entwicklungschancen nimmt und sie auf Unmündigkeit reduziert. Die Möglichkeit einer Reintegration in die Volksschule wird von vornherein ausgeschlossen. Die didaktischen Prinzipien, die sich mit diesem klassischen lernbehindertenpädagogischen Konzept ebenso wie mit den vorausgegangenen verbinden, können zusammenfassend mit den Stichworten „weniger als normal, konkreter als normal, kleinschrittiger als normal, langsamer als normal und intensiver als normal" (Werning 1996a, 463) gekennzeichnet werden und beinhalten im Wesentlichen die Grundaussagen, die schon seit der Entstehung der Hilfsschule getroffen wurden.

4.1.4 Bleidicks und Heckels „Orthodidaktik"

Der didaktische Entwurf der „kategorialen Orthodidaktik" von Bleidick und Heckel entsteht im selben zeitlichen Zusammenhang wie Klauers Pädagogik der Vorsorge. Stärker als Klauer betonen die Autoren die Erziehungsaufgabe der Hilfsschule und kritisieren „die gefährliche Tendenz, auf Kosten heilerzieherischer Pflege immer mehr zu verschulen" (Bleidick in Begemann 1968, 10). Wie an der Begriffswahl deutlich wird, nehmen die Autoren differenziert Bezug auf ein allgemein didaktisches Konzept, nämlich Klafkis Theorie der kategorialen Bildung (Klafki 1964a). Wie Klauer betonen sie allerdings gleichzeitig die Spezifität der Hilfsschulpädagogik:

„Die Hilfsschulpädagogik erfährt ihre Besonderung sowohl durch die Totalität als auch durch die arteigene Ausprägung von sonderpädagogischer Diagnose, Erziehung, Unterricht und Fürsorge" (Bleidick/Heckel 1968, 7).

Das Spezifische wiederum ist für sie wesentlich gekennzeichnet durch die genaue Abgrenzung der Klientel mit Hilfe von Intelligenztests, durch die Erziehung im Rahmen langjährig bestehender Lerngruppen, durch die vor-, nach- und nebenschulische Fürsorge im Rahmen sozialpädagogischer Maßnahmen sowie durch „das Prinzip der minimalen Stoffauswahl in Richtung des Lebensnotwendigen" und die „Präzisionsmethodik des unterrichtlichen Vorgehens" (Bleidick/Heckel 1968).

Unter didaktischem Aspekt widmen sich die Autoren ebenso wie Klauer der Frage „Was braucht der Hilfsschüler an Bildung?" (Bleidick/Heckel 1968, 34), sie kritisieren an Klauers Entwurf allerdings das „zu eindimensional und vorwegbestimmte Bedürfnis nach Bildung des Lernbehinderten in seinem Lebenskreis", denn „das aufschließende Moment der Bildung bestimmt ja erst, wie groß der Lebenskreis ist" (Bleidick/Heckel 1968, 34). Demgegenüber stellen Bleidick und Heckel den Anspruch, diesen Lebenskreis „mit dem Gegenpol der gesellschaftlichen Anforderungen in Einklang zu bringen" (Bleidick 1983, 61). Das soll durch eine *Orthodidaktik*, einen defektspezifischen Unterricht, geschehen:

Defektspezifischer Unterricht

„1. Der Defekt wird direkt angegangen, nach Möglichkeit beseitigt.
2. Der Defekt wird umgangen, indem andere Restfähigkeiten ausgleichend, kompensierend gefördert werden" (Bleidick/Heckel 1968, 31).

Die Auseinandersetzung mit den Grundformen elementarer Einsichtsgewinnung nach Klafki bildet den Rahmen der didaktischen Planung und Analyse, allerdings schränken die Autoren ein, dass dies aufgrund der Lernbeeinträchtigungen nicht im vollen Sinne, sondern lediglich in Bezug auf die einfachen Zweckformen erfolgen könne. Ihnen erscheint für die Klientel der Hilfsschüler die Auseinandersetzung mit dem Elementaren zentral, und anhand vielfältiger Beispiele aus dem Deutsch-, Mathematik- und Sachunterricht veranschaulichen sie ihr Vorgehen, das durch das Prinzip der hilfsschulgemäßen Elementarisierung geprägt ist:

Grundformen elementarer Einsichtsgewinnung

„Die hilfsschulgemäße Elementarisierung bedient sich der von Klafki (1964) aufgezeigten Grundformen des Elementaren, des Fundamentalen, des Exemplarischen, des Typischen und des Repräsentativen. Sach- und sinnelementares Auswahl- und Vermittlungsprinzip machen den übergeordneten Gedanken der Vereinfachung in den Prinzipien der Hilfsschuldidaktik aus" (Bleidick/Heckel 1968, 37).

Auf diesen Überlegungen basieren die weiteren Prinzipien, die Bleidick und Heckel dem Unterricht in der Hilfsschule zugrunde legen: Die *Stoffbeschränkung*, das *Heimatprinzip (Lebensweltbezug)*, die

Weitere Prinzipien

Lebensnähe (Zukunftsbezug) sowie die *Anschauung,* die *Ganzheit,* die *Bewegung,* die *Handbetätigung* und die *Wiederholung.* Als hilfsschulspezifisch werden weiterhin die *Methodik der kleinen Schritte,* die *Differenzierung,* die *Selbsttätigkeit* und die *Motivation* verstanden. Ergänzend nennen die Autoren noch das *Gemeinschaftsprinzip,* das *Ausdrucksprinzip,* das *logopädische Prinzip* und das *Prinzip der formalen Übungen.*

Aus den individuellen Eigenschaften der Schüler heraus begründen Bleidick und Heckel die Notwendigkeit eines stark lehrerzentrierten Vorgehens: „Im Hilfsschulunterricht bedarf es daher erhöhter Fremdsteuerung, der Setzung zugkräftiger Motive mittels Mehrdarbietung und Reizauslese" (Bleidick/Heckel 1968, 48).

Stundenbilder

Um ihre didaktischen und methodischen Vorstellungen zu veranschaulichen, stellen die Autoren vielfältige Stundenbilder in verschiedenen Unterrichtsfächern vor. Dieses exemplarische Vorgehen begründen sie mit der Notwendigkeit, jungen Kollegen oder fachfremden Lehrkräften, die in der Hilfsschule eingesetzt werden, ein Modell zu bieten und die Aneignung der zentralen Unterrichtsprinzipien zu erleichtern. Zwar sehen sie die Gefahr einer Rezeptologie, halten sie aber für weniger gravierend als „die Unzulänglichkeit tastender Richtungslosigkeit und das Lernen des Lehrers auf Kosten der Kinder" (Bleidick/Heckel 1968, XI).

So wird zum Beispiel die Bearbeitung einer Bildergeschichte „Peters erster Schultag" im Fach Deutsch der fünften Klasse vorgestellt, bei der in sehr kleinen Schritten die Arbeitsformen Anschauen, Überlegen, Beschreiben, Vergleichen, Sprechen, Schreiben zur Anwendung kommen (Bleidick/Heckel 1968, 125ff). Die Schüler sollen den Zusammenhang der Geschichte auf den vier Bildern erkennen, die Ereignisse sprachlich benennen und schriftlich fixieren. Der Lehrer strukturiert die Interaktion durch Einführung des Themas, sukzessives Zeigen der Bilder und ein gelenktes Unterrichtsgespräch, dessen Ergebnisse an der Tafel festgehalten werden. In der Erarbeitungsphase werden zunächst einzelne Gegenstände auf den Bildern benannt und dann Sätze formuliert. Je zwei Sätze pro Bild, die bereits vorformuliert sind, werden vom Lehrer an die Tafel geschrieben und durch eine Frage ergänzt, die Vermutungen zum weiteren Verlauf der Geschichte bei den Schülern provozieren soll. Nachdem die ganze Geschichte auf diese Weise erarbeitet worden ist, werden die Bilder zur Wiederholung und Vertiefung nochmals gezeigt und Überschriften gefunden, dann wird der Tafeltext mehrmals vorgelesen und abgeschrieben. Zur Anwendung des Gelernten sollen die Schüler in einer späteren Stunde selbst Sätze zur Geschichte bilden und schreiben, das Geschriebene wird vom Lehrer korrigiert und nochmals abgeschrieben.

Kritische Einschätzung

Die Umsetzung der meisten genannten Prinzipien ist in dem Beispiel nachvollziehbar: so wird stark gelenkt in kleinen Schritten vorgegangen, die „Anschauung" erfolgt (allerdings ausschließlich) über die Bilder, und der Stoff wird mehrfach wiederholt. Das

„logopädische Prinzip" wird durch Fragestrategien, die Herstellung von Vermutungssituationen und durch das sprachliche Vorbild der Tafelsätze umgesetzt. Der erzieherische Auftrag, der laut Bleidick und Heckel immer mit berücksichtigt werden soll, zeigt sich im Inhalt der Bildergeschichte: Peter fährt allein mit seinem Roller in die Stadt und findet dann nicht mehr zurück nach Hause, ein Polizist bringt ihn am Ende zurück. Die Moral wird mit dem Merkspruch „Erst besinn's, dann beginn's" zum Ausdruck gebracht und soll vermutlich den Bezug zur Lebenssituation der Schüler herstellen. Selbsttätigkeit und Eigenaktivität finden sich in dieser Sequenz nur sehr begrenzt, wie auch die eigene Initiative des Jungen in der Bildergeschichte ein böses Ende nimmt. Die weiteren Prinzipien wie die Handbetätigung und Bewegung zeigen sich vor allem in den Sequenzen zum Sachunterricht.

An dem Beispiel wird deutlich, dass Bleidick und Heckel von einem sehr stark vorstrukturierten Unterricht ausgehen. Die eigenen Aktivitäten der Schüler sind, wenn sie berücksichtigt werden, festgelegt auf vorausgeplante Aspekte; selbsttätiges Handeln, der Bezug auf eigene Erfahrungen und Probleme, Wahlmöglichkeiten in den Bearbeitungsformen sind nicht vorgesehen; eigene Denkoperationen werden den Schülern nicht zugetraut. Auffällig erscheint weiterhin die Tatsache, dass die Stundenbilder für allgemeine Klassenstufen formuliert werden, ohne dass über Fallbeispiele oder Schülerbeschreibungen ein individueller Zugang zum Thema begründet würde. Die Themen werden aufgrund abstrakt formulierter Stoffpläne ausgewählt, nicht aufgrund der je individuellen Lebenssituation oder Interessen der Schüler oder Lehrer. Die vorher als zentral bewertete Lebensbedeutsamkeit und „defektspezifische Ausrichtung", die der Orthodidaktik ihren Namen gibt, bleibt allgemein, eine individuelle Anpassung an die unterschiedlichen Bedürfnisse der Schüler ist den Stundenbildern nicht zu entnehmen. Die sachlogische Struktur des Stoffes und die methodische Zugänglichkeit erscheinen vorrangig gegenüber der so betonten Bedeutung für das gegenwärtige und zukünftige Leben der Schüler.

Trotz der Bezugnahme auf Klafkis Modell, in dem das exemplarische Lernen und seine selbsttätige Verallgemeinerung durch die Schüler eine zentrale Rolle spielt, sprechen die Autoren den Schülern aufgrund ihrer Schwachbegabung die Fähigkeit zur Verallgemeinerung ab:

„Die eigentliche Schwierigkeit der Didaktik bei Schwachbegabten liegt in der Repräsentation des allgemeinen Bildungsgehalts im besonderen Bildungsinhalt. Der Schüler vermag aufgrund der ihm eigenen Abstraktionsschwäche und aufgrund der Verhaftung im konkreten Denken nicht das zu lernen, was den exemplarisch transferierbaren Bildungswert des Gegenstandes ausmacht. Er

lernt – groß gesagt – nur den Gegenstand selbst ... Darin, in der lebensbe-
mächtigenden Gebrauchsfertigkeit einfacher Kulturtechniken und sachkund-
lich-sozialer Angepasstheiten – liegt der Bildungsertrag des Hilfsschulunterrichts" (Bleidick/Heckel 1968, 38).

Reduktionistische Didaktik

Begemann kritisiert an dieser Argumentation den Widerspruch
zwischen einer genauen Vorstrukturierung der Lerngegenstände
in den klassischen „kleinsten Schritten" und dem vorher formulierten Bildungsoptimismus. Die von den Autoren bei Klauer an-
gemahnte Offenheit der Inhalte über den gegenwärtigen und als
zukünftig angenommenen Lebensrahmen der Schüler hinaus
wird dadurch auch in diesem Konzept verunmöglicht. Die Methodik verstärkt die führende Rolle der Lehrkräfte und damit die
Abhängigkeit der Schüler, so dass der Vorwurf einer gegeneman-
zipatorischen, reduktionistischen Didaktik auch für diesen Entwurf gilt (Begemann 1996, 103f). Weiterhin weist Bleidicks und
Heckels Forderung, die lernbehinderten Schüler genau von nichtbehinderten abzugrenzen und auf der Grundlage ärztlicher und
psychologischer Differenzialdiagnostik zu identifizieren, darauf
hin, dass sie zu diesem Zeitpunkt von einem statischen und individuumszentrierten Verständnis der Lernbehinderung ausgehen.
Klauers oben zitierte Forschungsergebnisse, die zeigen, dass es zwischen Hilfs- und Volksschülern in Bezug auf ihre Intelligenz einen
breiten Überschneidungsbereich gibt, werden nicht zur Kenntnis
genommen. Dementsprechend lehnen die Autoren – anders als
die sich parallel bereits entwickelnde Integrationsbewegung – eine
Durchlässigkeit zum allgemeinen Schulwesen ab (s. o.).

Paradigmenwechsel

Im Weiteren werden nun einige kritische Entwürfe vorgestellt,
die dem grundlegenden Paradigmenwechsel von einem *statischen*
zu einem *dynamischen* Verständnis von Behinderung und Begabung und vom *individualtheoretischen* zum *gesellschaftlichen* Paradigma im sonderpädagogischen Kontext den Weg bereiteten.

4.1.5 Begemanns Konzept der „Eigenwelterweiterung"

Soziokulturelle Benachteiligung

Die Berücksichtigung außerindividueller Faktoren, vor allem der
soziokulturellen Lebenswelt und des Unterrichts selbst als be-
einträchtigende Bedingungen, rückt erstmals mit Begemanns
Schriften „Die Bildungsfähigkeit der Hilfsschüler" (1968) und
„Die Erziehung soziokulturell benachteiligter Schüler" (1970) in
den Blick. Der Paradigmenwechsel, der sich in den Sozialwissenschaften und der Psychologie dieser Zeit insgesamt ereignet, wird
aufgenommen und weitergeführt. Begemann stellt neben einer
veränderungsorientierten Perspektive von Lernbeeinträchtigungen den Stellenwert der außerindividuellen Faktoren ins Zentrum

der Betrachtung. Nach seiner Analyse ist die These des „schwachsinnigen" Hilfsschulkindes nicht haltbar, er setzt dagegen den Begriff der soziokulturellen Benachteiligung der Schülerklientel mit
all ihren Facetten von unzureichender Versorgung, finanzieller
und familiärer Instabilität bis hin zu spezifischer Sprachverwendung. Die Sprache der Schüler stimmt mit der mittelschichtsorientierten Sprachnorm der Schule nicht überein, was dazu führt,
dass die Schüler versagen (Begemann 1970). Der Begriff der soziokulturellen Benachteiligung ist kennzeichnend für Begemanns
Ansatz, er sieht die Lernbeeinträchtigung vorrangig soziokulturell und nicht individuell verursacht. Die „stärker hirnorganisch
geschädigten Kinder", wie sie von Bleidick schwerpunktmäßig
berücksichtigt werden, klammert er dagegen aus seiner Bezugsgruppe aus (Begemann 1968, 10). Begemanns Analyse führt zur
Forderung einer *gesamtgesellschaftlichen Verantwortungsübernahme*
für soziokulturell benachteiligte Kinder, deren Erziehung zur gesellschaftlichen Integration nicht allein von der Sonderschule geleistet werden kann (Begemann 1970, 16).

Anders als Klauer und Bleidick betont Begemann nicht in erster Linie die Spezifität der Lernbehindertenpädagogik, sondern
ordnet sie der allgemeinen Pädagogik unter: Die Hilfsschulpädagogik, wie er die Fachdisziplin weiterhin nennt, ist seiner Auffassung nach ebenso wie alle anderen Sonderpädagogiken eine
Teildisziplin der Erziehungswissenschaft. Damit tritt er auch der
Therapeutisierung und medizinischen Ausrichtung der Heilpädagogik dieser Zeit entgegen (Begemann 1968, 7f).

Begemann bestimmt den Begriff der *Didaktik* – Klafki folgend
– als *Theorie der Bildung,* die der *Theorie der Erziehung* untergeordnet ist. In beiden Bereichen, Erziehung und Bildung, sieht er notwendige Aufgaben der Hilfsschule und geht differenziert auf ihr
Verhältnis ein. Dabei nimmt er getreu seinem erziehungswissenschaftlichen Grundansatz dezidiert Bezug auf die allgemeine didaktische Reflexion (Wagenschein, Weniger, Klafki, Döpp-Vor-
wald) und versteht Bildung als die unerlässliche Voraussetzung
„erzieherischen Tuns: Es gibt keinen anderen Weg bewusster Erziehung als den über die Bildung … Der erzieherische Sinn der
Bildung liegt darin, dass sie dem Menschen überhaupt Wirklichkeit erschließt" (Begemann 1968, S. 13f).

Die didaktische Aufgabe des Hilfsschulunterrichts fasst er dementsprechend als Auseinandersetzung mit den Anforderungen unserer Gesellschaft: der Unterricht habe

„die Heranwachsenden in Beispielsituationen zu stellen, damit sie sich darin
ausbilden zu ihren Möglichkeiten. Der Hilfsschulunterricht ist also nicht als Wis-
sensvermittlung zu konzipieren, sondern als Bildungsgelegenheit durch Be-
währung in fordernden Situationen" (Begemann 1968, 62).

[Marginalie:] Sonderpädagogik
als Teildisziplin
der Erziehungs-
wissenschaft

Eigenwelt-
erweiterung

Um die Schüler auf die Ansprüche eines Lebens in seiner Kultur vorzubereiten, geht Begemann von der Eigenwelt der Schüler aus, die den Ansatzpunkt jeden Unterrichts bilden soll. Mit dem Begriff der Eigenwelt nimmt Begemann schon zu diesem frühen Zeitpunkt eine quasi konstruktivistische Position ein:

> „Welt kann nicht mehr verstanden werden als objektive Welt aller Gegenstände, über die uns ein enzyklopädisches Lexikon unterrichtet. Sie ist auch nicht mehr identisch mit den objektiven Tatbeständen, den Gegebenheiten an einem Ort, in einem begrenzten Raum. ... Die Wirklichkeit ist also Mitspieler meines Lebens. Dabei bleibt zu beachten, dass jeder nur das hört und sieht und erlebt, was er hören und erleben und sehen kann, was aus seiner Voreinstellung her ihn anspricht, ihn angeht" (Begemann 1968, 65).

Diese Orientierung des Einzelnen ist geprägt durch die individuelle Lebensgeschichte, die zu bestimmten aktuellen Interessen und Bedürfnissen führt. Dementsprechend können auch die Inhalte des Unterrichts nur dann relevant werden, wenn sie auf die Eigenwelt der Schüler, auf einen für ihr Leben bedeutsamen Zusammenhang Bezug nehmen.

Aktives Entwick-
lungsverständnis

Mit dieser Position verbindet sich ein aktives Entwicklungsverständnis, denn Begemann versteht den lernbeeinträchtigten Schüler nicht als passives Wesen, das seiner Kultur schutzlos ausgeliefert ist, sondern als handelndes, sich selbst und seine Umwelt gestaltendes und bildendes Subjekt.

Der Unterricht hat in diesem Zusammenhang die Funktion, den Schülern ihre Eigenwelt zu erhellen und damit gestaltbar zu machen, „indem Situationen erstellt werden, die durch eigenes Handeln eigenes Erkennen ermöglichen" (Begemann 1968, 68ff). Dementsprechend versteht Begemann einen hilfsschulgemäßen Unterricht als *handelnde, einsichtige Eigenwelterweiterung*. Folgende Prinzipien sind dabei zu berücksichtigen:

Prinzipien

1. Die Notwendigkeit selbsttätiger Einsichtsgewinnung. Anstelle der in der Hilfsschulpädagogik üblichen gelenkten Kenntnisvermittlung mit anschließender schematischer Übung plädiert Begemann für die Anregung zum Entdecken eigener Probleme und Entwickeln eigener Lösungen durch die Einsicht in lebensbedeutsame Zusammenhänge. Unter Bezugnahme auf empirische Untersuchungen weist er eindrucksvoll nach, dass ein erklärender Unterricht des Lehrers und ein schematisches Anwenden einmal gezeigter Lösungswege die Kreativität einschränkt und zu „blinden Flecken" für naheliegende Lösungen führt:

> „Dort, wo ich die Gegenstandserfahrung also nur sehr eingeschränkt durchführe, begrenze ich dadurch die Möglichkeiten des Lernenden für eigene produktive Lösungen, für spontanes, einsichtiges Verhalten. Dort aber, wo ich frei-

en Spielraum zur Welterfahrung schaffe, wo ich die Arbeitsmittel nicht zu begrenzt vorbestimme, fördere ich die Einsichtsgewinnung für neue Situationen" (Begemann 1968, 82).

Als negatives Beispiel führt er eine Unterrichtssequenz Klauers (1966) an, in der es um das Verhalten an einer Ampelkreuzung geht und in der der Unterricht als kleinschrittig zerlegter Ablauf ohne Einsicht oder selbsttätiges Lösen des Problems dargestellt wird. Im Unterschied dazu regt sein Entwurf einer lebensnahen Konfrontation der Kinder mit dem tatsächlichen Verkehrsproblem Kreuzung zur aktiven, selbsttätigen Auseinandersetzung an, wenn sie ein echtes Interesse an der Problemlösung haben (Begemann 1968, 91f).

2. Die Auswahl bedeutsamer Unterrichtsgegenstände. Begemann geht kritisch mit dem Fächerkanon der traditionellen Hilfsschulpädagogik um, der sich an dem der Volksschule orientiert. Er kritisiert die „Begrenztheit bildender Wirkungen durch Kenntnisvermittlung, durch das Lernen von Stoffen, Daten und objektiven Kulturgütern"; dahinter stehe die „Vorstellung, dass das Kind aus Kräften und Funktionen oder Fähigkeiten bestehe, die man üben und einsatzbereit zurüsten könne" (Begemann 1968, 93). Das Prinzip der Anschauung, Sinnesorientierung und Handbetätigung greift seines Erachtens zu kurz, denn ihre Beobachtung zum Beispiel der Schulumgebung mit Hilfe einer Karte (nach Raatz) geht nicht von einem echten Problem, einer eigenen Fragestellung aus: „Die Kinder sind tätig. Einsicht aber wird nicht von ihnen verlangt" (Begemann 1968, 96). Interessant und bedeutsam wird die Situation erst, als die Klasse sich bei einem Unterrichtsgang tatsächlich verläuft und die Richtung mit Karte und Kompass bestimmt werden muss.

3. Die elementare Eigenwelterweiterung. Mit dem Begriff der elementaren oder kategorialen Erkenntnis im Sinne Klafkis setzt Begemann sich von materialen Bildungstheorien ab. Das Erschließen einer elementaren Erkenntnis, der Moment der Einsichtsgewinnung, ist gebunden an die selbsttätige Erfahrung in einem Sinnzusammenhang. Als Beispiel führt er das Problem der erfolglosen Suche zweier Schülerinnen nach dem Haus ihrer kranken Klassenkameradin an, das von der ganzen Klasse gemeinsam gelöst wird und zur Gewinnung der Erkenntnis führt, wie die geraden und ungeraden Hausnummern an der Straße verteilt sind (Begemann 1968, 102ff).

4. Die echte Anschauung. Begemann unterscheidet zwischen dem Begriff der Anschauung im Verständnis der elementaren Sinnerfahrung und des Zuschauens, wie er seiner Auffassung nach traditionell in der Hilfsschuldidaktik verwendet wird (s. o. Bleidick und Heckel), und einer echten Anschauung als Erfahrung in Klafkis Verständnis. Am Beispiel des Schluckens und Verschluckens veranschaulicht Begemann, wie den Schülern der Vorgang durch Anschauen, Hinterfragen und eigenes Ausprobieren verständlich wird. „Der Schule ist es aufgegeben, für alle bedeutsamen Bereiche der Eigenwelt elementare Modellsituationen aufzusuchen oder zu schaffen, in denen der Hilfsschüler zu echten Anschauungen, zu elementaren Einsichten kommen kann" (Begemann 1968, 107).

5. Die Berücksichtigung von Klafkis sieben Grundformen elementarer Einsicht. Alle Grundformen elementarer Einsichtsgewinnung nach Klafki lassen sich, wie Begemanns Beispiele zeigen, auch in der Hilfsschule anwenden. Begemann kritisiert etwa Bleidicks Auffassung, dass nur die einfachen Zweckformen sich für diese Schülerschaft eignen, als reduktionistisch (Begemann 1968, 107ff).

Bildungsfähige
Hilfsschüler

Insgesamt ist deutlich, dass Begemanns Ansatz eine veränderte Sicht der Hilfsschüler als bildungsfähige Individuen hervorbringt und damit die Didaktik der Hilfsschule zu einer neuen Qualität führt. Viele seiner Überlegungen von 1968 und 1970 sind bis heute aktuell und wurden in großem Umfang aufgegriffen (z. B. Schulze 1993). Er selbst bezeichnet seinen damaligen Ansatz aus heutiger Perspektive als „ökologisch und systemisch", denn er „sieht die Schülerinnen und Schüler in ihrer Lebenswirklichkeit, ihrer Genese und ihrer Lebensperspektive" (Begemann 1996, 104). Diese Einschätzung ist allerdings in Frage zu stellen, denn es sind in Bezug auf diese Kriterien deutliche Unterschiede zwischen Begemanns frühen und späteren Schriften erkennbar. Obwohl Begemann die Abwendung von der Defizithypothese mitbegründet hat und die Lebenswelt der Schüler als den zentralen beeinflussenden Faktor sieht, geht er – im Unterschied zu seiner heutigen Position und auch zu Nestle oder Hiller – dennoch von einem Bild des lernbeeinträchtigten Schülers aus, der sich von anderen Schülern unterscheidet. Sein Bild ist sehr viel komplexer als bei seinen Vorgängern, aber dennoch wesentlich auf das Individuum gerichtet. Diese Differenz macht es für Begemann in seinen frühen Schriften notwendig, die Schüler in einer Sonderschule zu unterrichten, wenn er auch für eine gesamtgesellschaftliche Übernahme von Verantwortung für seine Klientel eintritt.

Wohnort-
integrierte
Schule

Erst in den 90er Jahren erweitert Begemann sein didaktisches Konzept um eine *integrative Orientierung*, denn es verbindet Individualisierung und Gemeinsamkeit und gilt insofern nicht nur für soziokulturell benachteiligte, sondern für alle Schüler. Seine Zielsetzung ist es nun, den Schülern zur „Beherrschung der Lebensformen in einem bestimmten Kulturausschnitt" zu verhelfen, so dass die Richtung der Eigenwelterweiterung als gesellschaftliche Orientierung immer mitzudenken ist. Er entwirft eine wohnortintegrierte Schule, „… in der alle Schüler mit ihrer spezifischen sozio-kulturellen Eigenart beachtet und geachtet werden und miteinander leben und lernen können" (Begemann 1996, 10). Das Normkonzept der Regelschule mit ihren aussondernden Mechanismen und Leistungsnormen ist seiner Auffassung nach grundsätzlich in Frage zu stellen, denn es geht von einer Homogenität der Schüler aus, die keine Schule erwarten kann. Die Integration der Schüler in die gesellschaftlichen Strukturen der natürlichen Umwelt und des Wohnortes soll den Aufbau einer solidarischen Kultur ermöglichen, die aber nur entstehen kann, wenn schulische Integration sich nicht auf ein organisatorisches Beieinander beschränkt. Vor allem in Begemanns erweitertem Konzept finden sich umfangreiche Übereinstimmungen mit den didaktischen Entwürfen der integrativen Pädagogik sowie mit Nestles Ansatz, der im Folgenden vorgestellt wird.

4.1.6 Nestles „Didaktik sinnhafter und differenzierender Realitätserschließung"

Nestles didaktische Überlegungen nehmen – ebenso wie die Begemanns – die kritische Auseinandersetzung mit den didaktischen Konzepten der traditionellen Lernbehindertenpädagogik zum Ausgangspunkt (Nestle 1975, 1976). Er sieht die Schule insgesamt und die Sonderschule für Lernbehinderte im Besonderen in einer Krise, die eine Folge der dort praktizierten *Defizit-Didaktik* ist: Die Lerninhalte werden angesichts der sich wandelnden gesellschaftlichen Anforderungen und der schnellen Zunahme möglichen Wissens immer komplexer, ihre Auswahl und die Art und Weise ihrer Vermittlung kann aber nicht Schritt halten mit den Entwicklungen. Die Schule reagiert, so Nestle, indem sie sich darauf konzentriert, „primär Strukturen und Verhaltensweisen zu vermitteln und diese von individuellen und sozialen Problemzusammenhängen weitgehend abzulösen" (Nestle 1975, 524). So wird durch die Präsentation der Inhalte nach dem Prinzip der kleinsten Schritte der Sinnzusammenhang deformiert oder gar verfälscht, und auch die isolierte Betrachtung einzelner Aspekte eines Gegenstandes in getrennten Unterrichtsfächern erschwert die Konstruktion von Sinnzusammenhängen.

Diese Schwierigkeiten sieht er für alle Kinder, sie betreffen Kinder aus „unterprivilegierten Schichten", die schwerpunktmäßig die Sonderschule für Lernbehinderte besuchen, aber in beson-

Kritik an der Defizit-Didaktik

derem Maße, weil bei ihnen die Unterschiede zwischen familiären und schulischen Erfahrungen besonders groß sind. Die mittelschichtsorientierten Erwartungen, mit denen die Schule den Schülern entgegentritt, können diese Kinder nicht erfüllen. Werden ihre eigenen Erfahrungen nicht zum Ausgangspunkt des Unterrichts gemacht, so wird die Lernbeeinträchtigung verfestigt, denn „die Unterrichtsprinzipien, an denen die Schüler in der Grund- und Hauptschule scheiterten, (werden) in der Lernbehindertenschule noch rigider fortgesetzt" (Nestle 1975, 525). Durch seine Prinzipien und Strategien wie das Zerlegen der Gegenstände in kleinste Schritte und unterschiedliche Fächer (Partikularisierung der Erkenntnisprozesse auf der Objektseite), durch das Zerlegen und isolierte Training verschiedener „defizitärer" Verhaltensweisen in Form von Trainingsprogrammen zur visuellen Wahrnehmung, zum Gedächtnis, zur Motorik etc. (Partikularisierung der Erkenntnisprozesse auf der Subjektseite) sowie durch die unzulängliche Abstraktion und Begriffsbildung verhindert dieser Unterricht seiner Auffassung nach das Lernen, anstatt es zu fördern:

„– Lernbehinderten beschränkt man den Lehrplan auf das Lebensnotwendige, anstatt zu erforschen, wie man auch Lernbehinderten neue Erfahrungen … ermöglicht,
– Begriffsbildung beschränkt sich überwiegend auf Eigennamen und Individualbegriffe, anstatt bessere Formen zur Bildung von Allgemeinbegriffen zu entwickeln,
– Anschauung wird weitgehend reduziert auf sinnliche Wahrnehmung, anstatt die logischen und die didaktisch relevanten Zusammenhänge zwischen Konkretion und Abstraktion zu erforschen,
– Sinneinheiten werden zerlegt in kleinste Sinnschritte, anstatt zu erforschen, wie man zusammen mit den Schülern für sie sinnvolle Sinneinheiten entwickeln kann,
– die Schulfächer werden reduziert bzw. später eingeführt als in anderen Schulen, anstatt qualitativ bessere Artikulationsformen der Lehrpläne zu erforschen und zu entwickeln" (Nestle 1976, 168).

Problem Self-fulfilling Prophecy

Nestle tritt dagegen für eine qualitative Veränderung dieser Unterrichtsprinzipien ein, um zu einer „Didaktik sinnhafter und differenzierter Realitätserschließung" zu gelangen (Nestle 1976, 171ff). Ein wesentlicher Aspekt liegt für ihn in der Veränderung des fixen Bildes, das die Lehrkräfte aufgrund der postulierten Intelligenzminderung von den Schülern und ihren eingeschränkten Fähigkeiten haben. Diese negativen Urteile stigmatisieren die Schüler und führen im Sinne der *self-fulfilling prophecy* dazu, dass der Unterricht die Lernmöglichkeiten von vornherein reduziert, anstatt neue Lernmöglichkeiten zu provozieren (Nestle 1976, 171ff).

Nestle führt diese Kritik an der individuumszentrierten Sichtweise von Lernbehinderung und ihren didaktischen Konsequenzen in späteren Veröffentlichungen fort und fokussiert sie noch stärker. So vertritt er 1996, das individualtheoretische Paradigma in der Sichtweise von Lernbehinderung greife zu kurz, denn es vernachlässige die unterrichtlichen und gesellschaftlichen Bedingungen, reduziere die Schwierigkeiten auf die Schüler und pathologisiere sie durch Devianzkategorien wie Legasthenie, Hyperaktivität oder Lernbehinderung. Durch die unreflektierte Orientierung an den engen Leistungs- und Verhaltensnormen der Allgemeinen Schule werde eine produktive Weiterentwicklung des Unterrichts vermieden, der die heterogenen Lernvoraussetzungen und -möglichkeiten besser berücksichtigen könnte: „Weil nach diesem Konzept nur das Individuum versagt, wird auch nur das Individuum gefördert und oft in eine Förderschule überwiesen" (Nestle 1996, 279).

Problem Pathologisierung

Nestle postuliert demgegenüber den *Allgemeinheitscharakter der Lernbehinderung*: eine abweichende Lernleistung wird von ihm nicht nur als individuelles Problem verstanden und hat nicht zwangsläufig etwas mit den tatsächlichen Möglichkeiten des Individuums zu tun, sondern ist auch auf seine biografischen Entwicklungs- und schulischen Lernbedingungen sowie auf den Komplexitätsgrad unserer Gesellschaft zurückzuführen; bei jedem Menschen kann es unter entsprechenden Bedingungen zu Lernschwierigkeiten und Lernbehinderungen kommen (Nestle 1996, 279; auch Nestle 1976, 169). Nestle begrenzt das Phänomen Lernbehinderung nicht auf den Kontext der Schule, sondern sieht sie auch als Problem des Scheiterns in anderen öffentlichen Situationen wie der Berufsausbildung, der Arbeit oder der Freizeit sowie der Beteilung an der Auseinandersetzung mit gesellschaftlichen Problemen (Nestle 1996, 282). Sein Anspruch ist es,

Allgemeinheitscharakter der Lernbehinderung

„Lernbehinderung verstärkt zu einer Aufgabe der Allgemeinen Pädagogik zu machen mit dem Ziel, die Schulen so weiterzuentwickeln, dass die eng fixierten Leistungsnormen und die reduktiven Lernprozesse überwunden werden und eine größere Vielfalt subjektiver Verschiedenheit akzeptiert werden kann" (Nestle 1996, 291).

Er setzt sich für die Weiterentwicklung der Grund- und Hauptschule zu einer nichtaussondernden „Schule der Vielfalt" ein, seine Zielrichtung ist also die Vermeidung der Stigmatisierung von Schülern als lernbehindert (Nestle 1996, 280). Dem System Schule – nicht nur der Schule für Lernhilfe – kommt seiner Auffassung nach die Verantwortung zu, alle Schüler „an die großen Aufgaben öffentlicher Verantwortung heranzuführen und ihre Handlungsfähigkeit zu entfalten" (Nestle 1996, 291) – und damit Lernbehinderung in seinem allgemeinen Verständnis zu vermeiden.

Objekt- und
Subjektdidaktik

Um dieser Aufgabe gerecht zu werden, ist Nestles didaktischen Vorstellungen zufolge die Berücksichtigung der *Objektdidaktik* und der *Subjektdidaktik* gleichermaßen erforderlich. Mit Objektdidaktik meint Nestle die Fachdidaktik, die ihre Inhalte und Methoden im Wesentlichen aus den wissenschaftlichen Grundlagen rekrutiert, aber die Auseinandersetzung mit der subjektiven Bedeutung der Sache und ihren gesellschaftlichen Hintergründen vernachlässigt (Nestle 1996, 286). Sie wird schwerpunktmäßig in der Sekundarstufe umgesetzt. Die Subjektdidaktik, die seiner Beobachtung nach vor allem in der Grund- und Sonderschule zu finden ist, ist an den Interessen, Bedürfnissen und Entwicklungsniveaus der Kinder ausgerichtet, vernachlässigt aber unter Umständen die wissenschaftliche Begriffsbildung und die kulturelle Bedeutung der Gegenstände. Als Beispiel führt Nestle den Mathematikunterricht an, der von der Objektseite her betrachtet an den Themen der Mathematik orientiert ist und von der Subjektseite auf Piagets Entwicklungstheorie beziehungsweise Bruners Handlungstheorie zurückgreift. Seine Forderung ist es, dass z. B. beim Sachrechnen ein Zusammenhang von Lebenswelt und Mathematik hergestellt wird und nicht nur mathematische Operationen isoliert geübt werden. Nestle veranschaulicht seine Argumentation am Beispiel eines Schülers, dem beim Umgang mit der Waage plötzlich die Anwendung von Rechenoperationen wie Addition, Subtraktion und Multiplikation gelingt, während er dazu bei Leistungskontrollen oder in diagnostischen Situationen nicht in der Lage war. Die subjektive Bedeutsamkeit des Themas war in dieser handlungsorientierten Situation ebenso gegeben wie ein sachbezogenes Angebot der mathematischen Inhalte auf der Objektseite.

Lernfähigkeit und
Unterricht

Die Betonung der jeweils einen Seite ohne die Berücksichtigung der anderen greift zu kurz und kann zu Behinderungen beim Lernen führen: „Demnach ist Lernfähigkeit nicht nur eine Voraussetzung des Unterrichts, sondern auch eine Folge des Unterrichtsarrangements" (Nestle 1996, 289). Damit vertritt Nestle, ebenso wie Klein (1971) bzw. Kutzer (vgl. Kap. 4.1.7), die Auffassung, dass auch das didaktisch-methodische Arrangement des Unterrichts eine behindernde Bedingung darstellen kann. Nestle schlussfolgert, dass didaktische Reduktionen der Subjekt- wie der Objektseite die Lernbehinderung verstärken können:

„Werden im Lernprozess die subjektiven Interessen, Bedürfnisse, Erfahrungen und Handlungsmöglichkeiten vernachlässigt, bleibt der Lerninhalt für das Subjekt fremd und ohne Relevanz. Impulse zur Weiterentwicklung der Handlungsfähigkeit bleiben aus. ... Kommt das Wechselspiel von Subjekt und Objekt nicht zustande, leidet die Lernfähigkeit der Subjekte darunter" (Nestle 1996, 290).

Der Lehrer ist für Nestle die vermittelnde Instanz zwischen den Polen Anschauung und Begriff: er ermöglicht neue Erkenntnisse, „indem er die jeweils notwendige, aber dem Schüler fehlende Gegenseite, entweder die Wahrnehmung und Anschauung des empirischen Gegenstandes oder den Begriff bzw. die logische Operation ersetzt" (Nestle 1976, 174; auch Nestle 1975, 528ff). Nestle bezeichnet dies als seine „noetische Funktion" (Nestle 1976). Die Rolle des Lehrers und seiner Unterrichtsplanung wird von ihm also als sehr wichtig beurteilt, und er kritisiert offene Unterrichtskonzepte, in denen die Strukturierung des Unterrichts schwerpunktmäßig über das Material erfolgt (Nestle 1996, 289). Anders als Klauer oder Bleidick und Heckel geht er allerdings nicht von einem klar vorstrukturierenden, allein führenden Lehrer aus, sondern von einer didaktischen Reflexion des Unterrichts als komplexem, verschiedene Teilfähigkeiten beinhaltendem Prozess:

Noetische Funktion des Lehrers

„Weder Kind noch Sache stehen vor dem Unterrichtsprozess fest. Was Schüler und Lehrer beim Lehren und Lernen können, ergibt sich meist erst in komplexen Unterrichtsprozessen" (Nestle 1976, 176).

Das Verhältnis von induktivem und deduktivem Vorgehen im Unterricht ist deshalb je nach den Erkenntnisprozessen der Schüler immer wieder neu zu bestimmen. Der Einführung von Allgemeinbegriffen durch den Lehrer räumt Nestle dabei einen hohen Stellenwert ein, weil sie in ihrer Bedeutung über das unmittelbar Erfahrbare der Sachstruktur hinausgehen, also nicht direkt daraus erschlossen werden können.

Damit die individuellen Fähigkeiten und Interessen der einzelnen Schüler gleichermaßen berücksichtigt werden können, ist die innere Differenzierung des Unterrichts für lernbeeinträchtigte Kinder ein wesentlicher Aspekt didaktischer Planung im Sinne Nestles, denn sie soll dazu beitragen, den Schülern Erfolgserlebnisse zu ermöglichen. Anhand von Beispielen aus dem Mathematikunterricht, dem Leseunterricht und dem Sachunterricht exemplifiziert er sein Vorgehen im Rahmen der Didaktik differenzierender Realitätserschließung (Nestle 1980).

Didaktik differenzierender Realitätserschließung

Im Mathematikunterricht der siebten Klasse einer Lernbehindertenschule geht es um die Bearbeitung einer Sachaufgabe: „Ein Arbeiter verdient in der Stunde DM 9,–. Wieviel DM verdient er, wenn er 1 Tag (8 Stunden), 1 Woche (40 Stunden) arbeitet?" Nestle analysiert, dass die Schüler zur Bearbeitung dieser Aufgabe Motivation, Lesefertigkeit und die Kenntnis der notwendigen Rechenverfahren benötigen. Der Motivation misst er einen hohen Stellenwert bei, denn sie basiert einerseits auf den Vorerfahrungen der Schüler mit dem Gegenstand der Aufgabe, andererseits auf den eigenen Erfahrungen mit der erfolgreichen oder nicht so erfolgreichen Bewältigung von Rechenaufgaben. Damit alle Schüler auf ihren unterschiedlichen sachstrukturellen Entwicklungsniveaus zu erfolgreichen Lösungen kommen können, schlägt er die Be-

Innere Differenzierung im Mathematik-unterricht

arbeitung in drei Differenzierungsgruppen vor, denen unterschiedliche Grade an Hilfestellung angeboten werden.

In der der Einzel- und Gruppenarbeit vorausgehenden gemeinsamen Phase erfolgt das Lesen des Sachverhalts und die Vermittlung eines gemeinsamen Fundaments an Verfahren. In Einzelarbeit soll dann ein Bezug zu den individuellen Vorerfahrungen der Schüler in ihrer Lebenswelt hergestellt werden, indem sie ein Zeitprofil des Arbeitstages ihres Vaters oder ihrer Mutter erstellen bzw. ihren eigenen Tag in Schul- und Fernsehzeit etc. einteilen. Daran anschließend sollen die Schüler in drei hinsichtlich ihres Lernstandes „homogenen Lerngruppen" Arbeitsblätter von unterschiedlichem Schwierigkeitsgrad zur genannten Sachaufgabe bearbeiten, wobei die Lehrkraft mit der dritten (schwächsten) Gruppe während des größten Teils der Zeit direkt zusammenarbeitet und anschließend die anderen Gruppen nach Bedarf unterstützt. Die Stunde endet mit einer gemeinsamen Arbeitsphase, in der die Ergebnisse verglichen werden. Die Differenzierung betrifft in dieser Stunde drei Aspekte: die individuellen Zeitverhältnisse der Familien werden von jedem Schüler unterschiedlich bearbeitet; der Unterrichtsgegenstand wird in Form eines verbindlichen Fundamentum erarbeitet, das für die Gruppen 1 und 2 mit einem je unterschiedlichen Additum versehen ist; und die Präsentation der Lösungen erfolgt aufgrund der unterschiedlichen Gestaltung der Arbeitsblätter in grafisch verschiedenen Darstellungsformen.

Weitere Möglichkeiten der inneren Differenzierung stellt Nestle (unter Bezugnahme auf Bruner 1974, 1980) vor: *Differenzierung bezüglich der Inhalte/Themen* (z. B. im Rahmen arbeitsteiliger Gruppenarbeiten), der *Handlungsformen* (enaktiv, ikonisch, symbolisch, vgl. Kap. 4.2.3), der *Repräsentationsformen und Arbeitsmittel* (s. o.), der *Lernziele* (quantitativ und qualitativ) sowie der *Lernzeit*. Er betont, dass die Wahl der Differenzierungsformen ebenso wie die der Unterrichtsgegenstände auf der Grundlage der (gesellschaftlich bedingten) individuellen Lernvoraussetzungen erfolgen muss und „möglichst zusammen mit den betroffenen Schülern immer wieder neu definiert werden" muss (Nestle 1980, 177).

Die Ansätze von Nestle und Begemann

Obwohl Nestle sich nicht explizit auf Begemann bezieht (ebenso wenig wie umgekehrt), sind weitreichende Überschneidungen in den Argumentationen der beiden Autoren festzustellen. So geht Nestle selbstverständlich davon aus, dass die Lernbehindertenschule vor allem von unterprivilegierten Schülern besucht wird, wie Begemann ausführlich nachgewiesen hat. Beide Autoren lehnen die soziale Zuschreibung durch den Behinderungsbegriff ab und verurteilen sowohl die Pathologisierung als auch die daraus abgeleitete Therapeutisierung des Unterrichts (Nestle 1996, 284). Auch die Kritik an den aussondernden Strukturen der bestehenden Regelschule sowie an den reduktiven Konzepten der klassischen Lernbehindertenpädagogik stimmt in weiten Teilen überein. Nestle argumentiert wie Begemann für eine Einbeziehung der Schülererfahrungen, ohne die keine sinnvolle Anknüpfung der Lerngegenstände gelingen kann.

Unterschiede zwischen den Ansätzen sind vor allem hinsichtlich der Bildungsziele festzustellen. Während Begemann von einer Mittelschichtorientierung ausgeht und die Eigenwelt der Schüler in diese Richtung erweitern will, um sie in dieser Gesellschaft handlungsfähig zu machen, will Nestle erreichen, dass die Schüler sich ihre eigene, aktuell bestehende Realität sinnhaft erschließen. Dabei sollen sie von den Lehrkräften in ihrer noetischen Funktion Unterstützung erhalten, die ihnen jeweils die Seite des Lernprozesses „aufschließen", die ihnen bisher versagt blieb. Wie bei Begemann geht Nestles Zielvorstellung für die Befähigung der Schüler über ihre derzeitige Lebenswelt hinaus und strebt ihre Bildung im Sinne eines zwar vom Fächerkanon her nicht festgelegten, aber dennoch auf die kulturell bedeutsamen Fähigkeiten hin orientierten, vom Lehrer möglichst mit den Schülern gemeinsam zu entwickelnden Curricula an.

Nestle betont weniger stark als Begemann die Notwendigkeit für die Lehrkräfte, sich differenzierte Kenntnisse über die Lebenssituation der Schüler zu verschaffen, um ihren Horizont erweitern zu können, und geht kaum auf die Berücksichtigung des Umfelds der Schüler ein. Er kümmert sich stärker um die Planung, Strukturierung und Reflexion des Unterrichts selbst als prozesshaftes Geschehen, dessen verschiedene Strukturmomente bis zur höchsten Stufe der Integration des gewonnenen Wissens und Evaluation anhand gesellschaftlicher Normen und ethischer Vorstellungen auch lernbehinderten Schülern nicht vorenthalten werden darf (Nestle 1976, 172). Nestles didaktische Reflexion setzt sich auf hohem theoretischen Niveau mit dem Lernbegriff auseinander, der die Grundlage seiner unterrichtlichen Vorschläge darstellt.

4.1.7 Kutzers und Probsts Konzept des „struktur- und niveauorientierten Unterrichts"

Kutzer entwickelt seine didaktischen Orientierungen ab Mitte der 70er Jahre und arbeitet dabei ab Ende der 70er Jahre eng mit dem Entwicklungspsychologen Probst zusammen. Während Kutzer sich schwerpunktmäßig mit der Didaktik des Mathematikunterrichts (1973, 1982, 1999) beschäftigt, konzentrieren Probsts fachspezifische Veröffentlichungen sich auf sprachliche Gegenstände (zur Oberbegriffsbildung Probst 1981, zum Lesen und Schreiben Probst 1996, 1999). Beide Autoren betonen einen individuell förderdiagnostischen Zugang und seine Bedeutung für die Unterrichtsplanung, sie stellen also einen engen Zusammenhang zwischen Diagnostik und Didaktik her. In ihrem Ver-

Förderdiagnostik als Grundlage der Didaktik

ständnis dient die Diagnostik nicht mehr – wie in der traditionellen Lernbehindertendidaktik – der Rechtfertigung einer Überweisung in die Sonderschule, sondern ist entscheidend für die Wahl der Inhalte und Vermittlungsformen im Unterricht. So spricht Probst von einem diagnostisch-didaktischen Bezugssystem, auf das sich Diagnose und Förderung gleichermaßen stützen. (Probst 1981, 35).

Entwicklungslogik

Mit Hilfe strukturierter Beobachtungsverfahren wollen die Autoren die Lernprozesse der Schüler in den jeweiligen Entwicklungsbereichen fein differenziert und quasi objektiv beschreiben, um daran anknüpfend die Zone der nächsten Entwicklung genau bestimmen und die Unterrichtssituation exakt darauf abgestimmt gestalten zu können. Sie beschreiben für ihre jeweiligen Gegenstände die Sachlogik und die Entwicklungslogik, die bei der Aneignung zu beobachten ist, und zerlegen die Aneignungsprozesse in kleinste Schritte, durch die die zukünftigen Lernprozesse der Schüler sehr weitreichend vorgeplant werden. Dazu beziehen sie sich umfangreich auf entwicklungspsychologische Literatur (Piaget, Bruner, Galperin u. a.) sowie auf eigene Untersuchungen. Die Entwicklungslogik wird zur Grundlage diagnostischer Aufgabenstellungen genommen, die es erlauben, die aktuelle Leistung des Kindes einzuordnen. Daran anknüpfend werden auf didaktischer Ebene Aufgaben angeboten,

„… die den Schüler auf der Zone seiner aktuellen Leistung aufbauend mit seiner Zone der nächsten Entwicklung provozieren. Die Zone der nächsten Entwicklung ist der Leistungsbereich, der über das momentan Gekonnte hinausragt, der aber unter geeigneter Strukturierung durch Aufgabe und Tutor bewältigt werden kann" (Probst 1981, 34).

Dieser Ansatzpunkt, der die strukturellen Aspekte des Lerngegenstandes einerseits *(Strukturorientierung)* und das Niveau der Aneignungsstrukturen andererseits *(Niveauorientierung)* in den Blick nimmt und auf dieser Grundlage eine Passung beider Aspekte herzustellen versucht, unterscheidet sich – wie Kutzer betont – grundlegend von den bis dahin bestehenden didaktischen Konzepten der allgemeinen Pädagogik wie auch der Sonderpädagogik (1982, 30).

Kritik an allgemeinen Didaktiken

Kutzer kritisiert an den allgemeinen Didaktiken, dass ihre Kriterien und Planungsvorgaben zu unklar bleiben, um den Lehrkräften wirkliche Hilfestellungen bei der Planung ihres Unterrichts anbieten zu können. So arbeitet Klafki in seiner didaktischen Konzeption der kategorialen Bildung, die Kutzer theoretisch als überzeugend einschätzt, zwar die Notwendigkeit einer Strukturorientierung durch die Theorie des exemplarischen Lernens heraus, stellt aber mit seinem Modell zur didaktischen Analyse nach Kutzers Auffassung nicht die ausreichenden Hilfestellungen zur Umsetzung zur Verfügung und wird dadurch in der Praxis bedeutungslos.

„Die Ursache hierfür lag in der Überforderung des Lehrers, der mit seinen didaktischen, fachwissenschaftlichen und psychologischen Vorkenntnissen nicht in der Lage war, das Allgemeine, das Exemplarische, das Typische, das doppelseitig Erschließende in dem für die tägliche Unterrichtspraxis erforderlichen Maße aus den im Lehrplan vorgegebenen Inhalten und aus der übergeordneten Zielsetzung abzuleiten" (1982, 31).

Das gilt seiner Meinung nach in ähnlicher Weise für das Modell der Berliner Schule (Heimann/Otto/Schulz 1970), das den Lernprozess stärker fokussiert als den Bildungsinhalt. Die bestimmenden Planungsaspekte des Unterrichts werden Kutzer zufolge auch hier nur grob und zu allgemein erfasst:

„Die entscheidenden Fragen, welches Ziel aus welchem Grunde zu welchem Zeitpunkt bei welchen Schülern über welche Inhalte mit welcher Methode zu erreichen ist, wie die objektiven Lernanforderungen und die subjektiven Lernvoraussetzungen zu ermitteln sind, welcher Art die Zusammenhänge zwischen Entscheidungsfeldern und Bedingungsfeldern sind und welche Beziehungen zwischen dem Richtziel und dem Ziel des konkret zu planenden Unterrichts existieren, können auf der Basis des Berliner Modells nicht in einem nach u. E. erforderlichen Maße angegangen werden" (1982, 32).

Auch der programmierte Unterricht, dessen Wirkungen er selbst untersucht hat, erfüllt für Kutzer das wesentliche Kriterium der Strukturorientierung nicht in ausreichendem Maße und bietet darüber hinaus keine ausreichende Hilfe für die Lernzielfindung (1982, 34). Kutzer sieht also bei den allgemeinen didaktischen Modellen – insbesondere bei Klafkis kritisch-konstruktiver Didaktik – sehr wohl positive Ansatzpunkte, sie sind ihm hinsichtlich der Strukturorientierung und didaktischen Planung aber nicht konkret genug.

Die Kritik, die Kutzer an den didaktischen Modellen der Sonderpädagogik übt, ist sehr viel grundlegender und weitreichender. Sie bezieht sich

Kritik an sonderpädagogischen Didaktiken

a) auf die Institution Sonderschule selbst, die die Aussonderung von Schülern produziert und aufrecht hält,
b) auf die dort praktizierte reduktive Didaktik und
c) auf die mangelnde Berücksichtigung der individuellen Lernvoraussetzungen der Schüler im Unterricht.

Kutzer zufolge trägt die Sonderschule für Lernhilfe durch die dort praktizierte reduktive Didaktik dazu bei, Lernbehinderung und soziale Randständigkeit zu produzieren und zu verfestigen, anstatt ihr entgegenzuwirken (1973, 313f; auch Nestle). Er formu-

Reduktive Didaktik

liert diese Haltung auch in seinen aktuellen Veröffentlichungen unter dem Schlagwort „Didaktische Fehlentscheidungen verursachen Lernversagen" (Kutzer 1999, 17). Damit stellt er einerseits die Institution Sonderschule insgesamt in Frage, weil sie die Schüler seiner Auffassung nach durch den Prozess der Aussonderung marginalisiert und bei der Entwicklung eines positiven Selbstkonzepts beeinträchtigt, und kritisiert andererseits den Unterricht dieser Institution als ungeeignet zur Überwindung der grundlegenden Probleme in den Lernvoraussetzungen der Schüler. Er sieht die Ursachen für das spätere Schulversagen sozial randständiger Schülerinnen und Schüler über Begemanns Kritik hinaus „nicht ausschließlich in der häuslichen Umwelt und in der nicht ausreichenden Förderung in der Vorschulzeit ..., sondern vor allem in der Inadäquatheit didaktischer und methodischer Entscheidungen der Schule" (Kutzer 1973, 328).

Den traditionellen sonderpädagogischen Didaktiken (explizit genannt werden Bleidick und Klauer) liegt Kutzer zufolge weitgehend ein sehr enges Verständnis von Didaktik zugrunde, das sich auf die Formulierung von Unterrichtsprinzipien und methodischen Vorschlägen beschränkt und von einem eingeschränkten, erhärteten Bild dauerhaft geminderter Leistungsfähigkeit der Schüler sowie einem von vornherein feststehenden, eingeschränkten späteren Lebensrahmen ausgeht (1973, 324f).

Aus der Reduktion der möglichen Inhalte ergibt sich für Kutzer geradezu zwingend, dass die Leistungsunterschiede zu den Schülern der Regelschule vergrößert werden und die soziale Benachteiligung noch vertieft wird.

Unzureichende Berücksichtigung der Lernvoraussetzungen

Dazu trägt außerdem die methodische Umsetzung des Sonderschulunterrichts bei, denn das Vorgehen in kleinsten Schritten und das Absprechen der Fähigkeiten zur Abstraktion und zum Erkennen von Zusammenhängen führt dazu, dass die Schüler besonders in der Entwicklung der emanzipatorisch relevanten Fähigkeiten zur *Selbstbestimmung* und *Kommunikation* beeinträchtigt werden (Kutzer 1982, 36). Wie Kutzer am Beispiel seiner Untersuchungen zur Berücksichtigung der Mengeninvarianz im Unterricht eindrucksvoll zeigt, werden weiterhin die Lernvoraussetzungen der Schüler auch in der Sonderschule nicht genau eingeschätzt, und die verwendeten Unterrichtsmethoden tragen dazu bei, dass die Schüler grundlegende Erkenntnisse nicht gewinnen können:

„Der Schüler wird somit schon zu Schulbeginn permanent unter- und überfordert ... Neben dem Auslassen wesentlicher, den weiteren Lernprozess bestimmender Erkenntniselemente führt die Strukturdesorientierung der Lehrpläne zu dem Gegenstand nicht angemessenen Methoden, Lernarten und Zielsetzungen" (1982, 37).

Die Schüler können dadurch, so Kutzer, die Zusammenhänge zwischen den verschiedenen Aspekten nicht strukturell erkennen und müssen sich jede Operation bei einem neuen zu bewältigenden Inhalt immer wieder neu aneignen, eine große Zahl von Aufgaben quasi auswendig lernen, anstatt die Strategien zur Lösung einmal zu erwerben und in verschiedenen Situationen anwenden zu können – ein Vorgehen, das den möglichen zu bewältigenden Umfang des Lernstoffs von vornherein deutlich begrenzt. Damit versagt nach seiner Auffassung der Unterricht, nicht die Schüler, die unter anderen, strukturorientierten Lernbedingungen sehr wohl in der Lage zur Erfassung von Zusammenhängen seien. Er macht dieses Versagen des Sonderschulunterrichts und dabei

„…vor allem das zu geringe Abstimmen der Inhalte auf das jeweilige Erkenntnis- und Kenntnisplateau, auf den Entwicklungsstand der Fähigkeiten des Schülers für dessen Scheitern dieses Ausmaßes verantwortlich … Erst dann, wenn die Schule in der Lage ist, den Entwicklungsstand des Schülers in bestimmten Fähigkeitsbereichen genau zu diagnostizieren und die für diesen Schüler in dieser seiner (Lern-) Situation adäquaten, in ihrer Struktur auf die Vorkenntnisse abgestimmten und damit Lernzuwachs (das bedeutet zumeist zugleich Fähigkeits- und Informationszuwachs) erst ermöglichenden Inhalte („qualifizierende Elemente" im Sinne der Curriculumforschung) auszuwählen, wird der Schüler optimal gefördert werden können" (1973, 328f).

Wenn dagegen eine Passung von Strukturniveau und Erkenntnisniveau im Sinne seines Modells optimal hergestellt wird, dann wird sich – so seine Erwartung – auch die Anzahl der in der Schule versagenden Kinder erheblich verringern. Unter veränderten Lernbedingungen, die die Lernvoraussetzungen der Schüler systematisch berücksichtigen und das Verhältnis zu den gestellten Lernanforderungen bedenken, kann Lernen als mehrdimensionaler Prozess auch für Schülerinnen und Schüler mit Lernbeeinträchtigungen erfolgreich organisiert werden, und in der Folge können „Schulversagen, Verhaltensstörungen, Minderung des Selbstwertgefühls, Flucht in reine Anpassungsleistungen und repressives Lernen weitgehend verhindert werden" (Kutzer 1982, 41).

Bei der didaktischen Planung sind daher in seinem Modell folgende Dimensionen zu berücksichtigen: „die Komplexität des Inhalts (des angestrebten Lernziels), das Niveau der Auseinandersetzung mit dem Inhalt (des Lernziels) und die Lernart" (Kutzer 1982, 40). Kutzer stellt den Bezug zwischen Entwicklungsniveau und Komplexität des Inhalts in einem grafischen Modell dar (Kutzer 1982, 40), das später von verschiedenen Autoren aufgegriffen und auch von ihm selbst modifiziert wird (z. B. Kutzer 1999, Feuser 1995). Die Komplexität des Inhalts organisiert sich dem-

Passung von
Strukturniveau
und
Erkenntnisniveau

Dimensionen
didaktischer
Planung

nach in einer Folge von Strukturelementen von einer einfachen hin zu einer immer komplexeren Struktur, die begrifflich symbolisiert wird. Die Niveaustufen in der Auseinandersetzung mit dem Inhalt entwickeln sich von einem konkreten, handelnden Zugang über die Stufe der vorstellenden Handlung bis hin zu abstrakten Denkoperationen. Die Aneignung beginnt mit der handelnden Auseinandersetzung mit dem Gegenstand in seiner einfachen Struktur und endet mit der rein gedanklichen, abstrakten Auseinandersetzung auf der begrifflichen Ebene. Er geht also von drei Niveaustufen und ihrer Generalisierung aus:

„– konkretes, strukturiertes Handeln,
– strukturiertes Handeln in der Vorstellung,
– von der konkreten Handlungssituation losgelöster Umgang mit Erkenntnissen,
– und den Generalisierungsformen 1., 2. und 3. Art" (Kutzer 1999, 30).

Dabei ist es von den Vorerfahrungen des Kindes abhängig, ob immer alle Phasen durchlaufen werden müssen und ob in jedem Fall auf der Ebene des konkreten Handelns begonnen werden muss, Kutzer betont aber aufgrund seiner Erfahrungen den Stellenwert einer Einführung neuer Gegenstände auf dem konkreten Handlungsniveau auch für solche Schüler, die prinzipiell schon weiter entwickelt sind (Kutzer 1999, 26f).

Entwicklungs-
verständnis

Das Entwicklungsverständnis, von dem Kutzer und daran anknüpfend auch Probst ausgehen, sieht Entwicklung als einen aktiven, konstruktiven Prozess (und nicht etwa als Reifungsprozess), den die Kinder in einer festgelegten Reihenfolge, nicht aber in einer für alle gleichen Zeit durchlaufen. Sie gehen nicht zwangsläufig von einem kontinuierlichen Prozess aus, in dem Entwicklung als allmählicher Zugewinn von Erfahrung und Wissen zu bestimmen ist, sondern antizipieren auch Entwicklungssprünge.

„Der vorgestellte Ablauf ist zunächst einmal die Deskription einer Entwicklungslogik, einer ontogenetischen Veränderungsreihe. Zur Kausalität befragt, möchte ich mich zuerst dagegen abgrenzen, dass es sich hier um innewohnende, endogen strukturierte Reifungsprozesse handele, wie es die klassische Entwicklungspsychologie sah ... Auch auf Altersgrenzen – über grobe Angaben hinaus – möge man sich nicht einlassen. Gerade darin, dass Kinder sich zum gleichen Alter auf qualitativ sehr unterschiedlichen Entwicklungsniveaus befinden können, liegen Sinn und Möglichkeit, auf die Kenntnis von deren Abfolge ein didaktisch-diagnostisches Bezugssystem zu gründen. Ebenso muss klar sein, dass mehrere Formen beim gleichen Kind zur selben Zeit vorkommen. Die Entwicklungsniveaus koexistieren. ... Allerdings dürfte – wenn dieses Entwicklungsmodell sinnvoll sein soll – die Koexistenz nur so weit gehen, dass aufeinanderfolgende Formen gleichzeitig prävalent sind" (Probst 1981, 19f).

Es ist ihrer Auffassung nach mit diesem Konzept unvereinbar, die Bildungsfähigkeit von Schülerinnen und Schülern durch reduzierte Zielvorgaben oder die genannten, begrenzenden Unterrichtsprinzipien von vornherein einzuschränken, vielmehr wollen sie erreichen, dass sich jeder Schüler mit dem jeweiligen Gegenstand auf seinem aktuellen Niveau auseinandersetzen kann. Dazu müssen die Lehrkräfte in der didaktischen Planung einerseits eine Sachstrukturanalyse durchführen, aufgrund derer sie die Anforderungen des jeweiligen Gegenstandes genau ermitteln können, und andererseits den aktuellen Lernstand der einzelnen Schülerinnen und Schüler in einem diagnostischen Prozess einschätzen, um daran anknüpfend „einen offenen, schülerorientierten, individualisierenden und differenzierenden Unterricht" durchführen zu können (Kutzer 1999, 31).

Das Verständnis von Diagnostik, das den Überlegungen von Kutzer und Probst zugrunde liegt, hat nur wenig mit der traditionellen, quantitativ ausgerichteten Testdiagnostik zu tun. So kritisiert Probst die Durchführung von Intelligenztests als Grundlage der Überweisung in die Sonderschule, wie sie etwa von Bleidick und Klauer gefordert wird, aufs Schärfste (Probst 1982, 1999), und argumentiert kritisch gegen eine normbezogene Vorgehensweise, die lediglich der *negativen Auslese* dient (Probst 1982, 117). Dagegen hat eine strukturbezogene, qualitative Diagnostik, wie die Autoren sie vertreten, „ihr Bezugssystem in der Sachlogik des Lerngegenstandes oder in der Entwicklungslogik einer kognitiven Struktur. Die Folge dieser Diagnose ist in diesem Falle die Unterweisung des Probanden in der ‚Zone der nächsten Entwicklung'; eine solche gibt es immer und für jeden" (Probst 1982, 113).

> Strukturbezogene qualitative Diagnostik

Es geht bei dieser Form der Diagnostik also nicht um einen interindividuellen Vergleich und die Feststellung einer Abweichung von der Norm, sondern um die Einordnung des aktuellen Aneignungsniveaus in die Struktur des Lerngegenstandes und die Entwicklung der kognitiven Struktur, um daran anknüpfend didaktisch planen zu können. Der Ansatz versteht sich als ungeeignet für die Überweisungsdiagnostik und verortet sich als „Hilfsmittel zur integrativen Beschulung aller Kinder, einschließlich der jetzt lern- und verhaltensauffälligen" (Probst 1982, 130). Anhand von zwei Beispielen soll das Vorgehen deutlich werden:

Kutzer erläutert die Bedeutung der Komplexitäts- und Niveaustufen am Beispiel der Mengen- und Zahlenanalyse, die eine wichtige Voraussetzung für die Einführung von Zahloperationen darstellt (Kutzer 1999, 40ff). Die Kinder in seinem Beispiel verfügen, wie er diagnostisch abgesichert hat, über die Menge 5 und ihre Analyse mindestens auf der Ebene der vorstellenden Handlung,

> Mengenanalyse

sie können sich also vorstellen, wie viele von fünf Gegenständen fehlen, wenn zwei da sind: „Wenn du mir sagst, dass du in einer Hand zwei Muggelsteine versteckt hast, dann sind in der anderen drei versteckt" (Kutzer 1999, 40). Als nächster Schritt wird davon ausgehend die Analyse der Menge 6 bestimmt, um die es im Beispiel geht.

Zur Annäherung an diese Menge schlägt Kutzer ein gestuftes Vorgehen vor, das auf der enaktiven, handelnden Ebene beginnt und über das teilweise vorstellende und dann vollständig vorstellende zum gedanklichen Handeln führt.

Stufen des Vorgehens

Auf der **Stufe 1** wird die **konkrete, zielgerichtete, strukturierte Handlung** angeboten. „Wir werfen auf 6 Büchsen und stellen fest, wie viele Büchsen auf dem Brett liegengeblieben sind und wie viele abgeworfen wurden. … Zwei Büchsen liegen oben, vier wurden abgeworfen. Die beiden Teilmengen werden abzählend oder komplex erfassend bestimmt" (Kutzer 1999, 40).

Die **zweite Stufe der teilweise vorstellenden Handlung** soll die Schülerinnen und Schüler befähigen, von einer sichtbaren Teilmenge auf eine zweite – nicht sichtbare – zu schließen. Dazu wiederholen sie die vorher ausgeführte Handlung gedanklich unter Verwendung von strukturierenden Abbildungen (ikonische Ebene): „Ich brauche die Büchsen hinter dem Vorhang nicht mehr zu sehen. Ich weiß, zu 2 Büchsen auf dem Brett gehören 4 abgeworfene Büchsen. Dieses gedanklich – und sprachlich ausformulierte – Wiederholen (Rekonstruieren) konzentriert sich auf das strukturell wesentliche (erster Schritt der ‚Verdichtung')".

Mit der Fähigkeit, von einer sichtbaren Teilmenge auf die nicht sichtbare zweite Teilmenge unabdingbar schließen zu können, wird die Generalisierung 1 vorbereitet und vollzogen.

Die Generalisierung 1 ist dann gegeben, wenn das Kind die in der Situation des ersten Darstellungsmodells gewonnene Erkenntnis auf andere Situationen gleichen Modells anwenden kann. … Diese Generalisierung wird über den Vergleich verschiedener Wurfergebnisse und über das Erinnern an vorhergehende Wurfergebnisse erreicht" (Kutzer 1999, 40).

Auf der **dritten Stufe der vollständig vorstellenden Handlung** sollen die Schüler die zuvor ausgeführte Handlung wiederum gedanklich wiederholen, diesmal aber ohne optische Hilfsmittel, indem sie

„mittels der Erinnerung an die Ergebnisse des Büchsenspiels von der Zahleigenschaft der nicht sichtbaren Teilmenge 1 auf die Zahleigenschaft der nicht sichtbaren Teilmenge 2 schließen … Der gedankliche Nachvollzug der Handlung konzentriert sich noch mehr auf das strukturell Wesentliche. Beispiel: Verschiedene Kinder werfen auf Büchsen, es wird die Anzahl der auf dem Brett verbliebenen Büchsen aufgeschrieben.

Danach spielen die Kinder Schiedsrichter und ermitteln die abgeworfenen Büchsen durch direkten Schluss von der Anzahl der nicht abgeworfenen auf die Anzahl der abgeworfenen Büchsen" (Kutzer 1999, 42).

Die bisherigen Erfahrungen sollen auf der **vierten Stufe** nun **generalisiert,** also von einer Modellsituation auf eine andere übertragen werden: anstelle des Büchsenwerfens wird die Menge 6 mit Wendeplättchen, einer Schüttelbox etc. erfahren.

„Um nun zur Zahlzerlegung an sich zu gelangen, müssen die Kinder die Generalisierung 2 und 3 vollziehen … Durch den Einsatz dieser Darstellungsmodelle gelangen die Kinder (früher oder später) zu der Einsicht, dass sich alle 6er-Mengen – gleichgültig wie deren Elemente aussehen – in gleicher Weise zerlegen lassen: 6 Dinge lassen sich immer in 1 und 5 oder 2 und 4 oder 3 und 3 zerlegen. Ich brauche gar nicht mehr an die Büchsen, an die Wendeplättchen oder an die Schüttelbox zu denken. Damit ist die Generalisierung 3 vollzogen und somit erst die Niveaustufe 4 erreicht. Nun ist es auch möglich, das Gelernte in isomorphen Lernsituationen anzuwenden" (Kutzer 1999, 43).

Damit ist der Weg bereitet für **das rein gedankliche Handeln auf der Zahlebene,** auf der die Schüler Zahlen zerlegen können und von der Allgemeingültigkeit des Zerlegungsergebnisses überzeugt sind:

„Ich weiß, die Zahl 6 kann ich in dreifacher Weise zerlegen. Das ist immer so. Während die Generalisierung 2. Art zwar schrittweise eine Lösung der Denkhandlung von ganz bestimmten Situationen und Modellen beinhaltet (die Denkhandlungen sind nicht mehr an eine Situation gebunden; die Situationen sind austauschbar; unwesentliche Elemente treten zurück), ist die Generalisierung 3. Art dagegen durch das Lösen von der an Gegenständliches gebundenen, vorstellenden Handlung gekennzeichnet. Das Denken bezieht sich jetzt auf formale Strukturen. Der Schüler weiß jetzt, dass sich die Zahl 6 in die Zahlen 2 und 4 zerlegen lässt. Zur Lösung der ‚Aufgabe' muss er nicht mehr Operationen und Modelle der Mengenebene zu Rate ziehen. Er kann dies aber tun, falls er dies braucht" (Kutzer 1999, 55).

Probst bringt das Beispiel einer Unterrichtseinheit zum Erwerb von Oberbegriffen, die er als Vergleichsgruppenuntersuchung mit einer siebten Klasse an einer Schule für Lernbehinderte durchgeführt hat (Probst 1982, 64ff). Die Schüler werden vor Beginn der Unterrichtseinheit in Einzelsituationen mit einem Test überprüft, um ihre Lernvoraussetzungen in Bezug auf das Thema zu beschreiben. In beiden Gruppen kommen schwerpunktmäßig funktionale, dagegen kaum kategoriale Oberbegriffsbildungen vor. Die Schüler bilden also aus den angebotenen Gegenständen Klassen nach ihrer Wahrnehmung oder ihrer Funktion, nicht nach einer übergeordneten Kategorie. Aus diesen Ergebnissen zieht Probst aufgrund seiner Untersuchungen zur altersgemäßen Entwicklung der Oberbegriffsbildung den Schluss, dass die Schüler

Oberbegriffe

beider Gruppen einen Rückstand in ihrer sprachlichen und kognitiven Entwicklung zeigen. Im Rahmen der Unterrichtseinheit sollen die Schüler der Versuchsgruppe ihre wahrnehmungsorientierte Sichtweise überwinden und die abstraktere Stufe der Kategorienbildung und Zuordnung von Namen erreichen. Durch einen Vergleich mit der Kontrollgruppe soll dann ermittelt werden, inwieweit Veränderungen auf den niveau- und strukturorientierten Unterricht zurückgeführt werden können.

Anders als in einer Primarstufenklasse oder einer Gruppe mit geistig beeinträchtigten Kindern arbeitet Probst aufgrund des bereits erreichten Entwicklungsniveaus der Schüler hier nicht mit konkreten, zu ordnenden Gegenständen, sondern macht Angebote auf der ikonischen Ebene durch Abbildungen (z. B. Fotos von Wettererscheinungen), akustische Darstellungen von Objekten (z. B. Fahrzeuggeräusche vom Tonband) oder Rollenspiele (z. B. Einkaufen im Supermarkt mit Schildern, die auf die Warengruppen hinweisen).

„Jede Einheit beginnt mit der Darbietung der Elemente des Gegenstandsbereichs in imaginativer, also materialisierter Weise. Unter der Frage ‚Was passt zusammen?' ordnen die Schüler die Elemente unter implizite Oberbegriffe, die als mehr oder weniger umrissen vorausgesetzt werden, denen aber vermutlich der Name als ordnende Klammer fehlt oder zumindest in der Sprachperformanz nicht geläufig ist. Das Oberbegriffswort überschreibt dann die gebildeten Rubriken. Induktives und deduktives Zuordnen – Auf- und Absteigen zwischen den hierarchischen Ebenen – festigt das Erworbene in Stillarbeit mit Arbeitsblättern" (Probst 1982, 58).

Obwohl die Schüler beim die Einheit abschließenden Ratespiel noch nicht in der Lage sind, die neu erworbenen kategorialen Begriffe durchgängig anzuwenden, zeigt die Nachtestung eine signifikante Zunahme kategorialer Antworten in der Versuchsgruppe und damit ein altersentsprechendes Entwicklungsniveau in diesem Bereich, was in der Kontrollgruppe nicht der Fall ist (Probst 1982, 61).

Einfluss des Modells von Kutzer und Probst

Das didaktische Modell Kutzers und Probsts hatte vor allem in den 80er und 90er Jahren gravierenden Einfluss auf die Ausbildung von Lehrkräften im Bereich Sonderpädagogik sowie auch auf die Unterrichtspraxis in Grund- und Sonderschulen. Dazu trugen vor allem die didaktisch-methodischen Materialien, Lehrwerke und Veröffentlichungen Kutzers bei, die sich in großem Umfang auch in der Grundschule durchgesetzt haben. Im selben zeitlichen Zusammenhang entstanden ähnliche Inventare für weitere Entwicklungsbereiche, die heute in vielen integrativen und Sonderschulklassen genutzt werden (z. B. Diagnostisches Inventar motorischer Basiskompetenzen, Eggert 1993 oder Hamburger Schreibprobe, May 1997). In Bezug auf die Sonderpädagogik kann man wohl von einer Psychologisierung sprechen, die mit der Implementierung des förderdiagnostischen Zugangs in diese Fachrichtung verbunden war und bis heute anhält – zum Beispiel in Bezug auf die Auseinandersetzung mit individuellen Förder- und Entwicklungsplänen (Eggert 1997, Mutzeck 1998). Daran waren neben den genannten noch viele weitere Autoren beteiligt (z. B. Kornmann u. a. 1994). Der damit verbundene Paradigmenwechsel von einem statischen zu einem dynamischen Verständnis von Entwicklung und Behinderung hatte auch in der Schule für Lernhilfe Folgen für die Gestaltung des Unterrichts.

So positiv die starke Berücksichtigung der individuellen Bedingungen aller Kinder im Unterricht allerdings auch zu bewerten ist, so kritisch ist die mit einem engen förderdiagnostischen Vorgehen verbundene Festlegung auf die vom Lehrer festgestellte Zone der nächsten Entwicklung zu sehen, wenn sie strikt gehandhabt wird. Sie scheint recht wenig Spielraum und Offenheit für die darüber hinausgehenden Entwicklungsaktivitäten der Schülerinnen und Schüler oder ihre eigenen Entscheidungen über Bedeutsames und weniger Bedeutsames zu ermöglichen, sondern steckt in der feststehenden Reihenfolge der Aneignungsschritte enge Grenzen ab. In der Rezeption des Ansatzes besteht – auch wenn dies den didaktischen Vorstellungen der Autoren nicht entspricht – die Gefahr eines instruierenden, kleinschrittigen, lehrerzentrierten Unterrichts, der unter Bezugnahme auf die Autoren häufig zu beobachten ist und den Entwicklungsaktivitäten der Schüler außerhalb der Lehrerplanung wenig Raum lässt.

Gefahr eines instruierenden Unterrichts

Für die Gestaltung eines individualisierenden Klassenunterrichts, wie er von den Autoren gefordert wird, werden in dem Konzept nur wenig Hilfestellungen in Bezug auf die Frage angeboten, wie die festgestellten, vielfältigen und unterschiedlichen Entwicklungsniveaus in einer Klasse gleichzeitig berücksichtigt werden können, wie also die innere Differenzierung des Unterrichts gestaltet werden kann. Die Beispiele, die die Autoren bringen, beziehen sich oft auf Einzel- bzw. Kleingruppensituationen (z. B. Probst/Wacker 1986, 85ff) oder erheben doch wieder ein gemitteltes Erkenntnisniveau der Klasse, an dem die gesamte Einheit ansetzt, wenn dabei auch die verschiedenen Repräsentationsniveaus angesprochen werden (z. B. Probst 1982, 55ff). Eine Verbindung mit offenen, die Selbstständigkeit der Schüler beim Lernen fokussierenden Unterrichtsformen und eine recht intensive Personalausstattung ist vermutlich eine zentrale Voraussetzung dafür, dass die gewonnenen diagnostischen Erkenntnisse sich auch in didaktischem Planen und Handeln niederschlagen können (vgl. auch Kap. 3).

Weiterhin darf nicht übersehen werden, dass dieser diagnostische Zugang sich ausschließlich auf die intra-individuellen Entwicklungsbedingungen richtet und dabei außer Acht lässt, unter welchen schulischen und außerschulischen Bedingungen die Schüler leben, welche Bedeutsamkeit die Lerngegenstände für sie angesichts ihrer spezifischen Umfeldbedingungen und Wertesysteme haben etc. Dieser ebenfalls zentrale Bereich didaktischer Entscheidungen rückt erst mit der Kind-Umfeld-Diagnose von Hildeschmidt und Sander (1988) im Zusammenhang mit der Weiterentwicklung der integrativen Pädagogik in den Fokus der diagnostischen Aufmerksamkeit und wird in der Folge auch in die klassischen förderdiagnostischen Konzepte integriert.

Im Unterschied zum niveau- und strukturorientierten Ansatz konzentriert sich das didaktische Modell Hillers, das im Folgenden dargestellt wird, auf die Lebens- und Entwicklungsbedingungen von Schülerinnen und Schülern, die die Sonderschule für Lernhilfe besuchen.

4.1.8 Hillers Konzept des „bewusstseinsbildenden Unterrichts"

Sonderschüler sind Grenzgänger

Wie Nestle und Klein gehört auch Hiller zur sogenannten *Reutlinger Schule,* die die didaktische Diskussion der Lernbehindertenpädagogik in den 70er und 80er Jahren entscheidend prägte und neue Impulse setzte. Hiller verortet die Gruppe von Schülerinnen und Schülern, die Begemann als soziokulturell benachteiligt gekennzeichnet hat, im vergessenen, schmuddeligen Keller des Bildungssystems:

„Weil in den Regelschulen eine für alle Kinder gleichermaßen verbindliche Form intellektuell bestimmter Lebensführung auf wirtschaftlich anspruchsvollem Niveau als Allgemeinbildung rigoros durchgesetzt wird, trifft man im Bildungskeller auf abgedrängte Kinder und Jugendliche, die mit solchen Zielsetzungen nicht viel anzufangen wissen" (Hiller 1990, 12).

Er sieht die dringende Notwendigkeit, die Sonderschule für Lernbehinderte zu einer „realitätsnahen Jugendschule" umzugestalten und die Schüler besser als bisher darauf vorzubereiten, dass sie vermutlich ein Leben unter massiv einschränkenden Bedingungen führen müssen. Die Schüler sollen im schulischen Kontext die Gelegenheit bekommen, Lebensformen einzuüben und soziale Netze zu knüpfen, so dass sie als „Grenzgänger in unserer Gesellschaft" bei dem Versuch unterstützt werden, sich zumindest ansatzweise eine gesicherte und sinnvolle Existenz nach der Schule aufzubauen. „Ausbruch aus dem Bildungskeller" lautet der programmatische Titel seines Buches, in dem das Konzept eines „bewusstseinsbildenden Unterrichts" in der „realitätsnahen Jugendschule" bildungstheoretisch, didaktisch und schulorganisatorisch begründet wird (Hiller 1990).

Auch Hiller nimmt die Kritik am bestehenden Schulsystem und der bestehenden Lernbehindertenschule zum Ausgangspunkt seiner Überlegungen und ist darin noch radikaler als die bisher vorgestellten Konzepte. Die Orientierung an der Norm der Mittelschicht deutet er als „kulturimperialistisch" (Hiller 1990, 12). Das humanistische Bildungsideal der bestehenden Lernbehindertenschule, auch lernbeeinträchtigte Schülerinnen und Schüler durch die Vermittlung von Allgemeinbildung zur Integration in diese Gesellschaft und zu einem selbstbestimmten Leben zu befähigen, widerspricht nach seiner Analyse den tatsächlichen Gegebenheiten und ist nicht nur zum Scheitern verurteilt, sondern schadet den Schülern darüber hinaus, weil sie ihnen Chancen zum Aufbau der für sie in ihrer Subkultur erforderlichen Kompetenzen nimmt.

Normorientierung der Sonderschule

„Wir sind daran gewöhnt, unsere erzieherische und unterrichtliche Arbeit unter Zielvorstellungen der Integration, der Anpassung und der Reparatur zu leisten. Wir orientieren uns dabei daran, so gut es geht, unsere Schüler so unauffällig wie möglich zu machen, wir wollen verhindern, dass sie herausfallen aus den üblichen Standards der Lebensgestaltung. Dabei sind wir eher unausgesprochen als klar formuliert darauf aus, sie für ein kleinbürgerliches Lebens- und Familienideal zu qualifizieren. Nur selten und vor allem nicht radikal genug machen wir uns klar, wie weit wir und unsere Lebenswelt von dem entfernt ist, was als Lebenswirklichkeit unsere Schüler erwartet bzw. jetzt schon bestimmt" (Hiller 1990, 25).

Begemanns Konzept der Eigenwelterweiterung sieht Hiller deshalb ausgesprochen kritisch, weil es seiner Auffassung nach den Idealen der bürgerlichen Gesellschaft verpflichtet ist und darauf hinausläuft, die Schüler zwangsweise zu integrieren. Die Beschreibung der Schüler als „soziokulturell benachteiligt" und „am Rande der Normalität" lebend bestätigt er uneingeschränkt, kritisiert aber die bisherigen wissenschaftlichen Zugänge als mittelschichtsverhaftet und wirft ihnen vor, die tatsächliche Lebenssituation der Schüler zu verdrängen.

Anders als Nestle bezieht er seine Kritik auch auf die Integrationsdiskussion, die diese bürgerlichen Vorstellungen seiner Deutung nach in noch höherem Maß auslebt als die Sonderschule. Das kulturelle Potenzial, das die Kinder und Jugendlichen aus ihrer Lebenswelt und ihrer Erfahrung als „Grenzgänger in dieser Gesellschaft" mitbringen, bleibt seiner Auffassung nach bei diesem Zugang unentdeckt und kann dementsprechend auch nicht zu ihrer Stärkung genutzt werden (Hiller 1990, 23). Hiller fordert daher einen kompromisslosen Bruch mit dieser Bildungstradi-

Kritik an der Integrationsbewegung

tion und den Umbau der Schule für Lernbehinderte zu einer besonderen, „realitätsnahen" Kinder- und Jugendschule (Hiller 1990, 39; vgl. Kap. 5.4.2.1).

Aus der Zukunftsperspektive der Schüler heraus begründet Hiller in fünf Thesen sein didaktisches Konzept, das die Vorbereitung auf ein Leben in sozialer Benachteiligung anstelle der herkömmlichen Allgemeinbildung zum zentralen Unterrichtsgegenstand macht.

Leben in sozialer Benachteiligung

1. Die Schüler müssen darauf vorbereitet werden, dass sie „ihr künftiges Leben auf einer wirtschaftlich schmalen, oft ungesicherten Basis führen müssen": ein extrem geringes Einkommen, Arbeitslosigkeit und Abhängigkeit von Sozialhilfe gehören zu den Bedingungen, unter denen sie mit großer Wahrscheinlichkeit leben werden. In der „realitätsnahen Schule" sollen sie durch Fallstudien, Planspiele und entsprechende Aufgaben im Sachrechnen darauf vorbereitet werden, mit wenig Geld haushalten zu müssen und trotzdem ein selbstständiges Leben zu führen (Hiller 1990, 16).

2. Auch im Bereich der sozialen Beziehungen haben die Schüler „aufgrund ihrer eingeschränkten sozialen Attraktivität" wahrscheinlich nur geringe Chancen, denn sie können die Erwartungen, die insbesondere an Männer in unserer Gesellschaft gestellt werden, kaum erfüllen. Dies gilt für Liebesbeziehungen ebenso wie für verlässliche Freundschaften. Die „realitätsnahe Schule" soll dieses Problem zum Thema machen und „erörtern, was man dazu tun kann, für andere ein attraktiver, wichtiger Mensch zu werden". Weiterhin soll sie daran arbeiten, dass die Schüler Sozialkontakte in Vereinen etc. aufbauen, die über die Schulzeit hinaus andauern können (Hiller 1990, 17).

3. Da die Schüler in ihrem familiären Kontext häufig keine erwachsenen Vorbilder haben, die ihnen Modell und Unterstützung für eine erfolgreiche Lebensbewältigung sein können, soll die Schule sie mit „potentiellen Paten" zusammenbringen. Hiller stellt sich lebenserfahrene erwachsene Menschen vor, die den Schülern auch nach der Schulzeit als Ansprechpartner zur Verfügung stehen und sie in schwierigen Situationen „in Halbdistanz" begleiten und „nachgehend betreuen" (Hiller 1990, 18).

4. Die Schüler werden mit hoher Wahrscheinlichkeit häufiger als andere in Zwangskontakt mit öffentlichen Institutionen und Ämtern wie Arbeitsamt, Sozialamt, Fürsorge usw. kommen. „Sofern sie nicht in der Lage sind, den Anforderungen der jeweiligen Bürokratie zu genügen (Anträge stellen und Fakten ordnungsgemäß zu belegen), ist es verhältnismäßig leicht, sie abzuweisen bzw. ihren berechtigten Interessen nicht stattzugeben…" (Hiller 1990, 19). Die realitätsnahe Schule soll sie auf einen qualifizierten Umgang mit solchen Situationen vorbereiten.

5. Sozial benachteiligte Menschen müssen in unserer Gesellschaft „mit dem Vorwurf leben …, selbst an ihrer Lage schuld zu sein". Da die Schüler voraussichtlich in schwierigen, oftmals unerträglichen Situationen leben werden, reagieren sie darauf mit Formen der Verdrängung und des Protests. Die realitätsnahe Schule soll diese Strategien als Bewältigungsformen achten und kultivieren, weil sie zur Selbstbehauptung und zum Überleben beitragen können, und sie nicht aus dem eigenen Wertehintergrund der mittelschichtorientierten Lehrer verurteilen (Hiller 1990, 19f). Die Schule kann Hillers Einschätzung nach an den Lebensbedingungen nichts ändern, sie kann sie nur zur Kenntnis nehmen und darauf mit Respekt und Solidarität reagieren: „Eine realitätsnahe Schule verschließt sich nicht länger der Tatsache, dass ihre Schüler aktuell und in Zukunft durch eine ungleich höhere Belastung und ungleich geringere Aussichten auf ein glückendes Leben zu charakterisieren sind. Respekt, Solidarität, Sympathie – nicht geschwätziges Mitleid – sind das Fundament, das sowohl die Auswahl der Themen als auch die Lehr- und Umgangsformen bestimmt" (Hiller 1990, 21).

Im Hinblick auf das Curriculum eines „bewusstseinsbildenden Unterrichts", wie Hiller ihn fordert, verweist der Autor auf den Bildungsplan der Schule für Lernbehinderte in Baden-Württemberg, der viele seiner Impulse aufnimmt (Hiller 1990, 37f). Er umfasst nicht nur die Regelschulausbildung, sondern auch die Vorbereitung auf das Beschäftigungssystem sowie die Begleitung in den Beruf durch geeignete Personen oder Gruppen. Der Bildungsplan der Jugendschule selbst ist nicht allein nach Fächern geordnet, sondern nach Themengruppen fächerverbindend strukturiert, so dass ein schüler- und lebensnäherer Unterricht entstehen kann. Eine Projektorientierung wird also angestrebt, im Rahmen derer die Inhalte verschiedener Unterrichtsfächer sinnvoll integriert werden können und die die „Option für Konkretheit, Komplexität und Mehrperspektivität" beinhaltet (Hiller 1990, 39). Hiller sieht allerdings die Gefahr, dass Systematik, Generalisierung und Abstraktion bei der Bearbeitung der Lerngegenstände unter diesem ausschließlichen Vorgehen leiden könnten, und vertritt deshalb die Ergänzung des fächerübergreifenden Projektunterrichts durch gleichgeordnete Fachpläne. „Die Dialektik von Lehrplan und Fachplänen bestimmt somit die Qualität dieser besonderen Schule für benachteiligte Kinder und Jugendliche" (Hiller 1990, 40).

Bewusstseinsbildender Unterricht

Weiterhin regt Hiller die Durchführung eines „Lebenspraktikums" an, das sich am Vorbild der „Gran Aventura" in Bemposta orientiert (Möbius 1973, in Hiller 1990, 42): es umfasst die Initiation in die Gesellschaft durch ein Ausbildungsjahr, in dem ver-

Lebenspraktikum

schiedene Formen der Selbsterfahrung durchlebt werden. Die Vorschläge Hillers zur zeitgemäßen Umsetzung eines solchen Lebenspraktikums beinhalten die Kultivierung eines Hobbys in einer außerschulischen Gruppe, die einwöchige Vollzeitarbeit in einem Betrieb, die regelmäßige Arbeit in einem kleinen Job, das Erleben einer Gerichtsverhandlung, das Erlernen einer Kampfsportart, die Selbstversorgung in einer Gruppe, die Teilnahme an einem Erste-Hilfe-Kurs usw. und zielen darauf ab, die Schüler auf die außerschulische Wirklichkeit vorzubereiten.

Lebensthemen der Schüler

Eine wesentliche Grundlage für die Gestaltung eines bewusstseinsbildenden Unterrichts sieht Hiller in der Überwindung der „Dialogbarrieren" zwischen den benachteiligten Kindern und ihren mittelschichtsorientierten Lehrkräften. Er macht vielfältige Vorschläge, wie gegenseitige Annäherungen möglich werden: dazu gehören die intensive Auseinandersetzung der Lehrkräfte mit der Lebenswelt der Schüler durch Hausbesuche, Gespräche mit den Schülern und wichtigen Personen in ihrem Umfeld und die längerfristige nachgehende Betreuung von Schulabgängern ebenso wie ein respektvoller, wertschätzender Umgang mit den schriftlichen oder mündlichen Äußerungen der Schüler. Letztere können zum Ausgangspunkt für eine intensive Auseinandersetzung mit den Lebensthemen der Schüler auch im Unterricht genommen werden (Hiller 1990, 91ff). Die Bewusstseinsbildung betrifft auf diese Weise nicht nur die Schüler, sondern gleichermaßen die Lehrkräfte, die sich in eine dialogische Beziehung mit den Schülern begeben und sich auf deren Themen und Bedürfnisse uneingeschränkt einstellen sollen.

Der Lebensweltbezug und die Auswahl der Themen nach ihrer Gegenwarts- und Zukunftsbedeutung für die Schüler kann wohl als das zentrale Prinzip des bewusstseinsbildenden Unterrichts im Sinne Hillers gelten. Wenn er auch nicht explizit didaktische Prinzipien benennt, so wird doch aus seinen Beispielen deutlich, wie er sich den Unterricht für sozial benachteiligte Kinder und Jugendliche vorstellt.

Ikonische Texte

Als angemessene Möglichkeiten sieht er zum Beispiel das Einbringen neuer Inhalte über „ikonische Texte" anstelle der allgegenwärtigen, dem bürgerlichen Bildungsideal verpflichteten fast ausschließlich schriftsprachlichen Informationsvermittlung (Hiller 1990, 100ff) oder die lautsprachliche Arbeit an Karikaturen, die sich auf die lebensweltlichen (multikulturellen) Erfahrungen der Schüler beziehen und sie zum intensiven Hinterfragen und Interpretieren veranlassen (Hiller 1990, 109ff). Die individuelle Rückmeldung zu eigenen Texten der Schüler, ihre inhaltliche Wertschätzung und behutsame formale Korrektur, aber auch ihre Konfrontation mit anderen Auffassungen durch Anfragen und andere Schülertexte sind weitere Möglichkeiten zur Erweiterung des Horizonts, die Hiller darstellt.

Ein Planspiel zum Thema Wohnen, bei dem Schüler erarbeiten, wie man sich im Falle einer Wohnungskündigung verhalten kann und das Vorgehen gemeinsam mit der Lehrkraft in einem Flussdiagramm visualisieren, stellt ein weiteres Beispiel dafür dar, wie Hiller sich eine lebensbedeutsame, bewusstseinsbildende Unterrichtsgestaltung vorstellt (Hiller 1990, 35 und 167ff). Schließlich sollte Unterricht seiner Meinung nach keineswegs ausschließlich in der Schule stattfinden, sondern den Schülern den Weg in bedeutsame außerschulische Lebenszusammenhänge (Arbeit, Freizeitgestaltung, Behörden, Kurse etc.) ebnen und teilweise auch von anderen Personen als Lehrkräften durchgeführt werden (z. B. Erste Hilfe, Arbeit, Volkshochschule etc.). Andererseits sollte auch die Schule sich mit Inhalten, die andere Personen des Lebensumfelds der Schüler interessieren und ansprechen, öffnen und zum Beispiel Kurse am Nachmittag anbieten, an denen auch ehemalige Schüler oder Eltern mit teilnehmen können.

Wohnen

Hiller ist bewusst, dass er mit seinen Forderungen teilweise die bürokratischen Grenzen des Schulsystems sprengt, er hält das aber im Interesse der Schüler für unumgänglich. Konsequent und schonungslos fordert er von der Institution Schule die Annahme der „didaktischen Herausforderung" durch diese Schüler ein, die ihre Ansprüche und Anforderungen an die Schüler überprüfen und ihre Inhalte und Vermittlungsformen den Möglichkeiten der Kinder anpassen muss. Nur so lässt sich seines Erachtens das Recht auf Bildung verwirklichen, das auch benachteiligten Schülern zusteht. Seine grundlegende Kritik richtet sich an das gesamte Schulsystem (vgl. auch Nestle 1976), Hiller vertritt aber eine pessimistischere Grundhaltung als Nestle. Er glaubt nicht daran, dass die allgemeine Schule die Schüler in seinem Sinne wertschätzen und qualifizieren kann und strebt auch nicht ihre gesellschaftliche Integration in diese Kultur an, ein Ansinnen, das er als kulturimperialistisch kennzeichnet.

Hillers Überlegungen zu einer veränderten Allgemeinbildung aus der Perspektive der Randgruppen zeigen allerdings eine Richtung auf, die nicht nur die Bildungsorientierung der sozial randständigen Kinder selbst, sondern auch die der anderen Menschen in der Gesellschaft betrifft. Dazu gehört die Entwicklung einer solidarischen Kultur, in der die Menschen bereit sind, jemanden in einer wirtschaftlich und persönlich eingeschränkten Lebenssituation in ihre Gruppe aufzunehmen und mitzutragen (Hiller 1990, 48f). Ferner gehört dazu für ihn die Bereitschaft, sich für die Verletzungen, die sozial randständigen Menschen zugefügt werden, zu sensibilisieren und ihre mangelnde Konformität nicht zu verurteilen, sondern ihre konstruktiven Verarbeitungsformen auch positiv wertzuschätzen.

Entwicklung einer solidarischen Kultur

Diese Überlegungen zu den Bildungszielen für die Mehrheit der nicht beeinträchtigten Menschen in der Gesellschaft weisen in die Richtung einer grundsätzlichen Akzeptanz von Heterogenität, wie sie sich in den Entwürfen integrativer Pädagogik ebenfalls finden. Es ist daher durchaus zu hinterfragen, ob Hillers didaktische Überlegungen ausschließlich in einer Sondereinrichtung zu verwirklichen sind oder auch Anstöße für integrative Systeme bieten können. Die Berücksichtigung der Lebensbedingungen der Schüler bei der Auswahl der Unterrichtsthemen und Lernarrangements, ihre aktive Beteiligung an der Gestaltung des Unterrichts und ihren eigenen Bildungsprozessen sowie die konsequente Umsetzung individualisierender Förderung durch die innere Differenzierung des Unterrichts sind Prinzipien, denen auch die integrative Pädagogik sich verpflichtet fühlt.

4.1.9 Didaktische Einflüsse der integrativen Pädagogik

Die integrative Pädagogik entwickelt sich in Deutschland seit Mitte der 70er Jahre parallel zu einigen der vorgestellten didaktischen Konzepte der Lernbehindertenpädagogik. Die integrative Didaktik ist vor allem durch Betonung der Prinzipien *Individualisierung* und *Differenzierung* unter besonderer Berücksichtigung der *Gemeinsamkeit aller Kinder* gekennzeichnet (Prengel 1995, 160), ihre Erfolge sind inzwischen umfangreich empirisch belegt (z. B. Borchert/Schuck 1992, Bless 1995; vgl. Kap. 5.2). Aus der Perspektive der integrativen Pädagogik ist das Ziel der gesellschaftlichen Integration nur durch eine institutionelle Integration in alle gesellschaftlichen Lebensbereiche einschließlich der Schule zu erreichen. Die Vertreterinnen und Vertreter sehen die Aussonderung von Menschen mit Behinderungen in Sonderinstitutionen grundsätzlich kritisch: die gesellschaftliche Teilhabe als demokratisches Grundrecht aller Menschen wird demnach durch die Unterbringung in Sondereinrichtungen eingeschränkt oder sogar verhindert (Muth 1994, Eberwein 1994).

Schule ohne Aussonderung

In Abgrenzung von der sonderpädagogischen Spezialisierung und der damit häufig verbundenen Entmündigung der von Behinderung betroffenen Menschen plädieren die Vertreterinnen und Vertreter der integrativen Pädagogik für eine Schule ohne Aussonderung, in der die individuelle Verschiedenheit der einzelnen Menschen akzeptiert wird und ihnen Lernwege eröffnet werden, die ihren jeweiligen Handlungsmöglichkeiten entsprechen.

Akzeptanz von Verschiedenheit

Didaktische Konzepte zur Unterrichtung von lernbeeinträchtigten Schülerinnen und Schülern in integrativen Klassen entstehen erst seit Mitte der 80er Jahre, denn von Seiten der Integrationspädagogik wurde die Erarbeitung einer speziellen Didaktik für Kinder mit besonderem Förderbedarf lange Zeit kritisch gesehen. Die Wertorientierung der integrativen Pädagogik und der demokratische Differenzbegriff, wie ihn Prengel (1995, 155) begründet, betonen ja gerade die Akzeptanz von Verschiedenheit und die bewusste Herstellung von Gemeinsamkeit im integrativen Unterricht, die durch eine spezielle Didaktik für einzelne Kinder unter Umständen gefährdet wird. Die Annahme einer heterogenen Lerngruppe als Normalfall stellt den Ausgangspunkt der didaktischen Überlegungen aus dieser Perspektive dar. Dazu braucht es keine Sonderdidaktik, sondern die didaktische Berücksichtigung der spezifischen Lebenssituationen aller Kinder, die im Prinzip in jedem Unterricht umsetzbar ist (Werning 1996a, 463).

Andererseits haben Kinder mit besonderem Förderbedarf, wie Wocken betont, auch ein Recht auf besondere Unterstützung im Unterricht, ihrer „Bedürftigkeit" muss im Unterricht ebenso entsprochen werden wie dem Prinzip der Gemeinsamkeit (Wocken 1994, 45). Wocken sieht dies durch die Prinzipien der *Nähe* und der *Passung* eingelöst. Das Prinzip der Nähe verweist auf die Subsidiarität der Sonderpädagogik gegenüber der allgemeinen Pädagogik: die Sonderpädagogik müsse die Kinder grundsätzlich in ihrem alltäglichen Lebensumfeld unterstützen, anstatt sie durch die Aussonderung in Sonderschulen zusätzlich zu belasten. Damit verweist Wocken auf das amerikanische Prinzip der „least restrictive environment", der am wenigsten einschränkenden Umgebung, die bei entsprechender sonderpädagogischer Unterstützung im Lebensumfeld der Kinder zu finden ist. Mit dem Prinzip der Passung fordert er gleichzeitig die Gewährleistung fachkompetenter, spezifischer Hilfen für Kinder mit Beeinträchtigungen ein, denn „Integration hat nichts, aber auch gar nicht mit dem Verzicht auf Sonderpädagogik zu tun" (Wocken 1994, 47).

Fachkompetente sonder- pädagogische Unterstützung

In der Pädagogik bei Lernbeeinträchtigungen wird der Integrationsgedanke – anders als in einigen anderen sonderpädagogischen Fachrichtungen – von Anfang an von verschiedenen Vertretern aufgenommen und diskutiert, wie aus den didaktischen Überlegungen Nestles und Begemanns bereits deutlich wurde (vgl. auch Bleidick 1990). Eine breitere Akzeptanz entwickelt sich auf der Grundlage der KMK-Empfehlungen von 1994, die schulpolitisch eine neue Phase in der Auseinandersetzung mit integrativer Förderung einleiten und die Veränderung der Schulgesetze in den meisten Bundesländern aufnehmen oder anstoßen. Exemplarisch wird im Folgenden der didaktische Entwurf Feusers vorgestellt, der die Umsetzung sonderpädagogischer Unterstützung im Unterricht der allgemeinen Schule fokussiert und großen Einfluss auf die Didaktik der integrativen Pädagogik insgesamt hatte und hat.

4.1.10 Feusers „entwicklungslogische Didaktik"

Tätigkeits-
theoretische
Entwicklungs-
perspektive

Feuser ist einer der ersten deutschen Sonderpädagogen, die didaktische Fragen im integrativen Kontext thematisieren (Feuser/Meyer 1987, Feuser 1995). Seine didaktischen Überlegungen basieren auf den entwicklungspsychologischen Grundlagen der Tätigkeitstheorie: Er geht davon aus, dass jeder Mensch lernfähig und im Prozess der Konstruktion seiner Lebenswelt aktiv tätig ist. Menschliche Wahrnehmung, Erkenntnis und Entwicklung orientiert sich dabei für alle Menschen an denselben Gesetzmäßigkeiten, unabhängig von Beeinträchtigungen, unterschiedlichen Entwicklungsniveaus oder erschwerenden Lebensbedingungen. Daraus zieht Feuser die Konsequenz, dass auch die didaktischen Prinzipien für alle Menschen gleich sein müssen. Er folgt damit der reformpädagogischen Tradition der Humanisierung und Demokratisierung des Bildungssystems. Seiner Auffassung nach ist für die integrative Unterrichtung und Förderung von Kindern mit Beeinträchtigungen keine „neue" Didaktik erforderlich, sondern die qualitative Verbesserung bisheriger Didaktiken. Diesen Versuch unternimmt er mit seiner „basalen, allgemeinen, kindzentrierten Pädagogik" (Feuser 1995, 167f).

Basale, allgemeine,
kindzentrierte
Pädagogik

Feuser versteht seine Didaktik als *basal*, weil sie sich an Kinder aller Entwicklungsniveaus wendet und an den grundlegenden Erfahrungsbereichen und -möglichkeiten jedes Lerngegenstandes ansetzt. *Allgemein* ist seine Didaktik, weil kein Mensch von der Aneignung bedeutsamer gesellschaftlicher Erfahrungen ausgeschlossen wird. Die Schüler werden nicht in verschiedene Schulformen aufgeteilt, und die Curricula werden nicht beschränkt, sondern jeder soll die Gelegenheit bekommen, alles zu lernen. Anknüpfend an den individuellen biografischen und Entwicklungsbedingungen bezeichnet er seine Didaktik als kindzentriert, weil sie von der natürlichen Heterogenität jeder Gruppe ausgeht und materielle und personelle Hilfen so zur Verfügung stellt, dass jedes Kind auf seine Weise lernen kann.

> „Als integrativ bezeichne ich eine Allgemeine (kindzentrierte und basale) Pädagogik, in der alle Kinder und Schüler in Kooperation miteinander, auf ihrem jeweiligen Entwicklungsniveau, nach Maßgabe ihrer momentanen Wahrnehmungs-, Denk- und Handlungskompetenzen, in Orientierung auf die ‚nächste Zone ihrer Entwicklung', an und mit einem ‚gemeinsamen Gegenstand' spielen, lernen und arbeiten" (Feuser 1995, 168).

Deutlich ist die Polarisierung in integrative und sonderpädagogische Sichtweisen, die Feuser vornimmt. Aus der Abgrenzung gegenüber traditionell sonderpädagogischen Konzepten, die mit institutioneller und äußerer Differenzierung des Unterrichts arbeiten und damit Kinder nach Leistungs- oder anderen Kriterien gruppieren, gewinnt Feuser sein Profil. Sein didaktisches Fundamentum umfasst vier Momente:

- Kooperation als Gegenmoment zur Selektion,
- Arbeit am gemeinsamen Gegenstand als Gegenmoment zur Reduzierung und Parzellierung von Unterrichtsgegenständen,
- innere Differenzierung als Gegenmoment zur äußeren Differenzierung in verschiedene Schulformen und
- Individualisierung als Gegenmoment zu schulformbezogenen Curricula (Feuser 1995, 173).

Feuser kritisiert grundsätzlich die Unterrichtung in unterschiedlichen Schulformen, Sonderklassen oder äußeren Differenzierungsgruppen und fordert stattdessen eine durchgängige Integration aller Fördermaßnahmen in den individualisierenden und differenzierenden Klassenunterricht einer Schule für alle Kinder, der nach dem Prinzip der Arbeit am gemeinsamen Gegenstand strukturiert ist. Äußere Differenzierung ist seiner Auffassung nach ein unangemessener Versuch, den individuellen Unterschieden gerecht zu werden, weil er zur Segregation, zum Ausschluss aus regulären Lebens- und Lernfeldern führt. Er versteht Integration als „unteilbar" und verurteilt jede Ausnahme von dieser Regel (Feuser 1995, 174). Unter äußerer Differenzierung versteht er dabei nicht nur isoliert durchgeführte, sondern auch additive Fördermaßnahmen, die sich nicht auf den von der ganzen Klasse gemeinsam bearbeiteten Lerngegenstand beziehen (Demmer-Dieckmann 1991, 24). Darunter würde auch die (von Klafki und Nestle als innere Differenzierung aufgefasste) Differenzierung nach Inhaltsbereichen gehören. Dem Integrationsverständnis Feusers zufolge ist ausschließlich die Differenzierung von Lernzielen, Methoden und Medien bei gleichen Lerninhalten als integrativ zu bezeichnen (Feuser/Meyer 1987, 35).

> Arbeit am gemeinsamen Gegenstand

Diese Position begründet Feuser damit, dass es Kindern mit Förderbedarf durch die Wahl spezifischer Gegenstände verwehrt werde, sich über die speziell für sie aufbereiteten Angebote hinaus Lerninhalte anzueignen (vgl. auch Nestle 1975, 1976). Er spricht in diesem Zusammenhang von „reduktionistisch verengte(n) und parzellierte(n) Bildungsangebote(n) und Lehrpläne(n)". Daher lehnt er auch kooperative Modelle wie Kooperationsklassen und Förderzentren ab, die er nicht als „integrativ" versteht, weil sie mit „individuellen", auf die Rahmenrichtlinien der jeweiligen „Primärbehinderung" bezogenen Curricula arbeiten und nicht nach einem gemeinsamen Curriculum für alle Kinder (Feuser 1995, 200ff).

Betonung der
Subjektseite

In seinen Vorschlägen zur Gestaltung eines integrativen Unterrichts nimmt Feuser die allgemeinen didaktischen Modelle von Klafki und Heimann/Otto/Schulz auf, betont aber noch deutlicher als Klafki die „doppelseitige Erschließung" der kategorialen Inhalte auf der Objektseite und der Erfahrungen, Einsichten und Erlebnisse auf der Subjektseite (vgl. auch Nestle 1976, Klafki 1994). Seiner Auffassung nach dominiert in den allgemeinen didaktischen Theorien bis heute das Sachstrukturelle, und die Subjekte werden vernachlässigt. Die Analyse der individuellen Tätigkeitsstruktur im Sinne eines entwicklungsdiagnostischen Vorgehens ist aber die entscheidende Voraussetzung dafür, dass die Sachaspekte überhaupt wahrgenommen werden können: „Wir tun so, als läge das Wesen des Unterrichtens und Lernens auf der sachstrukturellen Seite, und beurteilen die Lernleistungen weiterhin nach der Vollständigkeit der Rezeption der Unterrichtsgegenstände i. S. des Wissensstandes und nicht am Erkenntnisprozess" (Feuser 1995, 176). Beide Aspekte, die Analyse der Sachstruktur und die Analyse der individuellen Tätigkeitsstruktur, sind in Feusers Verständnis gleichwertig und fließen zusammen in der Handlungsstrukturanalyse.

Beispiel Magnet

Feuser und seine Mitarbeiterinnen zeigen anhand verschiedener Beispiele, wie die differenzierte Arbeit am gemeinsamen Gegenstand durchgeführt werden kann (Feuser/Meyer 1987, Demmer-Dieckmann u. a. 1991). So stellt Demmer-Dieckmann eine integrative Grundschulklasse vor, die unter anderem von drei Kindern mit geistiger Behinderung besucht wird und in der das Thema Magnete bearbeitet wird. Es geht um die Fragestellung, welche Gegenstände ein Magnet anzieht, und die Schülerinnen und Schüler sollen nach einer intensiven Experimentierphase ihre Erkenntnisse auf unterschiedlich komplexe Weise schriftlich festhalten. Anhand der Lernstandsbeschreibungen der Schüler werden drei verschiedene Niveaustufen der Erarbeitung vorgestellt, denen die Brunersche Einteilung in eine *enaktive, ikonische* und *symbolische* Ebene zugrunde liegt.

Auf der ersten Niveaustufe sollen die Schüler reale Gegenstände nach den Kategorien „Der Magnet zieht an" oder „Der Magnet zieht nicht an" sortieren *(enaktive Ebene)* und die Abbildungen und Wörter den Gegenständen zuordnen.

Auf der zweiten Niveaustufe werden – auf der Grundlage der handelnden Erfahrung im Vorfeld – die Abbildungen der Gegenstände sortiert und in eine Tabelle eingeklebt *(ikonische Ebene),* die passenden Wörter werden gelesen und darunter geschrieben.

Auf der dritten Niveaustufe arbeiten die Schüler ausschließlich auf der *symbolischen Ebene,* diskutieren über die Beschaffenheit der Materialien und füllen schriftlich eine Tabelle aus, in der magnetische und nicht-magnetische Gegenstände eingetragen werden.

Die elementare Einsicht, welche Materialien von Magneten angezogen oder nicht angezogen werden, ist für alle Schüler die gleiche; die Weiterarbeit kann auf sehr unterschiedlichen Niveaus stattfinden. Bei Bedarf kann jeweils auf die enaktive, handelnde Ebene zurückgegangen werden (Demmer-Dieckmann 1991, 105ff).

Der förderdiagnostische Grundansatz und das Prinzip der Arbeit am gemeinsamen Gegenstand im Rahmen von Unterrichtsprojekten oder Planspielen hat in der integrativen Pädagogik über Feusers Ansatz hinaus einen zentralen Stellenwert erreicht und wird in der integrationspädagogischen Literatur in großem Umfang aufgenommen. Dahinter steht die Erkenntnis, dass gemeinsame Gegenstände zur Herstellung der mit der integrativen Pädagogik angestrebten Gemeinsamkeit aller Kinder eine grundlegende Bedingung darstellen. Die Betonung von projektorientiertem Unterricht und seine breite Anwendung in integrativen Klassen (vgl. z. B. Heimlich 1999b, vgl. Kap. 4.3.5), die Einbindung spezieller Fördermaßnahmen für einzelne Kinder in Projekte und die umfassende Berücksichtigung des Prinzips innerer Differenzierung in diesem Rahmen geht auf Feusers Grundannahmen zurück.

Der Ausschluss jeglicher äußerer Differenzierungsmaßnahmen und spezialisierter Gegenstände für einzelne Schüler, den Feuser vertritt, kann allerdings auch problematisch werden (Kretschmann 1993, Lütje-Klose 1997a, 225ff). Andere Maßnahmen zur Herstellung von Gemeinsamkeit, wie der regelmäßige Austausch aller Kinder und Lehrer/innen über ihre je unterschiedlichen Arbeiten, durch den diese wiederum zu gemeinsamen Gegenständen werden können, werden weniger stark berücksichtigt. Die Differenzierung nach spezifischem Förderbedarf sowie nach dem damit unter Umständen verbundenen Interesse und der individuellen Bedeutsamkeit der jeweiligen Lerninhalte ist für Feuser ausschließlich im Rahmen des gemeinsamen Gegenstands der gesamten Lerngruppe zu denken. Aus der Perspektive selbstbestimmten Lernens und offenen Unterrichts wirkt dieser Ansatz daher stark von den Lehrkräften vorstrukturiert, Mitgestaltungsmöglichkeiten der Schüler und offene, selbstbestimmte Arbeitsformen werden nicht so sehr betont. Die individuellen Interessen, Bedürfnisse und lebensweltlichen Orientierungen der Schüler können dabei unter Umständen zu kurz kommen.

Aus systemisch-konstruktivistischer Sicht kommt gerade diesen Aspekten besondere Bedeutung zu. Im folgenden Abschnitt werden didaktische Prinzipien und Förderstrategien entfaltet, die sich mit dieser Entwicklungsperspektive vereinbaren lassen und sowohl für den Unterricht an der Schule für Lernhilfe als auch für den integrativen Unterricht relevant sind.

4.2 Prinzipien und Strategien lern- und entwicklungsfördernden Unterrichts aus systemisch-konstruktivistischer Perspektive

Aus systemisch-konstruktivistischer Perspektive ist menschliches Lernen als aktiver, selbstgesteuerter und strukturdeterminierter Prozess zu verstehen (Kap. 3.5, Werning 2002). Diese Sichtweise hat Konsequenzen für die Planung und Gestaltung von Unterricht, denn als autopoietische Systeme, die operational geschlossen sind und durch fortwährendes Operieren ihre eigene Struktur selbst erzeugen und weiterentwickeln, sind die Schülerinnen und Schüler grundsätzlich nicht von außen – zum Beispiel durch Lehrer und Unterricht – direkt zu steuern. Vielmehr bestimmt ihre innere Struktur, welche Wahrnehmungen und Handlungsformen ihnen möglich sind.

Lerner als aktive Beobachter

Lernen bedeutet in diesem Sinne, dass sich die Lerner als aktive Beobachter auf dem Hintergrund ihrer eigenen Regeln und Vorerfahrungen mit den Lerngegenständen ihrer Umwelt konstruktiv auseinander setzen, indem sie sie mit ihren Modellen vergleichen, ihre Deutungen überprüfen und gegebenenfalls verändern. Bisherige Konstruktionen werden auf diese Weise erweitert oder zugunsten der neuen Erkenntnisse verworfen und ersetzt (Balgo 1998, 61).

Die Interaktion mit anderen Menschen, der Vergleich mit ihren Deutungen und das gemeinsame Handeln mit ihnen hat dabei einen hohen Stellenwert, denn jedes Kind wird in seiner Entwicklung von den anderen Menschen in seiner Lebenswelt unterstützt. Durch ihre Rückmeldung auf sein Handeln, in der Interaktion mit ihnen, kann das Kind seine Deutungen mit den Wirklichkeitskonstruktionen der anderen vergleichen und sich den gemeinsamen Wirklichkeitskonstruktionen der Kultur in einem Prozess der Hypothesenbildung und -überprüfung annähern.

Die menschliche Fähigkeit, zu interagieren und strukturelle Kopplungen mit anderen Systemen einzugehen, macht es für Lehrkräfte möglich, Lernprozesse zu aktivieren und die Schüler anzuregen, sich innerhalb ihrer eigenen Logik weiterzuentwickeln. Dazu müssen sie die aktuellen Strukturen und Themen der Schüler aufgreifen und perturbieren: erst aus der Störung des aktuellen Gleichgewichts entsteht die Möglichkeit, Erkenntnisse zu gewinnen und neue Strukturen aufzubauen.

Anregung zum Selbstlernen

Daraus ergibt sich, dass Lehren immer nur „das Anregen von Selbstlernen eines autonomen Subjekts ist, dessen subjektive Erfahrungsbereiche Ausgangs- und Bezugspunkt der individuellen Gestaltung und Entwicklung der Individuum-Umwelt-Beziehung

darstellen" (Werning 1998, 40). Lernmöglichkeiten bieten sich
besonders dort, wo die Schülerinnen und Schüler in ihrer Individualität, ihrer aktuellen Lebenssituation, ihren Interessen und
Bedürfnissen wahrgenommen werden, und wo für sie echte Probleme oder Fragen auftreten, an deren Lösung sie interessiert sind
(Werning 1996b, 139).

Die wesentliche Aufgabe des Unterrichts ist es in diesem Sinne, den Schülerinnen und Schülern Selbstvertrauen für die eigene konstruktive Erkenntnistätigkeit zu vermitteln und Situationen zu strukturieren, in denen sie ihren aktuellen Möglichkeiten gemäß aktiv werden und gemeinsam mit anderen handeln
können. Auch lernbeeinträchtigte Schüler sind aktive, konstruktive und kooperative Lerner, die als „Akteure ihrer Entwicklung"
selbst darüber bestimmen, welche Lerngegenstände sie wahrnehmen und verarbeiten, um ihre eigenen Strukturen weiterzuentwickeln. Ihre Aneignungstätigkeit unterscheidet sich nicht
grundsätzlich von der anderer Kinder, allerdings benötigen viele von ihnen aufgrund ihrer biografischen Erfahrungen und Misserfolgserlebnisse noch mehr emotionale Sicherheit und Unterstützung, um sich in der Lebenswelt Schule orientieren und sich
dort auf Neues einlassen zu können. Da Schülerinnen und Schüler
mit Lernbeeinträchtigungen in den meisten Fällen aus sozial randständigen Familien kommen, unterscheiden sich ihre Vorerfahrungen häufig von den mittelschichtsorientierten Erwartungen
der Schule (Hiller 1991). Die Berücksichtigung ihrer Lebensbedingungen und Probleme, ihres emotionalen Zugangs zum
Thema und eine unterstützende, Sicherheit gebende Unter-
richtskultur sind daher außerordentlich bedeutsam.

> Berücksichtigung der Lebens-wirklichkeit

Der Unterricht muss einen sicheren, geschützten Rahmen
bieten und darin im Sinne Reichs (2000) Gelegenheiten zur *Konstruktion, Rekonstruktion* und *Dekonstruktion* schaffen.

Konstruktion: Die Perspektive der Konstruktion folgt dem Motto: „Wir sind die Erfinder unserer Wirklichkeit" (Reich 2000, 119).
In diesem Sinne ist es Aufgabe der Lehrkräfte, den Schülerinnen
und Schülern Inhalte so anzubieten, dass sie sie erfahren und ausprobieren können, um das Neue daran selbst zu konstruieren und
in die eigenen Strukturen zu integrieren. Der Unterricht soll also
konstruktive Möglichkeiten zu eigenem Erforschen, Anwenden
und Verstehen bereitstellen.

Rekonstruktion: Aus der Perspektive der Rekonstruktion lautet
das Motto: „Wir sind die Entdecker unserer Wirklichkeit" (Reich
2000, 119f). Nicht alles in unserer Welt können wir neu erfinden,
sondern manches auch nur nachvollziehen, rekonstruieren. Reich
betont allerdings, dass die Konstruktion immer das erste Prinzip

sein sollte; auch jedes Rekonstruieren umfasst eigene Konstruktionen und kann darauf wieder zurückgeführt werden. Reich bringt als Beispiel geschichtliche Themen, die man unter der Fragestellung untersuchen kann, welche Sichtweise die Leute damals hatten und was aus unserer Sicht anders gesehen werden kann.

Dekonstruktion: Die dritte Perspektive, die Dekonstruktion, folgt dem Motto: „Es könnte auch noch anders sein! Wir sind die Enttarner unserer Wirklichkeit!" (Reich 2000, 121). Damit sollen die Schülerinnen und Schüler angeregt werden, das Erfahrene zu hinterfragen, in Zweifel zu ziehen, Ergänzungen einzubringen und andere Sichtweisen zu vertreten.

Aus konstruktivistischer Perspektive müssen Sonderpädagoginnen und -pädagogen daher Experten für die Wahrnehmung, Anregung und Unterstützung von Lern- und Entwicklungspotenzialen von Kindern in ihren lebensweltlichen Kontexten werden (Werning 1996a) und folgende zentralen Prinzipien berücksichtigen:

- die *Individualisierung der Lernangebote,* die notwendig ist, um der Heterogenität und Vielfalt aller Schüler gerecht zu werden;
- die Unterstützung der Lerngruppe beim *Aufbau einer solidarischen Kultur,* in der soziale Prozesse unterstützt werden und ein bewusster Umgang mit Gleichheit und Verschiedenheit entwickelt wird;
- die *kollegiale Kooperation zwischen den Lehrkräften,* die ihre unterschiedlichen Perspektiven in den Unterricht einbringen und zu einem gemeinsamen pädagogischen Handeln verbinden;
- die *Berücksichtigung der außerschulischen Lebenswelt der Schüler im Unterricht,* um im Sinne von Begemanns „Eigenwelterweiterung" die Distanz zwischen schulischer und außerschulischer Realität zu verringern;
- die *Orientierung an den Fähigkeiten* statt an den Defiziten der Schüler, um eine Reparaturhaltung zu vermeiden und die Entwicklungspotenziale zu aktivieren.

Öffnung des Unterrichts

Aus diesen Überlegungen ergibt sich die Forderung nach einer Öffnung des Unterricht für die Vielfalt der einzelnen Schüler und ihre mitgebrachten Erfahrungen und Verständniszugänge, ihre individuellen Lernwege und Unterstützungsbedürfnisse. Um lern- und entwicklungsfördernd wirken zu können, muss der Unterricht Gelegenheiten bieten, in einem strukturierten, unterstützenden Rahmen aktiv tätig zu werden und selbst über das zu Lernende mitzubestimmen. Weiterhin soll er den Schülerinnen und Schülern Möglichkeiten der sozialen Auseinandersetzung miteinander und mit der Lehrkraft an gemeinsamen Gegenständen bieten.

Der Unterricht bewegt sich damit ständig zwischen den Polen *Individualisierung* und *Gemeinsamkeit, Offenheit* und *Strukturierung, kulturell vorgegebenen* und *individuell bedeutsamen Bildungszielen, Handlungsorientierung* und dem *Aufbau kognitiver Lernstrategien.* Die Beziehungen der verschiedenen Prinzipien lassen sich also als zwei Seiten derselben Medaille verstehen: das jeweils eine ist ohne das andere nicht denkbar, und dennoch stehen die Prinzipien in einem gewissen Spannungsverhältnis zueinander. Verschiedene der vorgestellten didaktischen Konzepte unternehmen Anstrengungen, diese Spannung produktiv zu lösen.

4.2.1 Im Spannungsfeld von Individualisierung und Gemeinsamkeit

Die Bedeutsamkeit des Prinzips Individualisierung ergibt sich aus der großen Heterogenität der Schülerinnen und Schüler in einer Sonderschulklasse und erst recht in einer integrativen Klasse. Ein lern- und entwicklungsfördernder Unterricht muss die sehr unterschiedlichen Entwicklungsniveaus, Lernausgangslagen und Lebensbezüge berücksichtigen, um den Schülern Erkenntnisgewinn in Bezug auf die Lerngegenstände und persönliche Weiterentwicklung zu ermöglichen. Die förderdiagnostische Beobachtung und Befragung der Schüler und ihrer Bezugspersonen ist daher grundlegend für die Planung des Unterrichts und die Berücksichtigung besonderer Förderbedürfnisse (vgl. die Ausführungen zu Probst 1982, Kutzer 1999, Feuser 1995 u. a.).

Berücksichtigung der individuellen Lernausgangslage

Da unter Umständen nicht alle Lerngegenstände für alle Schüler gleich bedeutsam sind, wird im offenen Unterricht neben der differenzierten Bearbeitung eines gemeinsamen Gegenstandes auch die Wahl zwischen unterschiedlichen Lerngegenständen und Arbeitsformen eröffnet, welche beispielsweise im Rahmen der Freiarbeit oder individueller Wochenpläne umgesetzt werden kann.

Je stärker die Individualisierung ausgeprägt ist, desto größer ist allerdings die Gefahr, dass die Gemeinsamkeit aller dabei aus dem Blick gerät. Gerade in einem individualisierenden Unterricht besteht die Notwendigkeit, diese Gemeinsamkeit bewusst herzustellen und dadurch die soziale Integration der Schülerinnen und Schüler zu unterstützen. Prengel beschreibt die Gefahren, die mit einer Vernachlässigung dieses Grundgedankens besonders in integrativen Klassen verbunden sind:

Bewusste Herstellung von Gemeinsamkeit

„Es ist unerlässlich, dass Lehrerinnen und Lehrer in diesen Klassen sich um Gemeinsamkeit bemühen, sie stellt sich keineswegs von selbst her. Es besteht vielmehr permanent die Gefahr, in die Strukturen einer am Klassendurchschnitt orientierten Regelschule hineinzuschlittern. Dann spaltet sich die Integrationsklasse: die nichtbehinderten Kinder lernen im Gleichschritt der Jahrgangsklasse, und die behinderten Kinder werden als gesonderte Gruppe und mit Extra-Materialien versehen in Extra-Lehrgängen auf einfachem Niveau meist von der Ko-Lehrerin unterrichtet" (Prengel 1995, 161f).

Auch in einer Sonderschulklasse kann allerdings die Gefahr bestehen, sich am Mainstream der Klasse zu orientieren und die individuellen Bedürfnisse einzelner stärkerer oder schwächerer Schüler zu vernachlässigen. Die Spannung zwischen der größtmöglichen Gemeinsamkeit aller durch die Fokussierung auf einen gemeinsamen Gegenstand des Lernens einerseits und der individuellen Bedeutsamkeit der Lerninhalte andererseits ist unseres Erachtens kennzeichnend für jeden (nicht nur integrativen) Unterricht, auch wenn sie hier besonders deutlich wird.

Gemeinsame Lerngegenstände

Die Herstellung von Gemeinsamkeit der Kinder untereinander ebenso wie zwischen den Kindern und den Lehrkräften wird durch gemeinsames Handeln an gemeinsamen Gegenständen möglich, wie Feuser (1995) es fordert, und kann zum Beispiel im Rahmen von Unterrichtsprojekten umgesetzt werden. Wesentliche Voraussetzungen für ihr Gelingen sind, dass alle Beteiligten auf ihren möglicherweise unterschiedlichen Entwicklungsniveaus ein Interesse daran haben, ihre Aufmerksamkeit auf diesen Gegenstand richten, das Handlungsziel als ein gemeinsames akzeptieren und zu seiner Erreichung im Rahmen ihrer jeweiligen Strukturen aktiv werden können.

Individuelle Bedeutsamkeit

Nun stellt sich die Frage, was geschehen soll, wenn eine oder mehrere dieser Voraussetzungen nicht erfüllt sind. Den angesprochenen Entwicklungsvorstellungen der konstruktivistischen Systemtheorie entsprechend werden Menschen als autopoietische Systeme ihre Strukturen nur dann verändern (also Neues lernen), wenn die Angebote passend und für sie bedeutungsvoll sind. Die Lerngegenstände können nun für die Schüler der Gruppe unterschiedlich bedeutsam sein, unter Umständen gibt es Gegenstände, die für einzelne nicht von Bedeutung sind (z. B. Schreibschrift für ein körperlich beeinträchtigtes Kind, das mit der Schreibmaschine schreibt) oder nur für bestimmte Schüler relevant sind (z. B. Blindenschrift für ein blindes Kind). Daher kann das Ziel nur eine weitest mögliche Realisierung des Prinzips „gemeinsamer Gegenstand" sein, dessen Grenzen dort liegen, wo Kinder den Gegenstand nicht mehr als gemeinsamen erkennen oder er für sie nicht bedeutsam ist. Dann muss es möglich sein, auch exklusive Gegenstände und Strukturen anzubieten, zum Beispiel im Rahmen offener Unterrichtsformen oder besonderer Fördermaßnahmen. Sonst besteht die Gefahr, dass mit dem Argument der Gemeinsamkeit Kindern mit Förderbedarf Gegenstände vorenthalten werden könnten, weil sie speziell für sie, nicht aber für die anderen in der Gruppe bedeutsam sind (Kretschmann 1993, 60).

Besonders dann, wenn an unterschiedlichen Gegenständen oder Teilthemen gearbeitet wird, wird auch das Prinzip der Transparenz zentral, damit im Gespräch darüber die Gemeinsamkeit hergestellt werden kann. Dazu ist ein offener Umgang mit individuellen Unterschieden, Unterstützungsnotwendigkeiten und Sonderregeln bedeutsam. Bönsch fordert deshalb, die Lehrkräfte sollten ihre eigenen Ziele und Pläne den Kindern und Kolleginnen gegenüber offen legen, Veränderungen in der Planung ansprechen und ihr Handeln begründen. Dadurch entsteht eine Verbindlichkeit, die sich auch die Kinder nach und nach zur zielgerichteten Planung ihres eigenen Handelns zu eigen machen sollen. Er formuliert in diesem Sinne die Anforderung, Unterricht müsse als *kommunikativer Prozess* gestaltet und daraufhin überprüft werden,

> „inwieweit den beteiligten Individuen Möglichkeiten offen bleiben, ihr Handeln, ihre Bedürfnisse, ihre Interessen selbst zu bestimmen und inwieweit in Gleichheit und Gegenseitigkeit die einzuhaltenden Normen, Spielregeln, die einzuhaltenden Verpflichtungen und zu übernehmenden Aufgaben mitbestimmt und immer wieder neu oder modifiziert definiert werden können" (Bönsch 1991, 46).

Damit die Möglichkeit zur Teilhabe an diesem kommunikativen Prozess besteht, müssen die Regeln und Gegenstände für die Schülerinnen transparent sein, und es muss Strukturen geben, die ihre Reflexion ermöglichen. Das kann zum Beispiel im *Wochenabschlusskreis* oder beim *Klassenrat* der Fall sein, wie ihn Werning (1996a) fordert.

Die Einhaltung dieses Prinzips stellt an Lehrkräfte die Aufgabe, einen Teil ihrer Macht, über die Inhalte und Regeln des Unterrichts zu bestimmen, an die Schülerinnen und Schüler abzugeben. In den gemeinsamen Gesprächssituationen können das soziale Miteinander in der Gruppe, die unterschiedlichen Interessen und Themen zu gemeinsamen Gegenständen werden. Dadurch, dass man voneinander weiß, ist die Akzeptanz der anderen mit ihren Eigenarten und Problemen eher möglich, und Solidarität kann aufgebaut werden.

Aus diesen Überlegungen ergibt sich, dass die Transparenz viel mit der Mit- und Selbstbestimmung der Kinder im Unterricht zu tun hat. Sie ermöglicht ihnen eine Übersicht und gegebenenfalls Widerspruch, wenn sie mit den Plänen der Lehrerinnen und Lehrer oder der anderen Kinder nicht einverstanden sind. Transparenz und Metakommunikation stellen damit eine wichtige Be-

Marginalien:
Transparenz

Strukturierte Reflexion

Mit- und Selbstbestimmung

dingung für die angestrebten Bildungsziele *Autonomie, Solidarität* und *Integration* dar. Die Grenzen der (Wahl-)Freiheit ergeben sich nicht aus (scheinbar) willkürlichen, nur von den Lehrern formulierten Regeln, sondern als Ergebnis gemeinsamer Überlegungen aus den Freiheiten, die den anderen ebenfalls zustehen:

> „Grenzen setzen und Grenzen respektieren lernen sind zentrale Bildungsziele der Pädagogik der Vielfalt, ohne die die Haltung der Selbstachtung und Anerkennung der Anderen keinen Boden hat" (Prengel 1995, 194).

4.2.2 Im Spannungsfeld von Offenheit und Strukturierung

Die Öffnung des Unterrichts zugunsten der individuellen Bedürfnisse und Erfahrungen von Kindern mit Lernbeeinträchtigungen ist eine der zentralen Forderungen integrativer Didaktik-Modelle sowie neuerer Entwürfe der Lernbehindertendidaktik. So vertritt zum Beispiel Baier die Auffassung, nur eine offene Lernbehindertendidaktik könne der „Vielfalt der ätiologischen und phänomenologischen Momente der Lernbehinderung Rechnung tragen" (Baier 1980, 135). Angesichts der großen Heterogenität dieser Gruppe von Schülerinnen und Schülern leuchtet diese Forderung spontan ein, denn offene Unterrichtsformen ermöglichen in hohem Maße eine Individualisierung des Unterrichts.

Offener Unterricht

Offener Unterricht gilt als Sammelbegriff für unterschiedliche Reformansätze, die als Gegenbewegung zum traditionellen, lernzielorientierten und kleinschrittig vorgeplanten Unterricht entstanden sind und ihre Wurzeln bei den Autoren der Reformpädagogik haben (Dewey 1935; Freinet 1934; Montessori 1913 u. a.; Wallrabenstein 1992, 54). Er kann in unterschiedlichen Handlungsformen umgesetzt werden: im *Projektunterricht*, im *entdeckenden und handlungsorientierten Lernen*, in der *Freien Arbeit*, der *Planarbeit* oder dem *Stationslernen* (Jank/Meyer 1994). Offener Unterricht geht von den Kindern aus, betont die Subjektgebundenheit und Verschiedenheit der Einzelnen, will den Schülerinnen und Schülern eigene Erfahrungen ermöglichen und selbstständiges Lernen unterstützen. Die Schule soll nicht nur Lern-, sondern auch Lebensraum für die Kinder sein, in der sie sich „mit Kopf, Herz und Hand" (Pestalozzi) mit sich selbst, miteinander und ihrer Umwelt auseinandersetzen können.

Offene Unterrichtsformen bieten zur Umsetzung einer transparenten und auf Selbstbestimmung ausgerichteten Pädagogik günstige Voraussetzungen, weil sie Wahlfreiheiten hinsichtlich der Themen, des Stoffumfangs oder der Zeiteinteilung ermöglichen. Um den individuellen Lernausgangslagen der Schülerinnen gerecht werden zu können, muss der Unterricht offen strukturierte Situationen anbieten, die als Orientierungsrahmen und Situationsangebot fungieren und den aktiven Entwicklungsprozessen der Einzelnen Rechnung tragen.

Dies alles bietet für Schülerinnen und Schüler mit Lernbeeinträchtigungen zweifellos günstige Bedingungen, gleichzeitig wird die Eignung offener Unterrichtsformen gerade für diese Kinder aber auch kritisch gesehen. Die Arbeitsformen wie der Tages- und Wochenplan, die Arbeit in Projekten oder gar die Freie Arbeit verlangen den Schülern eine hohe Selbstständigkeit ab: sie müssen ihre Arbeit selbst planen, eine Auswahl aus verschiedenen Angeboten treffen, eigene Lösungswege entwickeln und mit anderen zusammenarbeiten. Gerade über diese Kompetenzen verfügen viele lernbeeinträchtigte Schülerinnen und Schüler nicht, häufig haben vor allem ihre Probleme in diesem Bereich wesentlich zu ihrem Scheitern in der allgemeinen Schule beigetragen (Werning/Wischer 2002). Die in der traditionellen Lernbehindertendidaktik favorisierten Formen hoher Strukturierung und Lehrerzentrierung wurden nicht zuletzt deshalb gewählt, weil sie den Autoren als einzige Möglichkeit erschienen, die Schüler mit ihrem Unterricht zu erreichen. In Fallbeispielen aus dem offenen Unterricht in der Grundschule wird immer wieder beschrieben, dass Kinder mit Lern- und Verhaltensbeeinträchtigungen sich in offenen Situationen eher schwer tun, orientierungslos sind und kaum von sich aus mit der Arbeit beginnen (Reiß u. a. 1997, 16).

> So beschreibt Garlichs mit „Norbert" einen Jungen, der im offenen Unterricht einer integrativen Klasse ständig Lehrerunterstützung benötigt, um Aufgaben auszuwählen, zu beginnen und zu Ende zu führen (Garlichs u. a. 1990, 35ff): „bei zuviel Offenheit und zu diffusen Situationen kapitulierte er lieber gleich" (Garlichs u. a. 1990, 97). Norbert benötigt offensichtlich ein hohes Maß an Strukturierung, um arbeiten zu können.

Einer Untersuchung Cronbachs zufolge lernen niedrig motivierte und misserfolgsorientierte Schüler am meisten in einem hoch strukturierten Unterricht, in dem „der Lehrer ihnen kurzfristige Ziele setzt, ihnen ein Maximum an Erklärungen und Hilfestellungen gibt und ein Feedback in kurzen Intervallen arrangiert" (Cronbach 1975, 56).

Es scheint also ein Widerspruch zwischen den Anforderungen des offenen Unterrichts und den Lernvoraussetzungen des Schülers zu bestehen. Folgt man allerdings der Maßgabe, dass Schüler mit Lernbeeinträchtigungen nicht zur Selbsttätigkeit und eigenständigen Planung in der Lage sind und daher hoch strukturierte Settings benötigen, so erzeugt man die von Nestle (1976) angesprochene „self fulfilling prophecy", die dazu führt, dass die

Selbstständiges Arbeiten

Schüler keine Chance bekommen, diese Kompetenzen zu erwerben. Aus systemisch-konstruktivistischer Perspektive gilt der lernbeeinträchtigte Norbert – genau wie seine Mitschüler – als aktiver, konstruktiver, kooperativer Lerner, der unter den entsprechenden Bedingungen lernt, indem er sich sein Bild der Welt konstruiert.

Passung zwischen Angeboten und Entwicklungsaktivitäten

Die entscheidende Frage ist die nach den Bedingungen, unter denen ihm dies gelingen kann, und damit nach der Passung zwischen den Angeboten und den Lernaktivitäten des Kindes. Es ist zu klären, welche Formen von Strukturierung in einem offenen Unterricht angeboten werden können, und wie diese zur Unterstützung lernbeeinträchtigter Schülerinnen und Schüler genutzt werden können.

Strukturierung

Um die Freiheiten im offenen Unterricht für sich nutzen zu können, benötigen die Schüler zugleich einen strukturierenden Rahmen und die Möglichkeit, ihre Erfahrungen mitzuteilen und gemeinsam zu reflektieren. Wie umfangreich diese Struktur sein muss, ist sicher von Gruppe zu Gruppe unterschiedlich, aber Regeln und gemeinsame Institutionen sind in jedem offenen Unterricht notwendig, um den Schülern Orientierung für ihr Handeln zu geben (zum Beispiel im Kreisgespräch zum Wochenabschluss und eingeführte Gesprächsregeln, vgl. Werning 1996a, 466ff). Strukturierende Elemente sind nicht nur in einem lehrerzentrierten Unterricht, sondern gerade im offenen Unterricht selbstverständlich enthalten und werden hier sehr bewusst eingesetzt. In der Untersuchung von Lütje-Klose (1997a, 298f) werden folgende Aspekte genannt:

zeitliche Strukturierung: verlässlicher Tagesplan und verlässlicher Wochenablauf, Jahresplanung unter Berücksichtigung von Festen

räumliche und materiale Strukturierung: Raumgestaltung, Stationsunterricht, Bereitstellung verschiedener förderrelevanter Materialien und Spiele

kommunikative Strukturierung durch Gesprächs- und Spielrituale: Gesprächskreise, Wochen- oder Stundenreflexionen mit den Kindern, Kreisspiele, Spiellieder

ritualisierte Handlungsabläufe: gemeinsames Frühstück mit Vorlesen, gemeinsamer Raumwechsel u. a.

Weiterhin ist das **Unterrichtsthema** und seine Verbindung mit den Förderinhalten ein wichtiger strukturierender Faktor, der schon im Zusammenhang mit dem gemeinsamen Gegenstand thematisiert wurde.

Regeln und Rituale

In offenen Unterrichtsformen müssen die Kinder sich nicht nur mit Bildungsinhalten auseinandersetzen, sondern eine Vielzahl von expliziten und impliziten, verbal und nonverbal vermittelten Regeln, Zeichen und Ritualen kennen lernen. Diese Regeln sind nicht in allen Klassen gleich, sondern werden von der Lehrerin und der Gruppe immer wieder neu ausgehandelt. Das macht – wenn sie erst einmal vertraut sind und die Kinder damit souverän umgehen können – ihre unterstützende Wirkung, im Prozess der Aneignung gleichzeitig aber auch die besondere Schwierigkeit für Kinder mit Lernbeeinträchtigungen aus.

Um die Regeln zu lernen, in ihrem Rahmen zu handeln und sie mitzugestalten, müssen Kinder zunächst einmal in der Lage sein, die zentralen Strukturelemente der entsprechenden Handlungsabläufe wahrzunehmen, zu verarbeiten und sie bei einer Wiederholung wiederzuerkennen. Das wird ihnen dadurch erleichtert, dass die Regeln nicht isoliert existieren, sondern in bestimmten Kontexten gelten und häufig in Formate eingebunden sind.

Unterstützung durch Formate

Der Begriff des *Formats,* den Bruner im Zusammenhang mit der frühen Mutter-Kind-Interaktion geprägt hat, wird in der amerikanischen Literatur auch im Zusammenhang der Schule und des Unterrichts verwendet (Creaghead 1990, 1992; Simon 1987). Typische Klassenraumformate sind Begrüßungsrituale, Spiele und Spiellieder, die Art wie der Gesprächskreis durchgeführt oder eine Klassenarbeit geschrieben wird.

Begriff des Formats

Bruner versteht darunter „eine routinemäßig wiederholte Interaktion, in welcher ein Erwachsener und ein Kind miteinander gewisse Dinge tun" (Bruner 1987, 114f). Die gemeinsame Handlungssituation ist durch bestimmte sprachliche und nonverbale Elemente gekennzeichnet, die immer in derselben Reihenfolge ablaufen und bei denen die Beteiligten gemeinsam und abwechselnd handeln. Die erwachsene Person erleichtert dem Kind durch die klare Strukturierung der Situation die Orientierung und ermöglicht es ihm, in diesem Rahmen selbst aktiv zu werden. Nach und nach werden immer mehr strukturierende Anteile an das Kind übergeben, so dass es schließlich den gesamten Handlungsverlauf selbst gestalten kann.

Um beim Beispiel des Gesprächskreises zu bleiben, so leitet zunächst die Lehrkraft ihn mit einem bestimmten Signal ein. Die Schüler kommen in einer gemeinsam entwickelten oder von der Lehrerin vorgegebenen Art und Weise in den Kreis. Wenn es ruhig geworden ist, beginnt das Gespräch wiederum nach einem bestimmten Muster, vielleicht der Reihe nach, indem ein „Erzählstein" herumgegeben wird, oder indem ein Schüler den nächsten aufruft usw. Unter Umständen gibt es ein bestimmtes Signal, durch das die Kinder signalisieren können, dass sie etwas nachfragen oder kommentieren möchten. Zu einem bestimmten Zeitpunkt beendet die Lehrerin den Kreis, und eine andere Aktivität schließt sich an. Im Laufe der Zeit, wenn die Schülerinnen und Schüler diese Form des Kreises gut kennen gelernt haben, gibt sie nach und nach strukturierende Elemente ab: vielleicht lässt sie ein Kind den Kreis eröffnen, lässt die Schüler sich gegenseitig an die Reihe nehmen usw.

Cues und Skripts
Die ritualisierten Signale, die ein Format einleiten oder abschließen, werden als *Cue* (Zeichen) bezeichnet. Das kann zum Beispiel die Triangel für den Stundenbeginn, die erhobene Hand als Ruhezeichen oder der Ausdruck: „Achtung bitte" sein, mit dem die Kinder aufgefordert werden, ihre Gespräche oder Arbeiten zu unterbrechen und zur Lehrerin zu schauen. Solche Zeichen können also verbaler oder nonverbaler Natur sein (Creaghead 1990, 111f). Um die Formate und Signale erkennen und einordnen zu können und dadurch in ihrem Kontext handlungsfähig zu werden, müssen Kinder die ihnen zugrunde liegenden Handlungspläne als *Skripte* (kognitive Schemata) verinnerlichen. Erst dann wird ihre Übertragung auf andere Situationen, Variation oder Erweiterung möglich. Ein Skript ermöglicht es den Kindern, den Kontext als Ganzes in seiner Bedeutung zu erfassen und entlastet sie davon, sich an jedes Element beispielsweise eines Handlungsablaufes zu erinnern.

Eine komplexe Anweisung, wie „Bitte beendet Eure Sachunterrichtsaufgabe jetzt und packt die Hefte ein. Holt Eure Mathebücher heraus und bearbeitet die Aufgaben auf Seite 37, die ihr noch nicht fertig habt. Wer fertig ist, kommt zu mir und zeigt mir seine Arbeit" (Creaghead 1990, 111) kann, wenn sie immer wieder in dieser Weise gegeben wird, als Ganzes erfasst werden. Nur die neue Information, zum Beispiel die Seitenzahl, muss erinnert werden.

Kinder, die über sichere und flexible Skripte verfügen, haben deshalb in den schulischen Arbeitszusammenhängen große Vorteile, Kinder ohne diese Orientierungen müssen dagegen jede einzelne Information immer wieder neu verarbeiten. Lehrerinnen und Lehrer erwarten einer Reihe von Untersuchungen zufolge von ihren Schülerinnen und Schülern, dass sie das allgemeine Skript der Schule und der Klasse innerhalb ihrer ersten beiden Schulwochen lernen, und beurteilen das Nichtbefolgen danach leicht als absichtliche Regelverletzung (Lütje-Klose 1997a, 333f).

Kinder mit Lern- und/oder Sprachbeeinträchtigungen haben gerade damit in vielen Fällen erhebliche Schwierigkeiten (Lütje-Klose 1997a, auch Nestle 1996). Das kann durch verschiedene Faktoren beeinflusst sein, die für viele lernbeeinträchtigte Kinder gelten:

- durch einen unterschiedlichen kulturellen Hintergrund, in dem die Signale anders interpretiert werden als in der Klasse;
- durch einen rigiden Fokus der Wahrnehmung, der nur auf einzelne Aspekte gerichtet ist und nicht auf die Situation als Ganzes;
- durch Schwierigkeiten bei der internen Strukturierung der Wahrnehmungen u.a. (Wiig/Secord 1994, 223f).

Aus diesen Überlegungen lässt sich schließen, dass der Strukturierung durch Formate und andere Rituale einerseits große Bedeutung für die Unterstützung von Lernprozessen zukommt, und dass andererseits gerade die Kinder, die bislang in ihrem Leben noch wenig Erfahrungen mit offenen Situationen gemacht haben oder deren sprachliche Fähigkeiten anders entwickelt sind, als dies in der Schule erwartet wird, mit der Wahrnehmung und Verarbeitung solcher Strukturen Schwierigkeiten haben können. Um diese Gruppe von Kindern zu unterstützen und ihnen die Mitarbeit in offenen Lernsituationen zu ermöglichen, ist den strukturierenden Elementen eine besondere Aufmerksamkeit entgegenzubringen. Sie müssen bewusst wahrgenommen und gezielt eingeführt werden und sind immer wieder daraufhin zu überprüfen, ob sie für die Klasse insgesamt und für ein Kind mit besonderem Förderbedarf im Speziellen sinnvoll, nachvollziehbar und funktional sind.

Besondere Bedeutung von Strukturen

In diesem Sinne sind die Überlegungen von Reiß u. a. (1993, 17ff) zu verstehen, die eine Vorbereitung und allmähliche Hinführung lernschwacher Kinder zu offenen Unterrichtsformen betonen. Sie nennen eine Reihe von Vor- und Kleinformen, im Rahmen derer die notwendigen Regeln und Rituale entstehen und eingeübt werden können: z. B. der Beginn mit Tages- und später Wochenplänen, die Auswahl von zunächst nur zwei und dann mehr Aufgaben. In ähnlicher Weise beschreibt auch Sebold für den integrativen Unterricht, wie sie Schritt für Schritt ihren Unterricht aufbaut und nach und nach zu immer offeneren, selbstbestimmteren Formen fortschreitet (Sebold 1993, 91ff). Offenheit und Strukturierung sind in diesem Sinne kein Widerspruch, sondern notwendige Ergänzungen. Beispiele dafür finden sich in den Kapiteln 4.3.1 und 4.3.5.

Vorformen offenen Unterrichts

4.2.3 Im Spannungsfeld von Handlungsorientierung und Lernstrategien

Die Handlungsorientierung des Unterrichts ist für Schülerinnen und Schüler mit Lernbeeinträchtigungen von besonderer Bedeutung. Diese Auffassung wurde schon in den frühen hilfsschuldidaktischen Modellen vertreten und findet sich auch in den neueren Konzepten, etwa bei Kutzer (1999), Nestle (1996), Hiller (1997) und Werning (1996a, 1996b). Den Konzepten handlungsorientierten Unterrichts wird meistens das didaktische Konzept des exemplarischen Lernens von Bruner zugrunde gelegt, das unter anderem von Klafki aufgenommen und darauf aufbauend von den genannten sonderpädagogischen Autoren rezipiert wird. Bruner geht davon aus, dass handlungsorientierte Lernformen

Handlungs-orientierung

und Lehrmethoden wie Explorationen, Experimente, Rollen-spiele oder Projektunterricht zur Aneignung grundlegender, kategorialer Einsichten und Fähigkeiten führen können (Klafki 1994, 143ff). Angesichts der immer größer werdenden in der Schule zu vermittelnden Stofffülle ist die Idee des exemplarischen Lernens darauf ausgerichtet, dass die Schüler anhand einer be-grenzten Anzahl ausgewählter Beispiele allgemeine Kategorien (zum Beispiel Kenntnisse über gesellschaftliche oder naturwissen-schaftliche Zusammenhänge, Fähigkeiten, Einstellungen) erar-beiten und dadurch grundlegende Einsichten in kulturell be-deutsame Zusammenhänge gewinnen.

Spiralcurriculum

Diese Grundkategorien werden innerhalb der einzelnen Schul- und Entwicklungsstufen immer wieder aufgegriffen, vertieft, auf andere Gegenstände angewendet usw. Bruner spricht von einem „spiralförmigen Aufbau" des gesamten schulischen Curriculums (Bruner 1980, 61ff), innerhalb dessen diese von Klafki als „fun-damental" oder „elementar" bezeichneten, verbindenden Ge-setzmäßigkeiten auf immer höherem Niveau bearbeitet werden (Klafki 1994, 152).

Drei Repräsen-tationsweisen von Wissen

Bruner unterscheidet drei grundsätzliche „Repräsentations-weisen von Wissen", die aufeinander aufbauen. Jede Stufe bildet die Voraussetzung für die nächsthöhere und ist in ihr aufgeho-ben. Die Entwicklung folgt seiner Vorstellung nach dem Aufbau dieser drei Repräsentationssysteme, bis der Mensch imstande ist, alle drei zu beherrschen (Bruner 1974, 16ff und 49f). Bruner be-zieht sich in seinen Vorstellungen über die menschliche Ent-wicklung auf Piagets und Wygotskys Forschungen über das Wis-sen von Kindern auf verschiedenen Entwicklungsniveaus (Bru-ner 1980, 44ff).

Enaktives Lernen: Auf der Stufe des „enaktiven Lernens" spielt die Handlungsorientierung die zentrale Rolle, weil die Ausei-nandersetzung mit der Umwelt im direkten, handelnden Umgang stattfindet. Dazu gehört zum Beispiel das Erforschen von Ge-genständen und des eigenen Körpers oder das Erlernen von Tätig-keiten wie Fahrrad fahren, Ski laufen oder Schreiben, die durch Abbildungen oder Erklärungen nur schwer vermittelbar sind.

Ikonisches Lernen: Die Stufe des „ikonischen Lernens" ist durch die Verarbeitung von zusammenhängenden Bildern, Schemata, Erzählungen oder Rollenspielen usw. gekennzeichnet, die sinn-lich wahrnehmbar sind. Die Kinder sind im konkreten, bildhaf-ten Anschauungszusammenhang in der Lage, zielgerichtet zu han-deln, können aber noch nicht rein gedanklich operieren. Ikoni-sche Repräsentationsformen spielen zum Beispiel für das Verständnis von Metaphern oder Grafiken ein Rolle.

Symbolisches Lernen: Auf der Stufe des „symbolischen Lernens" werden die Gegenstände der Auseinandersetzung rein gedanklich erfasst, ein handelnder Umgang damit ist nicht mehr zwangsläufig notwendig. Sprache wird als Instrument des Denkens eingesetzt, metalinguistische und strategische Kompetenzen werden erworben.

Im Einschulungsalter herrschen zunächst enaktive und dann ikonische Aneignungsformen vor, im Unterricht müssen dementsprechend die Lerngegenstände handlungsorientiert angeboten werden und direkt erfahrbar sein. Mit zunehmendem Alter nehmen die symbolischen Formen zu, trotzdem sind, wie Klafki in Übereinstimmung mit Bruner betont, die früheren Stufen weiterhin von Bedeutung:

> „… indessen behalten auch die erste und zweite Stufe bis ins Erwachsenenalter hinein für viele produktive, verstehende bzw. entdeckende Lernprozesse größte Bedeutung. Einer der gravierendsten Mängel unseres üblichen Schulunterrichts in allen Schulformen und auf allen Schulstufen dürfte darin liegen, dass eben dieser Sachverhalt vielfach verkannt wird und dass verstehendes/entdeckendes Lernen gerade auch auf abstrakt-symbolischer Stufe geradezu verhindert wird, weil man zu früh und zu ausschließlich auf dieser Ebene ansetzt" (Klafki 1994, 159).

Im Unterricht einer heterogenen Lerngruppe mit lernbeeinträchtigten Kindern ist die Berücksichtigung dieses Prinzips bei der didaktischen Planung von hoher Relevanz. Sie beinhaltet eine deutliche Vorstrukturierung der Unterrichtsinhalte durch die Lehrkräfte (vgl. Kap. 4.2.2), die in einem gewissen Spannungsverhältnis zum Prinzip des selbstgesteuerten Lernens stehen kann.

Ziel der Vermittlung von Lernstrategien ist es, die Kinder beim *Lernstrategien* Aufbau metakognitiver Kompetenzen zu unterstützen und ihnen dadurch mehr Selbstkontrolle und strategische Planung ihrer Lernprozesse zu ermöglichen. Sie sollen so nach und nach immer unabhängiger von der Lehrkraft werden und Selbstverantwortung übernehmen, zum Beispiel bei der eigenen Erstellung eines Wochenplans oder der Planung eines Projekts. Ein wichtiger Schritt in diese Richtung sind die schon angesprochenen *strukturierten Reflexionsphasen,* in denen die jeweiligen Arbeitsbereiche für alle Schülerinnen und Schüler transparent gemacht werden.

Die Herstellung einer weitest möglichen Transparenz im Unterricht soll den Kindern die Möglichkeit geben, über ihre eigenen Lernprozesse und die der anderen Kinder zu reflektieren und sie selbst aktiv zu gestalten. Sie sollen lernen, Verantwortung sowohl für das eigene Lernen als auch für die Regeln und das Zusammenleben in der Gruppe zu übernehmen. Darüber hinaus

Reflexion und Planung eigener Lernprozesse

können sie unter Umständen lernen, Mitverantwortung für die Lernprozesse der anderen Kinder zu übernehmen, wie das zum Beispiel bei der Strategie des *Peer Tutoring* geschieht, bei der zwei Kinder zu einem bestimmten Thema zusammenarbeiten und gemeinsam dafür verantwortlich sind, dass beide erfolgreich handeln können (Lütje-Klose 1997a, 310f; vgl. Kap. 4.3.4).

Es sind also die Bedingungen eines offenen und zugleich strukturierten Unterrichts, die die Vereinbarkeit der Prinzipien Handlungsorientierung und Lernstrategien ermöglichen. Die genannten handlungs- und erfahrungsorientierten Unterrichtsformen lassen sich nicht in einem durchgängigen Frontalunterricht durchführen, sondern erfordern diese Offenheit, um den individuellen Lernaktivitäten der Kinder gerecht werden zu können und die Integration von individuell fördernden Maßnahmen zu erlauben.

Exemplarisches Lernen

Im Sinne des exemplarischen Lernens sollen im Unterricht an verschiedenen Repräsentationsniveaus ansetzende methodische Zugänge angeboten werden, um die Aneignung der Lerngegenstände individuell angemessen zu gestalten und gleichzeitig den gemeinsamen Lerngegenstand zu fokussieren. Die Strukturierung der Angebote soll dabei unter Beteiligung der Kinder erfolgen, um die für sie relevanten Handlungsformen zu treffen. Mit Bruners Curriculumspirale werden die zugrunde liegenden Strukturen eines Lerngegenstandes auf verschiedenen Entwicklungsniveaus immer wieder neu thematisiert, so dass die innere Differenzierung und damit die gemeinsame Auseinandersetzung von Kindern mit unterschiedlichen Aneignungsformen möglich wird.

Prinzipien

Auf der Grundlage seiner theoretischen und diagnostischen Überlegungen aus systemisch-konstruktivistischer Sicht versteht Werning seine Didaktik für den gemeinsamen Unterricht von Kindern mit und ohne besonderen Förderbedarf als Herausforderung zur Gestaltung lern- und entwicklungsfördernder Bedingungen für alle Kinder. Zentrale Prinzipien sind:

- die Individualisierung der Lernangebote, die notwendig ist, um der Heterogenität und Vielfalt aller Schüler gerecht zu werden;
- die Unterstützung der Lerngruppe beim Aufbau einer solidarischen Kultur, in der soziale Prozesse unterstützt werden und ein bewusster Umgang mit Gleichheit und Verschiedenheit entwickelt wird;
- die kollegiale Kooperation zwischen Lehrkräften der allgemeinen Schule, Sonderpädagogen und eventuell weiterem Unterstützungspersonal, die ihre unterschiedlichen Perspektiven in den Unterricht einbringen und zu einem gemeinsamen pädagogischen Handeln verbinden;

- die Berücksichtigung der außerschulischen Lebenswelt der Schüler im gemeinsamen Unterricht, um im Sinne von Begemanns „Eigenwelterweiterung" die Distanz zwischen schulischer und außerschulischer Realität zu verringern;
- die Orientierung an den Fähigkeiten statt an den Defiziten der Schüler, um eine Reparaturhaltung zu vermeiden und die Entwicklungspotenziale zu aktivieren.

In diesem Sinne „müssen Sonderpädagogen Experten für die Wahrnehmung, Anregung und Unterstützung von Lern- und Entwicklungspotentialen von Kindern in ihren lebensweltlichen Kontexten werden" (Werning 1996a, 465).

4.3 Bausteine eines lern- und entwicklungsfördernden Unterrichts

Die Bausteine, die zu einem lern- und entwicklungsfördernden Unterricht im vorgestellten Verständnis beitragen, umfassen Strategien des offenen Unterrichts in Verbindung mit Förderstrategien, die zur besonderen Unterstützung von Kindern mit Lernbeeinträchtigungen herangezogen werden können. Dazu gehören unter anderem individualisierende Arbeitsformen wie Wochenplan und Freiarbeit, Projektunterricht und kooperatives Lernen sowie die Orientierung an den Lebensthemen der Schüler. Diese Arbeitsformen können, wie die folgenden Beispiele zeigen, nicht grundsätzlich institutionell zugeordnet werden, sondern sind sowohl in der Schule für Lernhilfe als auch im gemeinsamen Unterricht umzusetzen. Sie sind keine besonderen Methoden, die sich nur oder schwerpunktmäßig für lernbeeinträchtigte Schüler eignen, sondern ermöglichen die innere Differenzierung nach Zielen, inhaltlichen Schwerpunkten, Materialien und Medien sowie besonderer Unterstützung, von der alle Schüler in einer heterogenen Gruppe profitieren.

Diese Grundgedanken gelten für integrative und sonderschulische Zusammenhänge gleichermaßen. Sie sind nicht auf Schüler mit sonderpädagogischem Förderbedarf beschränkt, sondern entsprechen reformpädagogischen Orientierungen, wie sie sich schon bei Freinet (1934) oder Dewey (1935) finden. Zentral ist dabei „die Überwindung eines gleichschrittigen, lehrerzentrierten Unterrichts, der sich an der Illusion von homogenen Lerngruppen orientiert", zugunsten eines produktiven Umgangs mit Heterogenität (Werning 1996a, 465).

Die didaktischen Vorschläge für die Schule für Lernhilfe und für die integrative Grundschule entwickeln sich seit einigen Jah-

Zielgruppe

ren in ähnliche Richtungen, gemeinsamer Unterricht kann von den Erfahrungen der Sonderschule profitieren und umgekehrt:

„Es ist nicht zu bestreiten, dass die Schule für Lernbehinderte über reiche Erfahrungen in der Förderung von Kindern mit Lernschwierigkeiten verfügt. Diese sind jedoch keineswegs nur innerhalb der Institution ‚Sonderschule' von Bedeutung und müssen deshalb in die Entwicklung einer integrativen Didaktik mit einbezogen werden" (Heimlich 1993, 58).

Die Didaktik der integrativen Pädagogik bezieht sich grundsätzlich auf alle Schüler, und ihre Prinzipien können in verschiedenen Förderkontexten zugrunde gelegt werden. Die didaktischen Vorstellungen der integrativen Grundschule und der Sonderpädagogik sind daher nicht streng voneinander zu trennen, denn in beiden Kontexten geht es darum, angemessene Lern- und Entwicklungsbedingungen für Schülerinnen und Schüler mit Lern- (und anderen) Beeinträchtigungen zu schaffen, die ihre besonderen Bedürfnisse berücksichtigen.

Offener Unterricht in der Sonderschule für Lernhilfe

Während offene Unterrichtsformen in der Grundschule schon ab den 70er Jahren in größerem Umfang erprobt und als Erfahrungsberichte veröffentlicht wurden, finden sich solche Berichte aus der Sonderschule für Lernhilfe erst ab Mitte der 80er Jahre (Reiß u. a. 1997, 13). Hier werden sie in der Regel nicht als Totalkonzept umgesetzt, sondern zu bestimmten Zeiten des Schultages oder der Woche und in Kombination mit anderen Unterrichtsmethoden wie lehrgangsorientiertem Unterricht. Der zunehmende Einsatz von Freiarbeit, Wochenplänen oder Projekten ist im Zusammenhang mit einer inneren Reform der Sonderschule für Lernhilfe zu sehen, die unter anderem auf einige der im ersten Kapitel beschriebenen didaktischen Konzeptionen zurückgeht.

Weitere Literatur dazu: Begemanns „eigenweltbedeutsame, selbsttätige Einsichtsgewinnung" (1968), Hillers „offenes Curriculum" (1990), Nestles fächerübergreifender Ansatz mit projektorientiertem Lernen (1980). Weiterhin sind Wittochs Veröffentlichungen zum Gruppenunterricht (Wittoch 1980), Rohrs Konzept des „handelnden Unterrichts" (1980) sowie Veröffentlichungen zur Freiarbeit von Wocken (1981) zu nennen. Ab Ende der 80er Jahre werden auch Erfahrungsberichte zum offenen Unterricht in Sonderschulen veröffentlicht (Reiß u. a. 1997, 22ff).

Offener Unterricht in der integrativen Grundschule

Für die integrative Didaktik ist ein offener, individualisierender Zugang kennzeichnend, der bewusste Umgang mit Heterogenität ist ihr wesentliches Prinzip. Nicht Assimilation an die bestehende Kultur ist das Ziel einer solchen Pädagogik der Vielfalt, sondern die Akzeptanz der Heterogenität aller Menschen und „das gleiche Recht auf Verschiedenheit" (Prengel 1994, 96). Die Praxis des „Sitzenbleibens" oder der Überweisung in eine Sonderschule ist damit nicht vereinbar, denn sie stellt aus dieser Perspektive den unangemessenen Versuch dar, Homogenität herzustellen – ein aussichtsloses Unterfangen. Integrativer Unterricht versucht daher die Stärken, Schwächen und Eigenarten jedes einzelnen Mitgliedes einer Gruppe wahrzunehmen und zu nutzen, so dass Schüler auf verschiedenen Entwicklungsniveaus miteinander handeln und voneinander lernen können. Dazu ist es – wie bereits angesprochen – allerdings erforderlich, dass der Unterricht auch tatsächlich ein gemeinsamer ist und nicht in größerem Umfang durch äußere Differenzierung beherrscht wird.

Werning greift in seinen didaktischen Überlegungen verschiedene der genannten Vorschläge zur Umsetzung offenen Unterrichts auf und fasst sie als Bausteine eines lern- und entwicklungsfördernden Unterrichts zusammen, die im Spannungsfeld von Solidarität (Gemeinsamkeit) und Individualisierung stehen (siehe Abb. 4.1).

Diese Bausteine sollen eine inhaltliche und methodische Öffnung des Unterrichts für unterschiedliche Lerntempi, individuelle Vorerfahrungen und Bedürfnisse, soziale Prozesse in der Gruppe und aktuelle Probleme ermöglichen. Im nächsten Abschnitt werden sie – unter Berücksichtigung der formulierten Prinzipien – anhand von Unterrichtsbeispielen veranschaulicht. Die

Öffnung des Unterrichts

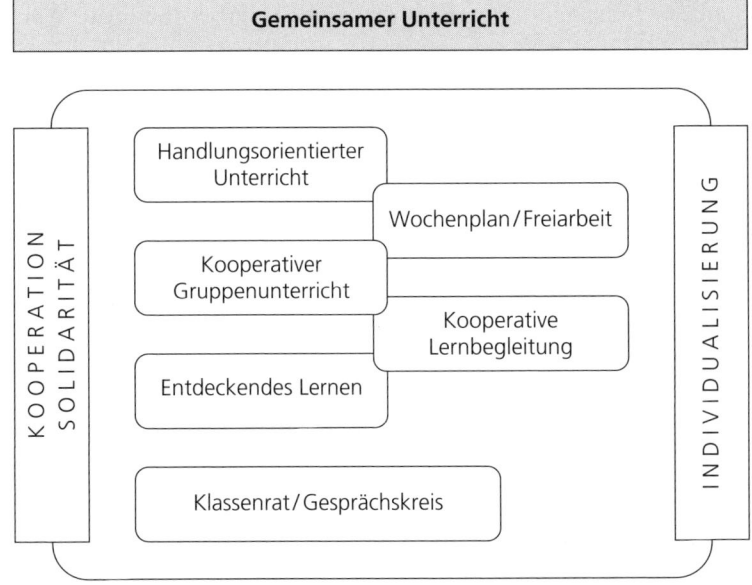

Abb. 4.1:
Bausteine lern- und entwicklungsfördernden Unterrichts
(Werning 1996b, 468)

individuelle Unterstützung der Schülerinnen und Schüler mit Lernbeeinträchtigungen basiert dabei auf der pädagogischen Beobachtung und den daran anknüpfenden strukturierenden Maßnahmen der beteiligten Lehrkräfte im Rahmen der *kooperativen Lernbegleitung*, daher wird dieser Baustein als Erstes erläutert. Daran schließen sich Ausführungen zur *Freiarbeit*, zum *Wochenplanunterricht*, zum *kooperativen Lernen*, zum *entdeckenden Lernen* und zum *Projektunterricht* sowie zur bewussten *Herstellung von Gemeinsamkeit* an. Das Prinzip der Handlungsorientierung wird vor allem im Zusammenhang mit dem entdeckenden Lernen und dem Projektunterricht mit berücksichtigt.

4.3.1 Kooperative Lernbegleitung

Damit dem Förderbedarf von Kindern mit Lernbeeinträchtigungen in den noch näher zu beschreibenden Formen offenen Unterrichts angemessen entsprochen werden kann, ist die differenzierte Beobachtung und Wahrnehmung der einzelnen Schüler erforderlich. Die mit dem Kind zusammenarbeitenden Lehrkräfte benötigen daher Kenntnisse über die jeweiligen Lebenswelten und müssen ihre unterschiedlichen Sichtweisen in einem kooperativen Prozess austauschen. Heuser, Schütte und Werning haben für den integrativen Unterricht das Modell der „kooperativen Lernbegleitung" entwickelt, das auch für den Unterricht der Sonderschule neue Perspektiven bietet (Heuser/Schütte/Werning 1997).

Kooperative Lernbegleitung

Ausgangspunkt der diagnostischen Überlegungen in diesem Konzept ist die Überzeugung, dass die integrative Förderung von Kindern und Jugendlichen mit besonderen pädagogischen Bedürfnissen die Veränderung des Lern- und Lebensraumes Schule beinhaltet. Um die Entwicklungsbedingungen für alle, insbesondere aber für Schüler mit besonderen Bedürfnissen zu verbessern, bedarf es der Zusammenarbeit zwischen den beteiligten Pädagogen und anderen Personen.

Kollektives Bild

Dazu wird die Differenz in den jeweils professionsspezifisch geprägten Beobachterstandpunkten systematisch als Ressource genutzt: Die verschiedenen Wahrnehmungen von Kindern in ihren sozialen und räumlichen Umwelten werden von den beteiligten Lehrkräften einer Lerngruppe, der Sonderpädagogin und weiteren beteiligten Personen in einem kooperativen Prozess des gemeinsamen „Sich-Beratens" zusammengetragen. Aus den verschiedenen Perspektiven, die auch die Sicht der Eltern und des Kindes selbst umfassen müssen, soll ein umfassendes Bild des Kindes in seiner Lebenswelt erhoben werden. Nicht die Durchsetzung einer „richtigen" Perspektive ist hier das Ziel. Vielmehr können die verschiedenen Perspektiven verknüpft werden, um ein *kollektives Bild* als Grundlage für die pädagogische Arbeit zu entwerfen.

Dieser mehrperspektivische Zugang verfolgt in der Auseinandersetzung mit Schülern mit besonderem Förderbedarf folgende Ziele:

Biografische Bedingungen: Um ein umfassenderes Verstehen der Lernschwierigkeiten eines Kindes zu verwirklichen, sollen seine biografische Entwicklung und seine lebensweltliche Einbettung gesehen und berücksichtigt werden. Lernschwierigkeiten als Ausdruck einer erschwerten Lern- und Lebenssituation von Kindern wahrzunehmen bedeutet für die pädagogische Auseinandersetzung, das Kind im Kontext seiner Lebenswelt zu sehen. Zu fragen ist, welche Bedingungsfaktoren in der Person des Schülers, in seiner Familie, seiner Freundesgruppe, seiner Schule und seinem Wohnort die Entwicklung beeinträchtigen oder fördern. Dabei müssen Informationen über somatische, psychische und soziale Entwicklungsbedingungen und -beeinträchtigungen miteinander verknüpft werden.

Förderung von Normalität: Im Rahmen des „Sich-Beratens" dürfen nicht allein die Schwierigkeiten, die Probleme bzw. die Defizite eines oder mehrerer Schüler im Mittelpunkt stehen. Eine solche *Defizitorientierung* verstellt den Blick auf ein umfassendes Bild vom Kind in seinem lebensweltlichen Kontext (Milani-Comparetti/Roser 1987, 89). Sie ist zudem wenig geeignet, Fördermöglichkeiten für einen Schüler oder eine Schülerin zu entwickeln. Effektive Förderung von Kindern und Jugendlichen mit besonderen Bedürfnissen muss neben der Erfassung der Problembereiche ein besonderes Augenmerk auf vorhandene Potenziale, Fähigkeiten und Ressourcen des Kindes in seiner Lebenswelt legen. Durch die Wahrnehmung, Unterstützung, Aktivierung und Begleitung dieser entwicklungsfördernden Bedingungen wird die „Förderung von Normalität" (Milani-Comparetti/Roser 1987) und nicht die Behandlung der Auffälligkeit zur Aufgabe einer integrativen pädagogischen Förderung. Wir Pädagogen sollen also die Defizitbrille gegen eine Fähigkeitenbrille eintauschen.

Prozessorientierung: Die integrative Förderung ist prozessorientiert umzusetzen. Die Prozessorientierung umfasst das zirkuläre Zusammenspiel von sensibler Beobachtung, Reflexion der Beobachtungen (im kollegialen Austausch), die Bildung von Hypothesen über Entwicklungsmöglichkeiten, die gemeinsame Planung und Realisierung von pädagogischen Handlungskonzepten und institutionellen Entwicklungsbedingungen. Für die praktische Arbeit heißt das: Integrative Förderung ist eine ständig neu zu bewältigende Herausforderung. Förderorientierungen und institutionelle Entwicklungsbedingungen sind ständig zu hinterfragen, ob sie die gewünschten Effekte zeigen oder nicht. Das Kind, seine Beziehungen in und zu seiner Lebenswelt, das familiäre, schulische und außerschulische Umfeld ändern sich im Laufe der Zeit, und die pädagogische Förderung muss sich ständig auf die gegebenen Bedingungen neu einstellen.

Mehrperspektivität in der Praxis

Diese Handlungsorientierungen fließen in den kooperativen Prozess ein, in den die unterschiedlichen pädagogischen Professionen (hier besonders die Regelschul- und die Sonderpädagogen) einen berufs- und ausbildungsspezifischen sowie biografischen Hintergrund einbringen. Auf dieser Wahrnehmungs- und Deutungsfolie wird die Sichtweise von einer Problemsituation entwickelt. Diese individuellen und berufsspezifischen Beobachtungen stellen zunächst wichtige Ausgangsdaten für den kooperativen Arbeitsprozess dar. Aufgrund der unterschiedlichen Akzentuierungen wird eine umfassende mehrperspektivische Auseinandersetzung mit der Problemsituation möglich. Ziel des Kooperationsprozesses ist es demzufolge nicht, die Einzelbeobachtungen der Pädagogen in einer Entweder-Oder-Haltung – sprich konkurrierend – gegeneinander zu stellen, sondern es wird versucht, diese miteinander zu verknüpfen. So wird ein umfassenderes, „ko-kreatives" Bild der Problemsituation entwickelt. Dies erfordert von den beteiligten Personen ein hohes Maß an Flexibilität, Rollendistanz und Kommunikationsbereitschaft. Sie müssen ferner über eine professionelle Identität verfügen und auch in der Lage sein, Übertritte von professionsspezifischen Grenzen und Zuständigkeiten zu akzeptieren (Golin/Ducanis 1981). Aus der Arbeit von interdisziplinären Teams ist bekannt, dass es notwendig ist, dass die Teammitglieder ein gemeinsames Rahmenkonzept teilen, um eine solche ko-kreative, synergetische Integration von disziplinspezifischen Beobachterperspektiven leisten zu können. Erfahrungen mit Konzepten der interdisziplinären Kooperation zeigen die Bedeutung systemischer bzw. ökologischer Konzepte auf, da sie als metatheoretische Ansätze ein großes integratives Potenzial besitzen. Einzelbeobachtungen von Teammitgliedern können so als Elemente angesehen werden, die miteinander in Beziehung gesetzt werden und ein neues Bild hervorbringen, das neue Wahrnehmungs- und Handlungsmöglichkeiten für die pädagogische Förderung eröffnet (Voß/Werning 1989). Das Konzept der Kooperativen Lernbegleitung umfasst folgende Schritte:

a) **Vorstellungskonferenz:** Der erste Schritt der Bearbeitung ei- Vorgehen
ner pädagogischen Problemsituation ist die Einberufung einer
„Vorstellungskonferenz". Zu dieser 90-minütigen Konferenz werden alle gegenwärtigen Lehrer der Gruppe sowie die früheren
Klassenlehrer und andere beteiligte Professionelle (Sonderpädagoge, Schulpsychologe, Sozialpädagoge) eingeladen.
Ausgangspunkt ist meist die Situation eines Kindes mit Lernschwierigkeiten bzw. Verhaltensauffälligkeiten in der Gruppe. Zu
Beginn wird deshalb die Situation des Kindes (besondere Schwierigkeiten, besondere Stärken etc.) ausführlich dargestellt. Durch
die Beteiligung der ehemaligen Lehrer des Kindes kann besonders die Lern- und Entwicklungsbiografie aus unterschiedlichen
Perspektiven berücksichtigt werden. Zur Strukturierung der Vorstellungskonferenz sind folgende Fragen entwickelt worden:

- Welche *besonderen Fähigkeiten, Stärken und Vorlieben* sind Ihnen bei dem
  Schüler/der Schülerin aufgefallen?
- Wie würden Sie die *besonderen Schwierigkeiten/Probleme* von der Schü-
  lerin/des Schülers beschreiben?
- Welche *unterstützenden* Bedingungen sehen Sie in der *Lebenswelt* der
  Schülerin/des Schülers (in der Familie, in der Gruppe der Freunde etc.)?
- Welche *hemmenden* Bedingungen sehen Sie in der *Lebenswelt* der Schü-
  lerin/des Schülers (in der Familie, in der Gruppe der Freunde etc.)?
- Welche *förderlichen* Bedingungen gibt/gab es für die Schülerin/den Schüler
  in der *Schule?*
- Welche *einschränkenden* Bedingungen gibt/gab es für die Schülerin/den
  Schüler in der *Schule?*
- Welche *Maßnahmen und Bedingungen* haben Ihrer Meinung nach die Ent-
  wicklung der Schülerin/des Schülers bisher *positiv* beeinflusst?
- Welche *Maßnahmen und Bedingungen* haben Ihrer Meinung nach die Ent-
  wicklung der Schülerin/des Schülers bisher *negativ* beeinflusst?

Gegenstand der Vorstellungskonferenz ist also die Rekonstruktion der Problemsituation aus den Blickwinkeln der beteiligten
Personen. Es geht dabei zunächst nicht um die Entwicklung von
Lösungsansätzen oder Förderperspektiven. Dies würde den Zugang zu der Situation einschränken. Ziel der Konferenz ist vielmehr die *Entwicklung eines möglichst umfassenden Bildes* durch die
Einbringung der unterschiedlichen Beobachterperspektiven. Erst
zum Abschluss wird überlegt, was für die zukünftige Entwicklung
dieses Kindes wünschenswert bzw. notwendig ist. Dazu schreibt
jeder Teilnehmer seine Ideen zur Veränderung der Problemsituation auf Karteikarten. Diese Sammlung von Ideen bildet die
Grundlage für die weitere Arbeit an der Konstruktion lern- und
entwicklungsförderlicher Bedingungen für den Schüler, die in
einem kooperativen Arbeitssetting von dem Klassenlehrer, dem
Sonderpädagogen und einem weiteren Kollegen (im Folgenden

„Förderteam" genannt) geleistet wird. Sie planen gemeinsam die weiteren Schritte der folgenden Informationsphase.

b) Informationsphase: Das Förderteam wertet gemeinsam die eingebrachten Vorschläge aus und entscheidet dann, ob weitere Informationen zur Entwicklung einer Förderperspektive notwendig sind. Möglich sind z. B. die folgenden Schritte:

– Unterrichtsbeobachtung (Erfassung der Beziehungen zwischen Unterrichtenden und Kind, der Kinder untereinander, der Lernkultur in der Klasse)
– Gespräche mit externen Beteiligten (z. B. mit einem/einer Therapeuten/in)
– Gespräche mit den Eltern
– Gespräche mit dem Kind/Jugendlichen
– Spezielle förderdiagnostische Überprüfungen
– Spezielle medizinische Untersuchungen

Bei allen eingeleiteten Maßnahmen ist die *Gefahr der Stigmatisierung* zu berücksichtigen. Bei jeder der vorgestellten Möglichkeiten ist somit zu fragen, wie notwendig sie für die pädagogische Arbeit ist und welche „unerwünschten Nebenwirkungen" sie hervorrufen könnte.

c) Vorbereitung der Förderkonferenz: Klassenlehrerin, Sonderpädagoge und eventuell eine weitere kooperierende Kollegin tauschen sich regelmäßig über die Beobachtungen und Informationen aus und versuchen, daraus eine Orientierung für die Verbesserung der Entwicklungs- und Lernbedingungen des Kindes und eventuell der Gruppe zu erarbeiten. Dazu zählen Überlegungen zur individuellen Förderung, zur didaktisch-methodischen Gestaltung des Unterrichts, zur Veränderung institutioneller Bedingungen bis hin zur Elternarbeit oder zur Gestaltung des Freizeitbereiches. Diese Erwägungen werden schriftlich formuliert und allen Kollegen, die in der Stammgruppe unterrichten, zur Vorbereitung der Förderkonferenz übermittelt.

d) Förderkonferenz: An der Förderkonferenz nehmen alle Lehrer der Stammgruppe sowie evtl. die Eltern und andere externe Beteiligte (z. B. Therapeuten) teil. Hier soll gemeinsam überlegt werden, wie die Lern- und Entwicklungsbedingungen des Kindes im Kontext seiner Klasse und evtl. auch seiner außerschulischen Situation verbessert werden können. Alle Beteiligten werden dabei zunächst über die gemeinsam von dem Klassenlehrer, dem Sonderpädagogen und dem kooperierenden Kollegen entwickelten Maßnahmen zur Verbesserung der pädagogischen Situation informiert. Im Anschluss daran wird gemeinsam überlegt, wie jeder in seinem (Fach-)Unterricht bzw. in seinen Interaktionen mit dem Kind hierauf eingehen kann bzw. welche Veränderungen dazu sinnvoll erscheinen.

e) Prozessbegleitende Reflexion: Die konkrete unterrichtliche Umsetzung der Maßnahmen wird prozessbegleitend von dem Klassenlehrer, der Sonderpädagogin und dem kooperierenden Kollegen reflektiert. Dabei ist zu überprüfen, ob die bisher gebildeten Hypothesen über die Entwicklungsbedingungen und Fördermaßnahmen sinnvoll waren, ob sie sich in der pädagogischen Praxis bewähren oder ob sie wieder verändert werden müssen. Plötzliche Veränderungen in der familiären Situation, in der schulischen Gruppensituation oder in anderen Lebensbereichen des Kindes müssen berücksichtigt und in ihren Auswirkungen auf die pädagogische Arbeit beachtet werden. Eventuell ist zu bedenken, ob erneut eine gemeinsame Förderkonferenz einzuberufen ist.

Die Darstellung macht deutlich, dass sich diese Form einer differenzierten Beobachtung von den förderdiagnostischen Orientierungen in den Konzepten von Kutzer/Probst oder Feuser deutlich unterscheidet (vgl. Kap. 4.1.7 und 4.1.10). Unterschiede sind vor allem in der unterschiedlichen Betonung der individuellen beziehungsweise der systemischen Faktoren zu sehen. Die „speziellen förderdiagnostischen Überprüfungen" und Unterrichtsbeobachtungen, die bei der kooperativen Lernbegleitung nur einen Teilschritt in der Informationsphase ausmachen, stehen bei Probst und Feuser im Zentrum der Überlegungen und bilden die Grundlage für eine differenzierte Rekonstruktion des aktuellen Entwicklungsniveaus, von der aus die „Zone der nächsten Entwicklung" (Wygotsky) zu bestimmen ist. Es wird eine „Objektivierung" des Beobachteten versucht, die an Entwicklungsmodellen und Beobachtungskategorien festgemacht wird. Bei der kooperativen Lernbegleitung wird dagegen – der zugrunde liegenden konstruktivistischen Position entsprechend – davon ausgegangen, dass es keine objektiv richtige Entwicklung geben kann und die Validität des förderdiagnostischen Prozesses aus den unterschiedlichen Perspektiven entsteht, die die verschiedenen Beobachter in ihren jeweiligen Rollen in den kooperativen Prozess einbringen. Das schließt die Verwendung feindifferenzierter, spezifischer diagnostischer Verfahren nicht aus, begrenzt die Reichweite der damit zu gewinnenden Aussagen für die Förderplanung aber deutlich.

Unterschiede zu Kutzer/Probst bzw. Feuser

4.3.2 Selbstbestimmtes Lernen in der Freiarbeit

Die Bedeutung selbstbestimmten Lernens wurde in Kapitel 4.2 aus systemisch-konstruktivistischer Perspektive begründet und als besonderes Problem für Schülerinnen und Schüler mit Lernbe-

Selbstgewählte Lerngegenstände

einträchtigungen beschrieben. Die Freie Arbeit an selbstgewählten Themen (Bannach 2002) ist die Arbeitsform des offenen Unterrichts, die diesem Prinzip am weitesten folgt, denn in ihrem
Rahmen können die Lerner in einer vorstrukturierten Umgebung
aus dem Material frei wählen, woran sie arbeiten wollen. Müller
sieht darin eine wichtige Möglichkeit, positive Selbsterfahrungen
zu ermöglichen, weil die Schülerinnen und Schüler in diesen Situationen ohne äußeren Druck an selbstgewählten Gegenständen
und in selbstgesteuerten Prozessen arbeiten können. Dabei werden seiner Erfahrung nach positive Selbsterfahrungen und Kom-
petenzerfahrungen möglich, die sich auf das Selbstkonzept insgesamt günstig auswirken (Müller 1997, 128f).

Klein sieht das verminderte Lern- und Leistungsverhalten von
Schülern der Sonderschule für Lernhilfe (unter Bezugnahme auf
Montessori) nicht als Ursache, sondern als Folge verhinderter Eigenaktivität und Selbstgestaltung. Seiner Auffassung nach muss
der Unterricht der Sonderschule in besonderem Maße „die Voraussetzung für die Weckung und Eigenaktivität dieser Schüler"
schaffen. Die individualisierte Freiarbeit nach Montessori soll dazu
beitragen, die Selbstlernkräfte der Schüler zu wecken, indem sie
ihnen eine vorbereitete Umgebung und sichere Arbeitssituation
bietet. Dazu bedarf es eines differenzierten Materialangebots für
die Freiarbeit, einer unterstützenden, emotional annehmenden
Klassenatmosphäre sowie der Beobachtung und Zurückhaltung
von Lehrkräften, sobald das Kind von sich aus mit einem Material zu arbeiten beginnt (Klein 1993, 224). Busch (1997, 234f) beschreibt, wie sie diese Form der Freiarbeit mit ihrer Unterstu-
fenklasse an einer Sonderschule für Lernhilfe umsetzt:

Freiarbeit in einer
Sonderschulklasse

„Die Schülerinnen und Schüler meiner Klasse werden zur Zeit alle mit dem
Schulbus gebracht. In der Regel sitzen sie auf ihren Plätzen, wenn ich das Klassenzimmer betrete. Wir beginnen mit einer Stilleübung: Ein Kind setzt sich mit
seinem Stuhl in den freien Raum im Klassenraum und signalisiert stumm dem
oder der nächsten, sich zu ihm in den Kreis zu begeben. Dies geschieht, ohne
ein Geräusch zu verursachen. Wenn alle im Kreis versammelt sind, wird ein
Tastsäckchen herumgereicht, in dem entweder ein Gegenstand, der mit dem
gerade laufenden Projekt, mit der Jahreszeit oder mit anderen aktuellen Dingen zu tun hat, zu erfühlen ist. Durch Zufall habe ich entdeckt, dass die Kinder dabei ganz still werden und gespannt auf den Moment warten, in dem
das Säckchen sein Geheimnis preisgibt. Diese Phase der Stille hat sich als sehr
wirksam erwiesen, da sie die Gemüter, die häufig durch Unstimmigkeiten
während der Herfahrt im engen Schulbus erregt wurden, beruhigt. Inzwischen
ist dieses morgendliche Ritual für die Schüler/innen unverzichtbar.

Noch im Sitzkreis überlegt sich jedes Kind, was es in der folgenden Freiarbeitsphase arbeiten möchte, und teilt es mir mit. Ich habe so die Kontrolle, dass
es sich bei seinem Vorhaben nicht über- oder unterfordert. Gleichzeitig erfahre
ich auch die Wünsche, etwas Neues zu lernen. Manche Kinder bleiben einfach

sitzen und demonstrieren so, dass sie sich heute nicht entscheiden können. Nach einer Weile leiste ich Entscheidungshilfe. Manche sehr angepasste Kinder machen ihre Zustimmung, ein von mir vorgeschlagenes Material zu bearbeiten, nicht von ihren Bedürfnissen, sondern von meinen Intentionen abhängig; wenn beides nicht übereinstimmt, ist das Ergebnis meinerseits unbefriedigend.

Während der Freiarbeit herrschen drei Grundregeln: Erstens: Ich darf meine Mitschüler und Mitschülerinnen auf keinen Fall bei der Arbeit stören. Zweitens: Ich räume das Material ordentlich an seinen Platz zurück. Drittens: Was ich begonnen habe, mache ich fertig.

Ein mit Hilfe der Triangel erzeugter Ton erinnert die Kinder daran, leise zu sein. Freiarbeit findet zur Zeit in meiner Klasse viermal in der Woche statt, 90 Minuten lang, vor der großen Pause. Bis dahin ertönt kein Klingelzeichen. Zum Schluss der Freiarbeitsphase während des gemeinsamen Frühstücks halte ich in einem Tagesprotokoll fest, was jedes Kind gearbeitet hat. Vorzeigenswertes wird vorgestellt" (Busch 1997, 234f).

Busch schlussfolgert aufgrund ihrer Erfahrungen, dass diese Form der Freiarbeit eine geeignete Methode für lernschwache Schülerinnen ist. Dabei sind die Prinzipien der *Altersmischung (Heterogenität)*, der *freien Wahl des Lerngegenstandes*, der *Einmaligkeit des Materials*, der *Isolierung einer Schwierigkeit*, der *Wiederholbarkeit*, der *Ästhetik* und der *selbstständigen Fehlerkontrolle* zu berücksichtigen. Sie beschreibt, dass diejenigen Schüler, die über Jahre hin kontinuierlich nach dieser Methode unterrichtet wurden, ausgeglichen, selbstständig und mit Selbstdisziplin zu arbeiten gelernt hatten.

Reiß/Reiß schildern die Einführung der freien Arbeit in Kombination mit Planarbeit am Beispiel ihrer vierten Klasse an einer Sonderschule für Lernhilfe. Sie beginnen mit einer Phase der Hinführung, in der die Schülerinnen und Schüler in kurzen Zeitabschnitten und mit überschaubarem Material arbeiten, bevor sie nach und nach immer mehr Entscheidungs- und Planungsmöglichkeiten gewinnen. Dabei wollen die Autoren eine erhöhte Selbstständigkeit in folgenden Bereichen erreichen:

Allmähliche Hinführung zur Freiarbeit

- im organisatorischen Bereich (Ordnungsregeln, wo steht was, verschiedene Möglichkeiten der Kontrolle etc.);
- im prozessualen/methodischen Bereich (Kenntnis verschiedener Aufgabentypen, Mitplanungsmöglichkeiten im Unterricht, Informationsbeschaffung durch Nachschlagen);
- im inhaltlichen Bereich (Auswahl zwischen mehreren Teilthemen, Mitbestimmung eines neuen Themas, Ergänzung von Sachaspekten etc.);
- im sozial-kommunikativen Bereich (Gesprächsregeln, Konfliktbewältigung; Zusammenarbeit mit einem Partner oder einer Gruppe).

Am Ende des wissenschaftlich begleiteten Pilotprojekts kommen die Autoren zu dem Ergebnis, dass „alle Schüler der Projektklasse

... bei entsprechender Hinführung zu weitgehendster Selbstgestaltung offener Lernsituation im Sinne der Planung und Durchführung von Freien Aktivitäten (Freier Arbeit) fähig" waren
(Reiß/Reiß 1997, 183). Die auftretenden Schwierigkeiten wie die
dauernde Auswahl sehr leichter Aufgaben eines Kindes oder der
häufige Wechsel der Tätigkeiten durch einen hyperaktiven Jungen konnten durch Lehrerinterventionen größtenteils gelöst werden oder lösten sich nach und nach von allein.

4.3.3 Aufbau von Lernstrategien im Wochenplanunterricht

Für den integrativen Unterricht berichtet Sebold anschaulich, wie
sie die Schülerinnen und Schüler im ersten Schuljahr zunächst
an die Freie Arbeit, die Planarbeit und später dann an Projekte
heranführt. Auch sie betont die Notwendigkeit, in einem strukturierten Rahmen mit Ritualen wie Morgenkreis, gemeinsamem
Frühstück und Wochenabschlusskreis zu arbeiten, und die offenen Phasen mit vertrauten Arbeitsformen und Mitteln zu beginnen (Sebold 1993, 92ff). Die Aneignung von Lernstrategien ist
eine wichtige Voraussetzung dafür, dass die Schülerinnen und
Schüler die Lerngelegenheiten des offenen Unterrichts nutzen
können (vgl. Kap. 4.2.3).

Einübung von Regeln und Arbeitsformen

„Bevor man mit der Freiarbeit beginnt, ist es auch wichtig, verschiedene Arbeitsformen wie Einzel-, Partner- und Gruppenarbeit zu üben. ... Nach einigen Wochen hatten die Kinder die Regeln und Arbeitsformen gut geübt. Nun
begannen wir mit dem ersten sichtbaren Schritt zur Freien Arbeit. Die Kinder
konnten sich aus zwei Angeboten, z. B. Rechen- und Schreibbogen, eine Arbeit auswählen, die andere musste am nächsten Tag erledigt werden. ... Nach
und nach wurde das Angebot erweitert. Es kam ein Lesebogen dazu, später
eine Zeichen-/Malaufgabe und als fünfter Bereich ein Spiel. Die Schüler arbeiteten jetzt an jedem Wochentag 20 bis 30 Minuten an den Angeboten. ... Auf
dieser Stufe der Angebotsarbeit blieben wir so lange, bis die Kinder diese Arbeitsform so gut beherrschten, dass sie unsere Hilfe nur noch selten benötig-
ten. Da das Leistungsniveau stark differierte, war es notwendig, die Aufgaben
zu differenzieren. Aus der Angebotsarbeit entstand die Wochenplanarbeit"
(Sebold 1993, 94f).

Tages- und Wochenpläne

Die Arbeit mit Tages- und später Wochenplänen ist eine Möglichkeit, den
Schülerinnen und Schülern differenzierte Angebote zu machen und gleichzeitig allen Beteiligten einen Überblick über die freiwilligen und selbst zu wählen-
den Aufgaben zu geben. Sie gestattet es den Kindern, nach ihren Bedürfnissen und Möglichkeiten unterschiedliche Lernschritte zu gehen und verschiedene Aufgaben zu bearbeiten. Im Zuge der Öffnung des Unterrichts kann die
Planarbeit als ein weiterer Schritt auf dem Weg verstanden werden, wenn die
Kinder nach und nach immer mehr Aspekte selbst planen lernen, bis dahin,
dass sie aus einer vorbereiteten Umgebung ihre Arbeiten selbst auswählen.

Name: Esra   Datum:

Wochenplan vom 25. bis 29.1.	f	k
1+1 👤 Arbeitsblatt „Unter Wasser" (Kontrollblatt)		
1+1 👥 Einmaleins-Kiste Schreibe zu den einzelnen Verpackungen die Mal- Aufgabe auf! Vielleicht findest du auch beide Malaufgaben! Rechne die Aufgaben aus!		
RS 👥 Faltblatt zum Diktat „Anna ist blind" - Suche dir einen Partner! - Diktiert euch gegenseitig die Wörter! - Vergesst die Kontrolle nicht!		
📖 👤 Arbeitsblatt „Ordne die Wörter" - Was kannst du sehen? - Was kannst du hören? (Kontrollblatt)		
👓 👤 Lesetext „Die Augen in den Fingerspitzen" ● ●● ●●● - Lege die Bilder in die richtige Reihenfolge! - Welcher Text gehört zu welchem Bild! Lege dazu! - Lass von einer Erwachsenen kontrollieren!		
SU 👤 Stecke deinen Namen in Blindenpunktschrift!		
SU 👥👥👥 Spiel „Blinde Kuh" Suche dir 2 oder 3 Mitspielerinnen oder Mitspieler! Spiel gemeinsam das Spiel!		
░░░░░░░░░░░░░░░░░░░░░░░░	░	░
⭐ **SU** Lass dir die Augen verbinden! „Sieh" dir mit den Fingern das Buch „Das hölzerne Männlein" an!		
⭐ **SU** Lege fertige Namen in Blindenschrift in die Fühlkiste! Bekommst du heraus, welche Namen es sind?		
⭐ **1+1** Arbeitsblatt „Stadt der vielen Fenster" (Kontrollblatt)		
⭐ **1+1** Rechne am „Einmaleins-Baum"		
⭐ ✏ Schreibe eine Seh- oder Augengeschichte!		

Im oberen Teil des Wochenplans finden sich die Pflichtaufgaben für eine
Woche. Teilweise stehen Aufgaben zur Auswahl (wie für den Sachunterricht),
teilweise können die Kinder nach Schwierigkeitsgraden wählen (je mehr
Punkte, desto schwieriger die Version). Im unteren Teil des Wochenplans sind
mit Sternchen die freiwilligen Aufgaben aufgeführt.

In der Spalte „f" kennzeichnet das Kind, dass es mit der Aufgabe fertig ist.
Die Lehrkraft markiert in die Spalte „k" der kontrollierten Aufgaben.

Sebold beschreibt anschaulich, wie im 2. Schuljahr immer mehr und umfangreichere Aufgabenbereiche in den Wochenplan integriert werden, bis die Wochenplanarbeit fast den ganzen Schultag umfasst:

Vorbereitete Lernumgebung

„Wir wagten einen nächsten Schritt. … Die vorbereitete Lernumgebung umfasst Lernangebote und Arbeitsmittel, die von Lehrern und Schülern gemeinsam ausgewählt werden. Die Lernangebote und Arbeitsmittel sollen

- den Kindern frei zugänglich sein,
- verschiedene Lernbereiche umfassen,
- auf die jeweilige Lerngruppe abgestimmt sein,
- Raum für spontane Ideen lassen,
- auch Handlungs- und Bewegungsräume außerhalb des Klassenzimmers einbeziehen,
- am Wochenanfang vorgestellt werden. …

In der Regel bereiteten wir neue Inhalte mit Hilfe von Materialien so vor, dass die Kinder sie sich selbst erarbeiten konnten. Die Kinder entschieden, was, wie, womit, wie lange und mit wem sie arbeiten wollten. Manche Kinder brauchten dazu die Hilfe des Lehrers. Die Kinder hatten die Möglichkeit, sich über einen längeren Zeitraum mit einem Lerngegenstand zu beschäftigen. …

Wochen-abschlusskreis

Arbeitsergebnisse wurden im Morgenkreis und im Wochenabschlusskreis vorgestellt und gemeinsam besprochen. Im Wochenabschlusskreis brachten Schülerinnen, Schüler und Lehrerinnen ihre Ideen und Wünsche für die weitere Arbeit ein und planten gemeinsam.

Je mehr der Unterricht geöffnet wurde, desto selbstständiger arbeiteten die Kinder, umso umfangreicher wurde unser Angebot. Den Schülern stehen inzwischen vielfältige Lernmaterialien zum Lesen, Schreiben, Rechnen, Bewegen, Experimentieren, Malen, Zeichnen, Basteln, Erkunden, Beobachten zur Verfügung. Dazu kommen Unterrichtsgänge in die Stadtumgebung, Gartenarbeit, Kochen, Büchereibesuche und kleine Projekte. In dieser vorbereiteten Umgebung bewegen sich die Kinder selbstständig; sie spielen, arbeiten, erkunden, experimentieren und tauschen sich aus" (Sebold 1993, 96ff).

Strategien zum selbstständigen Lernen

Aus Sebolds Beschreibung wird deutlich, wie die Schülerinnen und Schüler ihres ersten Schuljahres nach und nach die notwendigen Strategien entwickeln, die ihnen im zweiten, dritten und vierten Schuljahr das selbstständige Lernen in einer vorbereiteten Umgebung ermöglichen. Wesentliche unterstützende Elemente der Lehrkräfte sind dabei

- die allmähliche Einführung von immer mehr Wahlmöglichkeiten
- das Einüben verschiedener Sozialformen
- die Strukturierung der Zeit, des Raums, des Materials sowie
- ritualisierte gemeinsame Kommunikationssituationen, durch die Transparenz und immer mehr gemeinsame Planung ermöglicht wird.

Die individuellen Unterstützungsmaßnahmen, die alle Kinder in diesem Prozess in Anspruch nehmen können, sind besonders für die Schülerinnen und Schüler mit Lernbeeinträchtigungen von Bedeutung. Als Unterstützerinnen stehen die Grundschullehrerin und die Sonderpädagogin sowie die anderen Kinder der Klasse zur Verfügung, die mit den Kindern gemeinsam handeln und ihnen als Vorbilder dienen.

Voraussetzungen für kooperatives Lernen

4.3.4 Kooperatives Lernen – Kinder lernen von Kindern

Das kooperative Lernen der Schülerinnen und Schüler voneinander ist eines der zentralen Argumente für integrative Unterrichtsformen, denn hier haben lernbeeinträchtigte Kinder viele Vorbilder in Bezug auf eine anregungsreiche Sprache, eine neugierige Grundhaltung, ein zielgerichtetes Arbeitsverhalten und Lernstrategien. Aber auch in einer Sonderschulklasse sind die Kinder in ihren Interessen, Kompetenzen und Schwierigkeiten heterogen, so dass sie sich gegenseitig anregen können.

Aus der Perspektive der konstruktivistischen Systemtheorie müssen folgende Voraussetzungen erfüllt sein, damit ein Mensch vom anderen lernen, ein Mensch also auf die Strukturen eines anderen Einfluss nehmen kann:

• Eine strukturelle Kopplung muss erfolgen, das heißt, das Kind muss mit dem Modell eine Beziehung eingehen und mit ihm in einer für beide Personen bedeutungsvollen Situation gemeinsam handeln (vgl. auch Kap. 3.5.2.).
• Der Kontext muss einen sinnvollen Einsatz des Modellverhaltens erlauben und der Situation entsprechen.
• Das Kind muss die modellierte Struktur wahrnehmen können. Dazu muss diese in der „Zone der nächsten Entwicklung" seiner eigenen Strukturen liegen; durch die Konfrontation mit dem Modell kann dann ein kognitiver Konflikt erzeugt werden, der zu einer Veränderung der eigenen Strukturen führen kann.
• Die neue Struktur muss sich in der Realität des gewählten Kontexts als effektives Mittel zur Erreichung bedeutungsvoller Ziele des Kindes erweisen (Lütje-Klose 1997a, 357f).

Andere Kinder sind, wie zahlreiche Untersuchungen vor allem aus den USA zeigen, als Modelle in vielerlei Hinsicht wirkungsvoller als Erwachsene: Ihre Interaktionen sind gleichberechtigter und erfordern in höherem Maße Aushandlungsprozesse, was die kognitiven Aktivitäten und die Auseinandersetzung mit der Sache anregt.

Kinder als Modelle

„Die Versprachlichung von eigenen Vorstellungen zwischen Gleichaltrigen machen diese dem Lerner deutlicher und zugänglicher. Lernen mit Gleichaltrigen erfordert von den Schülern, dass sie Erklärungen abgeben, um ihre eigene inhaltliche Position zu untermauern. Dazu muss eigenes Wissen reaktiviert werden und metakognitive Prozesse sind erforderlich" (Krämer-Kilic 2000, 4).

Bedingungen

Kooperatives Lernen unter Gleichaltrigen gelingt allerdings nicht immer gleich gut. Die günstigste Bedingung dafür ist eine bereits bestehende *Freundschaftsbeziehung*, die den Kindern Sicherheit gibt und es ihnen erlaubt, sich gemeinsam auf die Inhalte zu konzentrieren. Weitere Bedingungen im oben formulierten Sinne sind die *Entwicklungsangemessenheit* der Anforderungen, die von der Lehrkraft verantwortet wird, und ein *Unterrichtskontext*, in dem das gemeinsame Arbeiten positiv bewertet wird und sinnvoll eingebunden ist.

Kooperatives Lernen

Der Begriff *Kooperatives Lernen* ist ein Sammelbegriff, der eine Vielzahl gruppenbezogener Arbeitsformen umfasst, wie die Partner- und Kleingruppenarbeit, die Arbeit mit Tischgruppen oder Tutorensystemen. In einem aktiven Austauschprozess sollen die Schüler sich bei diesen Arbeitsformen über einen gemeinsamen Gegenstand auseinandersetzen und sich diesen über verschiedene Tätigkeiten mit einem gemeinsamen Ziel inhaltlich erschließen (Krämer-Kilic 2000, 5). Aus den deutschen Integrationsversuchen wird übereinstimmend von einer großen Anregungswirkung der Kinder untereinander und positiven sozialen Effekten berichtet (Feuser/Meyer 1987; Heyer u. a. 1990 u. a.), wie sie sich auch im folgenden Fallbeispiel zeigt.

Als Patrick, der vorher einen Sonderkindergarten für entwicklungsauffällige Kinder besucht hat, in eine integrative Grundschule eingeschult wird, ist er sehr zurückhaltend und schüchtern. Er weint fast jeden Tag und nimmt kaum von sich aus Kontakt mit anderen Kindern oder Erwachsenen auf. Nach und nach lebt er sich in der Schulkindergartengruppe ein und beginnt nach einer längeren Beobachtungsphase vorsichtig, sich am rhythmisch-musikalisch strukturierten Morgenkreis zu beteiligen. In den offenen Spielphasen baut er ganz für sich allein mit Bausteinen. Manuel, der sehr impulsiv ist und schnell in Streit mit anderen Kindern gerät, baut meistens neben ihm. Sie spielen über mehrere Wochen täglich parallel, stören sich gegenseitig nicht und beginnen erst nach einer Weile, sich für die Bauarbeiten des anderen zu interessieren. Als schließlich die Bausteine für ihre Projekte nicht mehr ausreichen, beginnen sie ganz selbstverständlich und ohne die Einmischung der Erwachsenen, sich aufeinander zu beziehen. Sie entwickeln ein gemeinsames Ziel (ein Hochhaus mit Unterführung) und planen, wie sie es mit dem vorhandenen Material umsetzen können. Das gemeinsame Bauen bleibt für fast ein halbes Jahr das Thema der beiden Jungen, ihre sehr unterschiedlichen Temperamente wirken sich wechselseitig außerordentlich fruchtbar aus.

In anderen Situationen beginnen sie in der Folge ebenfalls, sich gegenseitig zu unterstützen: Patrick wirkt beruhigend auf Manuel, der sich schnell und fahrig bewegt, häufig etwas umstößt, Dinge nicht von sich aus zu Ende bringt und sich über Störungen durch andere sehr aufregen kann. Manuel wirkt aktivierend auf Patrick und hilft ihm durch sein Vorbild, sprachliche Anweisungen zu verstehen, mit einer Aufgabe zu beginnen und sich auf neue Themen einzulassen. Gemeinsam entwickeln die beiden auch eigene Ideen und kommen zu einer Arbeitshaltung, die es ihnen ermöglicht, Aufgaben auszuwählen, die Umsetzung zu planen und sie zu Ende zu führen. Davon profitieren sie beide im folgenden ersten Schuljahr in hohem Maße: Solange sie z. B. im Mathematikunterricht zusammenarbeiten können, gelingt es beiden, am Thema zu arbeiten. Manuel, der neue Inhalte schnell versteht, aber allein leicht abschweift, unterstützt den systematisch, aber langsam arbeitenden Patrick durch Erklärungen mit Material, so dass es diesem nach und nach gelingt, sich den 10er und dann den 20er Raum zu erschließen. Manuel schafft es auf diese Weise, bei der Sache zu bleiben und alle seine Aufgaben zu erledigen.

Über die Arbeitsbeziehung hinaus entsteht zwischen den beiden Jungen eine tiefe Freundschaft, die mehrere Schuljahre überdauert und sogar einen Umzug von Patrick in einen anderen Schulbezirk übersteht.

In diesem Fallbeispiel zur Partnerarbeit wird deutlich, dass die Kinder im Unterricht füreinander eine wichtige Ressource darstellen. Dieser Ressource wird im kooperativen Gruppenunterricht nicht nur – wie hier beschrieben – Raum gelassen, sondern sie wird systematisch genutzt. Unter kooperativem Gruppenunterricht versteht man Lernprogramme, in denen die kooperativen Fähigkeiten der Kinder systematisch gefördert und zur inhaltlichen Erschließung oder Übung der Unterrichtsgegenstände herangezogen werden. Vor allem in den USA und Israel werden solche Programme seit den 80er Jahren in großem Umfang untersucht und eingesetzt, um die sozialen Fähigkeiten und die gegenseitige Akzeptanz von Kindern mit Beeinträchtigungen und aus anderen ethnischen Gruppen gezielt zu unterstützen (Slavin 1993); in Deutschland beginnt die Auseinandersetzung mit den kooperativen Formen des Gruppenunterrichts und ihren Wirkungen dagegen erst.

Kooperativer Gruppenunterricht

Weitere Ausführungen hierzu finden sich bei Scholz 1996; Renkl 1997; Krämer-Kilic 2001; Avci-Werning 2002.

Die Schulklasse wird dabei in den meisten Programmen zum kooperativen Gruppenunterricht in mehrere bewusst heterogene Gruppen aufgeteilt. Die Aufgaben werden so gestellt, dass alle Kinder in ihren Arbeitsergebnissen aufeinander angewiesen sind (Interdependenz). So befasst sich zum Beispiel bei der sogenannten „task specialization" jedes Gruppenmitglied mit einem Teilbereich des Themas, die Teilergebnisse werden zusammengetragen und diskutiert. Jeder Einzelne trägt dazu bei, dass die Gruppe die Gesamtaufgabe lösen kann (Avci-Werning 2002, 101).

Heterogene Gruppen

Aktivität und
Selbstgestaltung

Die gezielte Planung und Unterstützung kooperativer Gruppenarbeit kann dazu beitragen, dass die Schülerinnen und Schüler aktiver werden und dadurch ihre Lernprozesse stärker selbst gestalten können. Durch das gemeinsame Handeln regen sie sich gegenseitig an und können ihr Wissen verstärkt einbringen, sie machen die Erfahrung, dass sie gemeinsam auf mehr oder bessere Ideen kommen als jeder für sich. Das Erfolgserlebnis eines gelungenen Gruppenergebnisses kann sie in ihrem Selbstwertgefühl und in ihrer sozialen Position in der Klasse stärken, sie nehmen ihre eigenen Fähigkeiten stärker wahr und werden von ihren Gruppenmitgliedern dafür anerkannt. Avci-Werning referiert zusammenfassend die Untersuchungsergebnisse zu den Vorteilen kooperativen Gruppenunterrichts:

Vorteile
kooperativen
Gruppen-
unterrichts

„1. Verbesserung der Intergruppenbeziehungen
2. Erhöhung der Selbsteinschätzung
3. positive Veränderung des *locus of controll* (Kontrollüberzeugung)
4. Verbesserung der Freundschaftsbeziehungen innerhalb der Schulklasse
5. größere Akzeptanz von behinderten Kindern und Kindern mit Lernbeeinträchtigungen
6. besseres Verhalten im Klassenzimmer und besseres Arbeitsverhalten
7. größere Zufriedenheit der Schüler mit der Klasse und der Schule
8. mehr Kooperationsverhalten, Altruismus und die Fähigkeit, sich in andere hineinzuversetzen
9. Anhebung der Leistungsnormen." (2002, 124)

Neben den inhaltlichen und sozialen spielen dabei auch planerische Lernprozesse eine große Rolle, denn die Schüler lernen im kooperativen Gruppenunterricht, ihre Arbeits- und Gruppenprozesse selbst zu planen und zu organisieren. Auf die Gruppenzusammensetzung ist daher ein besonderes Augenmerk zu richten, damit die Gruppe arbeitsfähig ist.

Weiterhin benötigen die Schülerinnen und Schüler vor allem in der Anfangsphase unterstützende Strukturen: So weist Krämer-Kilic auf die Bedeutung einer *sozialen Binnenstruktur* hin, die z. B. verschiedene Rollen in der Gruppenarbeit (Schreiber, Beobachter, Sprecher ...) oder feste Tischgruppen umfassen kann. Die Aufgaben für die Gruppenarbeit sind ein weiterer Aspekt, der auch in amerikanischen Untersuchungen thematisiert wird: sie lassen insgesamt vermuten, dass für positive Effekte des *Peer Tutoring* oder *Peer Modeling* eine klare gemeinsame Aufgabenstellung günstig oder sogar notwendig ist (Lütje-Klose 1997a, 358ff).

Lehrerin als
Interaktions-
managerin

Die Rolle der Lehrkraft ist daher in diesem Kontext die einer Lern- und Interaktions-Managerin, deren Aufgaben vor allem in den Bereichen der inhaltlichen Anregung, der Unterstützung sozialen Verhaltens und der Lernorganisation liegen (Avci-Werning 2002, 113f):

- Sie muss den Lernstoff und die Aufgabenstellungen so auswählen und aufbereiten, dass die Schülerinnen und Schüler damit selbstständig arbeiten können.
- Sie muss die Gruppen heterogen zusammensetzen und sie unterstützen, wenn sie nicht allein weiterkommen.
- Sie muss gemeinsam mit der Klasse Regeln für die Gruppenarbeit entwickeln und einüben.
- Sie muss die Schülerinnen und Schüler beim Aufbau von Gesprächsfähigkeiten unterstützen.
- Sie muss die Verantwortlichkeit und gegenseitige Hilfe innerhalb der Gruppe unterstützen, den Schülerinnen und Schülern immer wieder die Verantwortung für ihre eigene Arbeit übergeben und sie ermutigen, die eigenen Ressourcen zu nutzen.
- Sie muss Aufgaben delegieren und sich selbst heraushalten können.
- Sie muss intervenieren, wenn die Gruppe die Aufgabenstellung nicht verstanden hat oder es in der Gruppe zu ernsthaften persönlichen Problemen kommt.

Kooperativer Gruppenunterricht und kooperatives Lernen kann in Sonderschulklassen und in integrativen Klassen gleichermaßen eingesetzt werden, wenn auch die Bedingungen in integrativen Klassen aufgrund der noch größeren Heterogenität das kooperative Lernen selbstverständlicher erscheinen lassen. Bei den Vertretern kooperativen Lernens findet sich auch eine grundlegende Übereinstimmung mit den zentralen Prinzipien integrativer Pädagogik wie der Förderung der gegenseitigen Akzeptanz, der bewussten Herstellung von Gemeinsamkeit und des sozialen Klimas in der Klasse.

4.3.5 Entdeckendes Lernen im Sachunterricht

Das entdeckende Lernen gehört zu den Methoden offenen Unterrichts, bei denen die Selbsttätigkeit der Schüler im Sinne des Prinzips der Konstruktion (Reich) besonders betont wird. Diese Arbeitsform geht unter anderem auf Deweys „Learning by doing" (1935) und Freinets „Tastende Versuche" (1934) sowie Bruners (1980) Überlegungen zum Lernen als Hypothesenbildung und -überprüfung in einem aktiven, selbstgesteuerten Prozess zurück. Durch das handelnde Explorieren, Experimentieren und Problemlösen sollen die Schüler kategoriale Eigenschaften und Zusammenhänge erfahren und speichern, indem sie im Umgang mit konkreten Materialien neue Erfahrungen sammeln, die dann im Anschluss reflektiert werden. „Im Unterschied zum passiven,

Selbsttätigkeit durch entdeckendes Lernen

rezeptiven Lernen soll der Schüler ein Thema, Gebiet, Problem, Phänomen durch motivierte Denkleistung selbst erschließen" (Werning/Bannach 1994, 84).

Gelenktes Entdecken

Wenn entdeckendes Lernen in seiner Idealform auch vollständig selbstgesteuert verläuft, so schränken Werning und Bannach ein, dass dieser Prozess im Unterricht von der Lehrkraft teilweise gesteuert werden sollte. Empirische Untersuchungen zeigen, dass das ungelenkte Entdecken nicht zu optimalen Lernergebnissen führt, weil die Schüler mit ihren Entdeckungen oft nicht selbstständig weiterarbeiten können. „Als optimale Methode hat sich gelenktes Entdecken erwiesen, wobei der Lehrer durch Lernhilfen und -strategien den Verlauf des Unterrichts steuert und dabei den Schülern Handlungsspielräume zum Probieren, Forschen und Entscheiden über Lernprozesse überlässt" (Werning/Bannach 1994, 85). Der Schwierigkeitsgrad der Aufgabe muss sowohl inhaltlich als auch methodisch den Möglichkeiten der Schüler entsprechend ausgewählt werden, damit sie erfolgreich handeln können.

Der Einsatz dieser Arbeitsform in der Sonderschule für Lernhilfe wird in der Literatur kontrovers diskutiert. Schüler dieser Schulform, die in vielen Fällen durch das Versagen in der Grundschule eine Misserfolgsorientierung aufgebaut und darüber hinaus mit der Selbststeuerung Schwierigkeiten haben, vermeiden demnach die Auseinandersetzung mit problemhaltigen Situationen häufig aus Furcht vor Versagen. Für solche Schüler wird ein klar strukturierter Unterricht als hilfreich eingeschätzt, während ein weniger strukturierter Unterricht vor allem für angstfreie und leistungsmotivierte Schüler günstig ist (Flammer 1975 in Werning/Bannach 1994, 86).

Voraussetzungen

Werning und Bannach setzen dagegen, dass entdeckendes Lernen auch mit diesen Schülern wirksam eingesetzt werden kann, wenn die entsprechenden Voraussetzungen angebahnt worden sind. Dazu gehören die *Vermittlung der notwendigen Arbeitstechniken,* der *Ausgleich von Erfahrungsdefiziten* durch einen spielerischen und explorierenden Umgang mit gezielt ausgewählten Materialien im Sinne einer vorbereiteten Umgebung sowie bei Bedarf *Unterstützungsmaßnahmen der Lehrkraft* im Prozess der Entdeckung.

Vorteile

Die Autoren begründen den Einsatz entdeckenden Lernens gerade für lernbeeinträchtigte Schülerinnen und Schüler damit, dass

• die Schüler in diesem Rahmen Strategien der Informationsgewinnung, der Überprüfung von Fragestellungen und des experimentellen Handelns erwerben können, die über die unmittelbare Situation hinaus ein Modell für ihre Auseinandersetzung mit der außerschulischen Lebenswelt bieten;

- diese Arbeitsform am Handlungsbedürfnis der Schüler anknüpft, ihnen den spielerischen Umgang mit unterrichtsrelevanten Gegenständen ohne Lernzieldruck ermöglicht und ihnen Gelegenheiten zur aktiven Auseinandersetzung damit bietet;
- die Misserfolgsorientierung der Schüler durch zunehmende Erfolgserlebnisse bei der Lösung von Problemen durchbrochen wird und so eine Veränderung in der Verhaltensdisposition erreicht werden kann;
- die Motivation zur Auseinandersetzung mit neuen Problemen gerade bei dieser Schülergruppe deutlich höher ist, wenn sie einen entdeckenden Zugang angeboten bekommt (Werning/Bannach 1994, 87f).

Im Sachunterricht bietet sich das entdeckende Lernen in besonderer Weise an, denn dieses Fach macht die Entdeckung der Welt und die Beziehung des Menschen zu den Gegenständen seiner Lebenswirklichkeit zum Thema: „Seine Aufgabe liegt ... in der Unterstützung des Kindes, seine Lebenswirklichkeit besser zu verstehen und seine Handlungsfähigkeit in dieser Lebenswirklichkeit zu erweitern" (Werning 1996b, 137). Der Lebensweltbezug aller zu bearbeitenden Themen, nicht eine strenge Wissenschaftsorientierung der Inhalte hat dabei Vorrang, und unter dieser Prämisse ist der Sachunterricht geeignet, mit den Schülern echte Probleme zu bearbeiten, wie dies im entdeckenden Lernen geschieht.

Sachunterricht als geeignete Situation

„Lernmöglichkeiten bieten sich immer da an, wo Probleme auftreten, wo Ungewohntes, Neues, Unverständliches auftaucht, wo Herausforderungen deutlich werden. Die Entdeckung der Problemhaltigkeit der alltäglichen Umwelt stellt m. E. den Ausgangspunkt produktiver Lernprozesse dar, in deren Verlauf Fragen formuliert, Probleme wahrgenommen, Versuche zu ihrer Lösung entwickelt und ausprobiert werden" (Werning 1996b, 139).

Indem den Schülern ein Problem bewusst wird, wird ein kognitiver Konflikt erzeugt, der anregt, Fragen zu stellen, auszuprobieren und neue Hypothesen zur Lösung des Problems zu entwickeln.

Damit die Schülerinnen und Schüler in diesem Prozess erfolgreich sein können, sind einige didaktisch-methodische Prinzipien zu berücksichtigen (Werning/Bannach 1994, 86ff):

Prinzipien

1. Gezielte Materialauswahl: Die Unterrichtsmaterialien sollten gezielt ausgewählt werden. Um die Alltagserfahrungen der Kinder in Frage zu stellen, soll das Material irgendwie ungewöhnlich sein und Rätsel aufgeben, die dazu anregen, genau hinzuschauen, Vermutungen anzustellen und zu überprüfen. Es soll das spielerisch-explorative Handeln anregen, das auf unterschiedlichen Niveaus – vom Versuch- und Irrtumverhalten bis hin zum hypothesenprüfenden, kontrollierten Experiment – umgesetzt werden kann. Weiterhin sollte das Material überschaubar sein und nicht zu komplex wirken, um das Entstehen einer Abwehrhaltung bei den Schülern zu vermeiden, weil sie sich überfordert fühlen. Auch die notwendigen Tätigkeiten zur Lösung sollten daher vor allem zu Beginn von geringer Komplexität sein. Werning bringt als Beispiel Fragestellungen wie „Zieht der Magnet die Gegenstände an? ja – nein; oder: Schwimmen die Gegenstände? ja – nein" (Werning 1996b, 147).

2. Spielerisch-exploratives Handeln: Die Gelegenheit zum spielerisch-explorativen Handeln mit den Gegenständen ist von großer Bedeutung für den Erkenntnisprozess, weil Schülerinnen und Schüler mit Lernbeeinträchtigungen in ihrer Lebenswelt häufig nicht ausreichend Gelegenheiten zur handelnden Erfahrung erhalten. Das Bedürfnis, spielerisch mit dem Material umzugehen, kann – wenn ihm nicht genügend Raum gegeben wird – der vertieften Beobachtung und kognitiven Auseinandersetzung mit dem Thema im Wege stehen. Die spielerischen Handlungsinteressen der Schüler sollten daher berücksichtigt werden, bevor ihnen abverlangt wird, mit dem Material zu „arbeiten". Beispiele für das explorative Handeln sind das Hantieren mit einem Magneten, das Spiel mit Schatten, die Konfrontation mit Spiegeln etc.

3. Gezielte Fragestellungen entwickeln: Ausgehend vom spielerischen Explorieren wird der Unterricht weitergeführt zu gezielten Fragestellungen, die die Schülerinnen und Schüler im günstigsten Fall selber entwickeln oder die anknüpfend an ihre beobachteten Erfahrungen durch die Lehrkraft versprachlicht werden. Die Fragen sollen Anstöße zur weiteren Nachforschung oder Reflexion geben und Problemstellungen gezielt herausarbeiten. Dabei ist besonders darauf zu achten, dass der Lösungsweg nicht vorweggenommen wird, z. B.: „Beschreibe, was du tun musst, um die Größe des Schattens zu verändern!"

Beispiel
Achsensymmetrie

Als Beispiel stellt Werning eine Unterrichtsstunde zum Thema Achsensymmetrie vor, in der die Schülerinnen und Schüler durch den handelnden, spielerischen Umgang mit Material achsensymmetrische und nicht achsensymmetrische Gegenstände erkennen und zeichnerisch verfremden sollen.

„Der Einstieg in die Stunde ist durch ein Überraschungsmoment gekennzeichnet, wodurch bei den Schülern Neugier und problemorientiertes Denken ausgelöst werden soll. Um eine entdeckende Auseinandersetzung mit symmetrischen Gegenständen zu initiieren, wird den Schülern ein in der Länge halb abgedeckter Besen präsentiert. Die Schüler erhalten die Aufgabe, den ‚ganzen Besen' auf Gitterpapier zu zeichnen. Alle Kinder zeichnen hier einen achsensymmetrischen Besen, wie er ihren Alltagserfahrungen entspricht. Sie werden aufgefordert, die Spiegellinie zu suchen und entweder einzuzeichnen oder durch Knicken des Papiers deutlich zu machen (der Begriff der Spiegellinie ist den Kindern bekannt).

Nun wird der vollständige Besen präsentiert, der nicht achsensymmetrisch ist und sich von den Vorerfahrungen der Schüler deutlich unterscheidet. Staunen und Heiterkeit zeichnet die Schülerreaktionen aus. Zunächst besteht Uneinigkeit darüber, ob das überhaupt ein Besen sei. Einige Schüler untersuchen ihn und überprüfen ihn auf seine Funktionalität. Sie kommen zu dem Schluss, dass der Stiel zwar falsch angebracht sei, es sich aber trotzdem um einen richtigen Besen handele. Während des Ausprobierens stellen die Schüler fest, dass man mit ihm viel besser unter Schränke und Tische gelangen kann als mit normalen Besen. Durch die Konfrontation mit einem Alltagsgegenstand, der von den Erwartungen der Schüler abweicht, wird so eine Problematisierung der Bedeutung von Symmetrie bei Gegenständen in unserer Umwelt initiiert.

In der folgenden Explorationsphase untersuchen die Schüler verschiedene achsensymmetrische Gegenstände, die sie im Klassenraum bzw. im Schulgebäude oder auf dem Schulhof finden. Zu den Dingen, die sie untersuchen, gehören die Tafel, Schmetterlinge aus Papier, die Couch, eine Jacke, der Lehrer, Hefte etc. Gemeinsam wird im Stuhlkreis (Reflexionsphase) überlegt, was passieren würde, wenn die Gegenstände nicht spiegelgleich wären. Die Schüler stellen hier heraus, dass unsymmetrische Schülertische Streit auslösen könnten, da der Platz ungleich verteilt sei; unsymmetrische Jacken seien sicherlich sehr unbequem, Schmetterlinge, deren Flügel nicht symmetrisch seien, könnten bestimmt nur sehr schlecht oder gar nicht fliegen. Auch über die Symmetrie beim Menschen wird lange diskutiert.

In der darauffolgenden Stunde ,erfinden' die Schüler neue, achsensymmetrische Gegenstände durch die Vervollständigung von Abbildungen halbierter, nicht achsensymmetrischer Dinge mit Hilfe einer Acrylglasscheibe. Dazu gehören z. B. ein Kessel mit zwei Gießern, einen für Kakao und einen für Tee, oder der ,Doppellöffel' für Kaffee und Kuchen oder das Auto, das immer vorwärts fährt" (Werning 1996b, 148f).

Um den Schülern ein entdeckendes Lernen zu ermöglichen, muss – wie an dem Beispiel deutlich wird – das entsprechende Material bereitgestellt werden, und besonders zu Beginn der Arbeit mit dieser Methode muss auch die problemhaltige Situation vorstrukturiert werden. Je mehr Erfahrungen die Schüler mit solchen Aufgabenstellungen und den Arbeitstechniken haben, desto besser können sie selbstständig arbeiten. Werning und Bannach kommen zu dem Schluss, dass der erhöhte Arbeitsaufwand, der damit für die Lehrkräfte verbunden ist, durch die „Förderung der prozessualen Problembearbeitungsfähigkeit der Schüler gerechtfertigt" ist (Werning/Bannach 1994, 91). Durch die Erfahrung, etwas selbst bewirken und selbst klären zu können, werden die Schülerinnen und Schüler in ihrem Zutrauen zu den eigenen Fähigkeiten und damit auf Dauer auch in ihrem Selbstkonzept gestärkt.

4.3.6 Lebensweltbezug im Projektunterricht

Die Methode des projektorientierten Unterrichts stellt eine bewusste Alternative zum lehrgangsorientierten, frontal geprägten Unterricht dar und geht auf die Reformpädagogen Dewey und Kilpatrick (1935) zurück. Sie zeichnet sich Heimlich zufolge durch zwei Hauptmerkmale aus:

Situations-
orientierung und
Schüler-
orientierung

„1. Situationsorientierung als Bezug auf die Lebenswelt der Schüler und 2. Schülerorientierung als Bezug auf die Selbsttätigkeit der Schüler ... Von Projektmethode sollte also dann gesprochen werden, wenn Schüler an für ihre Lebenswelt relevanten Problemsituationen selbsttätig arbeiten lernen. Projektunterricht ist folglich als Unterrichtsveranstaltung aufzufassen, in deren Mittelpunkt die Projektmethode steht und die damit auch eine neue Qualität der Schüler-Lehrer-Interaktion beinhaltet, die seit Dewey als demokratische bezeichnet wird" (Heimlich 1993, 59).

Die Betonung der Selbsttätigkeit der Schüler zeigt den engen Bezug des projektorientierten Unterrichts zum entdeckenden Lernen und zum handlungsorientierten Unterricht. In einem Projekt ist aber der Rahmen weiter gefasst: Schüler und Lehrer arbeiten fächerübergreifend an einem gemeinsam bestimmten Thema, entscheiden gemeinsam über die zu bearbeitenden Unterthemen und Arbeitsformen und veröffentlichen das Ergebnis. Nach Auffassung von Hänsel ist die Projektarbeit nicht nur als Unterrichtsmethode, sondern darüber hinaus als Versuch zu verstehen, Schule und Wirklichkeit in gemeinsamer Anstrengung zu verändern.

Projektunterricht

In Anlehnung an Dewey definiert sie den Projektunterricht als „Unterricht, in dem Schüler und Lehrer ein echtes Problem in gemeinsamer Anstrengung und handelnder Auseinandersetzung mit der Wirklichkeit zu lösen suchen" (Hänsel 1986, 33). Frey (1982) beschreibt den idealtypischen Verlauf eines Projekts folgendermaßen:

Projektinitiative: Am Anfang steht eine Projektinitiative, eine Idee, für die sich Lehrkraft und Schüler interessieren und die sie bewegt. In einem kommunikativen Prozess setzen sich die Beteiligten mit dem Thema auseinander, besprechen mögliche Chancen, Grenzen und Ziele sowie zu erwartende Schwierigkeiten, die als Projektskizze festgehalten werden.

Projektskizze und Projektplan: Aus diesen Vorüberlegungen wird der Projektplan gemeinsam entwickelt, es werden zeitliche, räumliche, materielle und persönliche Bedingungen geklärt.

Projektdurchführung und Fixpunkte: Die Projektdurchführung, die in Form einer Projektwoche oder auch eines längerfristigen

Zeitraums mit bestimmten täglichen oder wöchentlichen Zeiten erfolgen kann, wird durch bestimmte Fixpunkte strukturiert. An diesen organisatorischen Schaltstellen informieren sich die Beteiligten gegenseitig über den Stand ihrer Arbeit und ihre weitere Planung, prüfen gemeinsam den Bezug zum gesetzten Ziel, vergewissern sich ihrer Aufgaben und reflektieren das bisher Erreichte.

Ergebnispräsentation: Am Ende steht meistens eine Präsentation oder sonstige Form der Veröffentlichung der Ergebnisse.

Aus dieser Ablaufskizze wird deutlich, dass die Planung bei dieser Arbeitsform nicht (mehr) allein in den Händen der Lehrkraft liegt, sondern gemeinsam mit den Schülern erfolgt. Der Zeitrahmen der üblichen 45-Minuten-Stunden wird gesprengt zugunsten einer Anpassung an die inhaltlichen Notwendigkeiten, die sich aus dem Thema ergeben. Die Verantwortung für den Erfolg der Unternehmung liegt bei jedem einzelnen Beteiligten. Sowohl das Lehren als auch das Lernen ist komplexer als in einem lehrerzentrierten Unterricht und erfordert vor allem von Schülerinnen und Schülern mit Lernbeeinträchtigungen ein hohes Maß an Planungskompetenz und Selbstständigkeit, was, wie bereits beschrieben, keineswegs vorauszusetzen ist. Heimlich (1993, 1999b) betont daher, dass das Projektlernen „gelernt" werden muss, die zentralen Arbeitsweisen also eingeübt werden müssen, damit die Schüler sich in diesem Rahmen als erfolgreich erleben können. Damit bestätigt er die allgemeineren Ausführungen von Reiß u. a. (1997) zur Vorbereitung auf offene Unterrichtsformen (vgl. Kap. 4.2). Wichtige Lernvoraussetzungen sieht er in folgenden Bereichen:

Gemeinsame Planung

„1. Die Schüler sollen in einem Gesprächskreis zusammensitzen und miteinander kommunizieren können" (Heimlich 1993, 61). Diese wichtige Bedingung für das gemeinsame Planen im Projekt kann in verschiedenen Situationen des Unterrichts eingeübt werden, z. B. im Wochenabschlusskreis, bei der Planung von Klassenausflügen usw.

Voraussetzungen

„2. Schüler sollen in Gruppen arbeiten können" (Heimlich 1993, 62). Anhand von kleineren Aufgaben können die Schüler schon vor Projektbeginn Erfahrungen mit Gruppenarbeit sammeln. Dabei können strukturierende Elemente eingeübt werden, z. B. die Bestimmung eines Gruppenschreibers, eines Gruppensprechers usw. (vgl. Kap. 4.3.3).

„3. Schüler sollen mit offenen Aufgabenstellungen umgehen können" (Heimlich 1993, 62). Das heißt für Lehrkräfte, dass sie sie zu selbsttätigen Lernprozessen anregen müssen anstatt – wie sonst angestrebt – präzise formulierte Lernaufgaben unter genauer Zielangabe zu formulieren.

„4. Schüler sollen Erfahrungen mit außerschulischen Erkundungen gesammelt haben" (Heimlich 1993, 62). Ein Erkundungsgang zu einem außerschulischen Lernort bietet eine gute Gelegenheit, projektrelevante Kompetenzen wie die Planung, Durchführung und Auswertung einzuüben.

„5. Schüler sollen sich über einen längeren Zeitraum mit einer Thematik in einem Fach im Sinne von Epochalunterricht beschäftigen können" (Heimlich 1993, 62). In einer Epoche wird über einen bestimmten Zeitraum (zum Beispiel vier Schulwochen) vertieft an einem Thema in einem Unterrichtsfach gearbeitet, der übliche 45-Minuten-Takt, in dem jeweils ein anderes Fach an der Reihe ist, wird aufgebrochen. Stattdessen werden fächerübergreifend verschiedene Aspekte des Themas bearbeitet.

„6. Schüler sollen bei kleineren Vorhaben die fächerübergreifende Arbeit kennen gelernt haben" (Heimlich 1993, 63). Beispiele hierfür sind die Planung eines Klassenfestes mit Einladungsschreiben an die Eltern (Deutsch), die Berechnung des Einkaufs (Mathematik), das Einüben eines Liedes (Musik) usw.

Ein besonderer Schwerpunkt und gleichzeitig eine besondere Schwierigkeit bei der Umsetzung der Projektmethode mit lernbeeinträchtigten Schülerinnen und Schülern liegt in der gemeinsamen Planung. Das Thema soll demokratisch ausgehandelt werden, und die Umsetzung wird im Prozess immer wieder reflektiert. Diese metakommunikative Auseinandersetzung stellt hohe Anforderungen an die Schüler und bedarf der strukturierenden Unterstützung. Als Beispiel wird hier ein Schattentheaterprojekt vorgestellt, das mit einer siebten Klasse an einer Schule für Lernhilfe durchgeführt wurde (Lütje-Klose 1997b).

Schattentheater-
projekt

„Ich bin down, ich bin wirklich down.
Ich bin down, total down.
Ich bin down, ich bin wirklich down.
Wie kannst du lachen,
wenn du weißt, ich bin down?"

In diesem Rap, der den Ausgangspunkt eines fächerübergreifenden Projekts im Musik-, Kunst- und Deutschunterricht darstellt, wird eine Stimmung ausgedrückt, wie die Schüler der siebten Klasse einer Schule für Lernhilfe sie oft erleben: ein Gefühl der Enttäuschung, der Traurigkeit, der Lustlosigkeit, vermischt mit Wut und der Angst, ausgelacht, nicht ernst genommen zu werden. Die Jugendlichen im Alter von 14 bis 16 Jahren kennen das Gefühl des Versagens, in ihren Schulleistungen ebenso wie in der Verwirklichung ihrer persönlichen Ziele und kommunikativen

Absichten, denn sie sind in der Regelschule gescheitert. Es fällt ihnen vor diesem Hintergrund besonders schwer, die vielfältigen Entwicklungsaufgaben zu bewältigen, die in dieser „kritischen Lebensphase" zu bearbeiten sind. Diese Stimmung als Projektthema aufzugreifen, zu benennen, gar damit zu spielen ist heikel, gerade weil sie den „Nerv" der Jugendlichen trifft. Trotzdem entsteht ein Projekt, an dem Schüler und Lehrkräfte über drei Monate an einem ganzen Schultag pro Woche gemeinsam arbeiten.

Die Bearbeitung des Raps im Musikunterricht und das Schreiben von Texten dazu im Deutschunterricht führt zu starken emotionalen Äußerungen der Schüler, und gleichzeitig gefallen ihnen ihre eigenen Geschichten um jemanden, der „down" ist, gut. Texte über große Enttäuschungen, spannende Krimis und dramatische Liebesgeschichten sind entstanden. Es reizt sie, das Thema zu vertiefen. Im gemeinsamen Gespräch – einem ersten Fixpunkt – fällt die Entscheidung, die Schülertexte zum Ausgangspunkt für ein Theaterstück mit Musikbegleitung zu nehmen: Eine *Projektskizze* entsteht.

Eigene Texte als Ausgangsmaterial

In einer ausführlichen Explorationsphase experimentieren die Schüler nun mit dem Medium Schattentheater, probieren Effekte mit farbigen Folien, Formen, Gegenständen auf dem Projektor und verschiedenen Entfernungen zur Lichtquelle aus und spielen schließlich unter Einsatz vielfältiger Requisiten selbst verschiedene kleine Rollen. Das Medium Menschenschattentheater begeistert sie, denn sie können sich ihrem Publikum hinter der Leinwand in verfremdeter Gestalt präsentieren und müssen ihre Identität nicht preisgeben. Die verschiedenen Aufgaben, die mit dem Schattentheater verbunden sind – das Aufbauen von Leinwand und Projektor, das Bereitstellen von Requisiten, das Ausdenken von Rollen, die musikalische oder lautmalerische Begleitung usw. – werden von allen Beteiligten ausprobiert. Diese Phase des Projekts wird mit einem Besuch hinter den Kulissen des Opernhauses beendet, bei dem die verschiedenen Berufsgruppen thematisiert werden, die im Musiktheater gebraucht werden.

Explorationsphase

Daran anknüpfend treffen Schüler und Lehrkräfte zusammen die Entscheidung, dass nun eine Spezialisierung und Übernahme fester Aufgaben in Gruppen notwendig ist, damit wirklich ein Theaterstück entstehen kann. Der zweite Fixpunkt ist durch die Zuordnung der Schüler zu den Aufgabenbereichen Regie/Text, Schauspiel, Musik, Technik/Bühnenbild gekennzeichnet. Jetzt entsteht ein konkreter *Projektplan* mit dem Ziel einer Aufführung. Die Entscheidung für einen der Texte als Ausgangspunkt der weiteren Arbeit fällt erst nach mehreren Stunden kontroverser Diskussion, am Ende muss abgestimmt werden. Die Schüler entschei-

Übernahme von festen Aufgaben

den sich für eine Liebesgeschichte, bei der ein Mädchen ihren Freund bei einer Verabredung versetzt und er deshalb „down" ist. Die Musikergruppe macht (mit Unterstützung der Lehrerin) aus dem solistischen Rap zunächst einen Dialog. Aus dem Dialog wird auf Anregung eines Schülers ein Lied, das in verteilten Rollen gesungen wird, und so den Inhalt der Geschichte auch musikalisch mit Gitarre, Schlagzeug und Gesang umsetzt. Die Technikgruppe stellt Folien als Bühnenbilder her, die die jeweiligen Szenen einrahmen, und übt den Umgang mit dem Projektor. Die Regisseure machen sich zusammen mit den Schauspielern Gedanken darüber, wie die Szenen umgesetzt werden können.

Konflikte

Dieser letzte Bereich gestaltet sich trotz Lehrerunterstützung schwierig. Walter und Deniz, die sich in Ermangelung eines schauspielbereiten Mädchens zunächst für die Rolle der Schauspieler entschieden haben, finden das Stück nach einiger Zeit doch peinlich. Sie sind zwei starke Persönlichkeiten in der Klasse, die kaum bereit sind, Kritik anzunehmen, und wollen sich von der Regie nicht sagen lassen, wie sie zu spielen haben. Auch einige andere Schüler nehmen ihre Verantwortung nicht so ernst wie die anderen das einfordern. Es kommt zu einer Krisensitzung, bei der die Klasse versucht, Angela, das einzige in Frage kommende Mädchen, zum Spielen zu überreden. Doch sie entscheidet sich klar dagegen, sie will weiter Musikerin sein. Die gesamte Rollenverteilung wird noch einmal in Frage gestellt. Beim nächsten Termin fordert die Lehrerin den Schülern eine Entscheidung ab, ob das Projekt fortgesetzt werden soll oder nicht. Nachdem bis auf den einen Schauspieler alle am Stück weiterarbeiten wollen, werden Verträge geschlossen und mit beidseitigen Unterschriften besiegelt. Auf Anregung von Ahmed wird das ganze Stück noch einmal verändert, so dass es weniger „peinlich" wird: aus der brisanten Liebesgeschichte wird eine etwas harmlosere Freundschaftsgeschichte. Hakan und Selim verpflichten sich nach gründlichem Überlegen, die Rolle der Schauspieler verbindlich zu übernehmen.

Übernahme von Verantwortung

Nach dieser krisenhaften Entscheidungsphase ist bei den Schülern eine neue Verbindlichkeit zu spüren, sie haben jetzt *Verantwortung für das Projekt* übernommen. Für die beiden Ex-Schauspieler, die in keiner der bisherigen Rollen mitarbeiten wollen, wird eine neue Aufgabe als Kameraleute gefunden: sie sind nun zuständig für das Filmen der Proben und die Rückmeldung an die anderen, was nach und nach gelingt.

Erfolgreiche Aufführung

Über mehrere Monate entsteht schließlich ein komplexes, selbstgeschriebenes Schattentheaterstück mit Musik, das zum Abschluss vor Eltern und anderen Klassen mehrfach erfolgreich aufgeführt wird.

Die Zielsetzung der beiden Lehrerinnen, den Schülerinnen und Schülern Gelegenheiten zur Übernahme von Verantwortung und zum Aufbau eines positiven Selbstkonzepts zu geben, kann am Ende für die meisten Schüler als erreicht gelten: sie sind sehr stolz auf ihr „Produkt" und haben in der Gruppe einen neuen Zusammenhalt erreicht, der sie auch die Kritik von anderen Schülern aushalten lässt.

Aufbau eines positiven Selbstkonzepts

In den strukturierten Rückmeldungsrunden, die auf das gemeinsame Anschauen der Probenergebnisse auf Video folgten, haben sie gelernt, wertschätzend und vorsichtig Kritik zu üben, was noch eine ganze Weile positive Auswirkungen auf das Klassenklima hat. Die unterstützenden Elemente, die die Lehrkräfte eingebracht haben, liegen auf mehreren Ebenen:

Kommunikative Kompetenzen

- Die jeweiligen Aufgaben der Gruppen sowie der Handlungsverlauf der Geschichte werden visualisiert und immer wieder auf den aktuellen Stand gebracht.
- An den entscheidenden, schwierigen Stellen werden offene Gespräche geführt, die den Prozess metakommunikativ reflektieren.
- Die Gespräche und daran anknüpfend die Verträge schaffen Verbindlichkeit.
- Die Verpflichtung zur klaren Rollenübernahme und die ritualisierte Rückmeldung am Ende jeder Probe bieten die notwendige Struktur, im Rahmen derer die Schüler handlungsfähig sind.
- Um die unvermeidliche Kritik aushalten zu können, benötigen die Schüler eine Atmosphäre des gegenseitigen Vertrauens, damit sie ihre jeweiligen Leistungen steigern können.
- Die Rückmeldung über Videoaufzeichnungen erweist sich als hilfreich, weil die Kritik an der Wahrnehmung der jeweiligen Rollen dadurch objektiviert wird und die Schüler sie nicht so stark als persönlichen Angriff wahrnehmen.

Insgesamt kommen alle Beteiligten zu dem Schluss, dass das Musiktheaterprojekt sich trotz der großen emotionalen Anstrengung und des Arbeitsaufwandes gelohnt hat und gut gelungen ist. Die Schülerinnen und Schüler konnten ihre sprachlich-kommunikativen, schauspielerischen, musikalischen, künstlerischen und technischen Fähigkeiten entwickeln, und besonders die engagiertesten Schüler haben deutlich an Selbstbewusstsein gewonnen (vgl. Fallstudien in Lütje-Klose 1997b).

Die gemeinsame Arbeit in einem Projektzusammenhang gilt, wie in den Ausführungen zu Feusers didaktischem Entwurf schon deutlich wurde, in der integrativen Pädagogik als „Königsweg" des Unterrichts (z. B. Demmer-Dieckmann 1991; Feuser/Meyer 1987;

Heyer u. a. 1993). Wie dieses und viele andere Beispiele zeigen, gewinnt die Arbeit an Projekten in den letzten Jahren, aber auch in der Sonderschule für Lernhilfe zunehmend an Bedeutung (Heimlich 1999b).

4.3.7 Bewusste Herstellung von Gemeinsamkeit im fächerübergreifenden Unterricht

Der bewusste Aufbau von Gemeinsamkeit aller Kinder einer Klasse ist ein Thema, das in integrativen Klassen vielfach intensiv bearbeitet wird (vgl. Kap. 4.2.1). Auch in Sonderschulklassen ist darauf besonderer Wert zu legen, denn ein Gefühl der Gemeinsamkeit und Solidarität ist grundlegend für ein entspanntes, emotional positives Klassenklima, was eine grundlegende Bedingung lern- und entwicklungsfördernden Unterrichts darstellt. Nur in einer emotional sicheren Situation können die Schülerinnen und Schüler sich auf neue Lerngegenstände einlassen und Eigenständigkeit wagen.

Soziale Distanz   Wockens Ergebnisse einer empirischen Untersuchung zur sozialen Distanz an verschiedenen Schulformen zeigen, dass das keineswegs selbstverständlich ist (Wocken 1992). Er zeigte insgesamt 1055 Schülern aus Integrationsklassen, Sonderschulen, Grund- und Hauptschulen sowie Gymnasien Bilder von Kindern mit einer Körperbehinderung, einer geistigen Behinderung, einer Lernbehinderung, Verhaltensstörungen sowie von Kindern nichtdeutscher Herkunft und stellte dazu sieben Distanzfragen („Kannst du dir vorstellen, dass X in deiner Klasse ist, dein bester Freund ist, zu deinem Geburtstag kommt ...?"). Schüler mit Verhaltensstörungen wurden über alle Schultypen gleichermaßen am stärksten zurückgewiesen. Weiterhin zeigte sich, dass bei den Sonderschülern im Vergleich zu allen anderen Befragten die größten Distanzwerte gegenüber geistig behinderten, körperbehinderten, lernbehinderten und ausländischen Menschen vorhanden waren. Die Befragten aus Grund- und Hauptschulen sowie aus Gymnasien lagen in Bezug auf diese Gruppen im mittleren Bereich, die Integrationsschüler zeigten die geringsten Distanzwerte. Wocken schloss daraus, dass die Kinder in Integrationsklassen die integrativsten Einstellungen, die Sonderschüler dagegen die distanziertesten Einstellungen haben. Angesichts der Tatsache, dass die Sonderschule für Lernhilfe von einem hohen Anteil gerade der als „anders" gekennzeichneten Schüler besucht wird, ist dieses Ergebnis erschreckend und zeigt die Notwendigkeit, am Bildungsziel Solidarität sowie am Selbstkonzept der Schüler besonders in dieser Schulform zu arbeiten.

Das folgende Beispiel stammt aus einer integrativen Klasse, die zu Beginn mit ähnlich negativen Grundeinstellungen der Kinder und Eltern zueinander zu kämpfen hatte, wie sie bei Wocken hinsichtlich der Sonderschüler berichtet werden.

Die erste Klasse einer integrativen Grundschule in einem sozialen Brennpunkt besteht bei der Einschulung aus „einem Haufen Individualisten", wie die Lehrerin sagt. Fast die Hälfte der Schüler hat vorher noch nie in einer Gruppe zusammengelebt, hat auch keinen Kindergarten besucht. Manche Kinder sind ängstlich und sprechen kaum, andere können offenbar zu Hause uneingeschränkt herrschen und bringen lautstark ihre Bedürfnisse ein. Auf andere zu achten und deren Interessen zu berücksichtigen, ist ihnen völlig neu. Von Anfang an kommt es bei jedem Raumwechsel, in jeder Pause, im Umkleideraum usw. zu heftigen Prügeleien. Die Gruppe ist sehr heterogen, neben leistungsstarken Kindern mit unterstützenden Elternhäusern wird die Klasse von einigen Kindern mit besonderem Förderbedarf im Lernen, in der Sprache und im Verhalten besucht. Der Anteil der Kinder nichtdeutscher Herkunft liegt bei 60 %. Bei einigen Eltern und Kindern bestehen deutliche Vorbehalte gegeneinander und gegenüber Kindern mit Förderbedarf. Nach kurzer Zeit entscheiden die Lehrkräfte, eine Grundschullehrerin und eine Sonderpädagogin, die in der ersten Klasse fünf Stunden wöchentlich mitarbeitet, dass hier gezielt an der Selbstwahrnehmung, der gegenseitigen Wahrnehmung und Akzeptanz sowie der Entstehung von Gemeinsamkeit gearbeitet werden muss.

Ein Projekt zum Thema „Gefühle" bildet den Auftakt dieser Arbeit. Mit einem Lied und „Smilies", die die Gefühle glücklich, traurig, wütend und ängstlich symbolisieren, wird das Thema eingeführt. Die Kinder basteln sich Gefühle-Uhren, auf denen sie zu Beginn jedes Tages ihr Gefühl einstellen und erzählen können, wie es ihnen heute geht. Dieses *Ritual* wird Tag für Tag über ein halbes Jahr durchgeführt, ebenso wie der *Tagesabschlusskreis,* in dem noch offene Streitigkeiten geklärt werden können. Außerdem werden *Standbilder* und *Rollenspiele* zu verschiedenen Situationen und Gefühlen ausprobiert.

Anhand eines Bildes, auf dem zwei Kinder sich streiten und andere darum herum stehen, wird das Thema Streit eingebracht. Im Rollenspiel stellen die Kinder den abgebildeten und später auch eigene Streitsituationen dar, die sie in der Pause erlebt haben. Es wird gemeinsam nach Lösungen gesucht und schließlich die „Stopp-heißt-Stopp-Regel" eingeführt: Wenn jemand „Stopp" ruft und dazu beide Hände hebt, muss der andere sofort aufhören zu ärgern oder zu schlagen. Nach viel „Trockenübung" im Rollenspiel und mit gezielter Unterstützung durch eine Lehrerin als „Hilfs-Ich" in Echtsituationen wird die Regel schließlich von allen wahrgenommen, wenn auch noch nicht immer befolgt.

Eine Vertiefung erfolgt durch die Auseinandersetzung mit dem Thema „Jeder ist anders". Auch dazu wird ein Lied eingeführt, das so umgetextet wird, dass jedes einzelne Kind mit seinen Besonderheiten genannt wird. Das Bilderbuch „Das kleine Gelb und das kleine Blau" von Leo Leonie, in dem es um das Anders sein und die Ablehnung durch eine Gruppe geht, wird vorgelesen und bearbeitet: eine Klassencollage entsteht, in der die Kinder als gelbe, blaue und rote Fische im gemeinsam gestalteten Meer schwimmen. Zu einem späteren Zeitpunkt, als viele der Kinder schon besser lesen können, wird das Thema mit dem Bilderbuch „Irgendwie anders" von Kathryn Cave und Chris Riddel wie-

Verschiedenheit
und Gemeinsamkeit

Projekt Gefühle

Projekt
„Jeder ist anders"

der aufgegriffen und als Schreibanlass genutzt. Auch das Thema Streit wird noch einmal thematisiert, diesmal mit dem Buch von Eric Carle: „Du hast angefangen! Nein, du!" Die Bücher werden in Form eines Bilderbuchkinos vorgelesen und besprochen, vielfältige produktive Bearbeitungsformen schließen sich an: künstlerische Gestaltungen, Spiellieder, Rollenspiele, eigene Texte dazu, Sprechblasen usw. In den weiteren Schuljahren werden umfangreichere Schriften wie das Buch „Zusammen sind wir stark" von Christa Zeuch gelesen und bearbeitet, ein kooperatives Spiel zum Buch wird entwickelt und leidenschaftlich gespielt. Die Klasse gewinnt mit diesem Beitrag zum Wettbewerb „Das lesende Klassenzimmer" einen Preis, was die Gemeinschaft zusätzlich stärkt.

Die Themen Gefühle, Streiten und Vertragen, Anders und doch Gemeinsam sein werden so über die gesamte Grundschulzeit immer wieder neu angesprochen. Die genannten Bücher dienen dabei als Ausgangspunkt und Beispiel, daran anknüpfend stellen die Schülerinnen und Schüler Bezüge zu ihren eigenen Lebenssituationen her, versetzen sich in andere Rollen und denken über alternative Handlungsmöglichkeiten nach. Gleichzeitig arbeiten sie an der Weiterentwicklung ihrer laut- und schriftsprachlichen Kompetenzen, indem sie sich im Gesprächskreis einbringen, gemäß ihrem jeweiligen Niveau eigene Texte schreiben, Bilder malen, eigene Bücher gestalten usw. (Lütje-Klose/Pfeiffer 2001).

Der Erfolg gibt den Lehrerinnen recht, so viel Energie in dieses Thema zu investieren: nach und nach wächst die Klasse zu einer Gemeinschaft zusammen, die investierte Zeit zahlt sich durch eine gute Arbeits- und Lernatmosphäre aus, und in Konfliktsituationen können die etablierten Rituale nutzbar gemacht werden.

Gemeinsamkeit im Alltag

Das Beispiel zeigt, wie die Lehrerinnen durch das Thematisieren von individuellen Unterschieden und Konflikten in Projektform daran arbeiten, Gemeinsamkeit in der Klasse bewusst herzustellen.

Neben solchen geplanten Prozessen sind auch ganz alltägliche Arbeitsformen und Rituale geeignet, gemeinsame Erfahrungen zu betonen: Wenn zum Beispiel ein gemeinsames Klassenbild an die Wand gehängt wird, eine Arbeitsgruppe ihre Ergebnisse veröffentlicht, ein Schüler im Wochenanfangskreis berichtet, warum es ihm nicht gut geht, oder die Klasse einen Brief an eine kranke Mitschülerin schreibt und ihr über die Erlebnisse der Woche berichtet. Auf die positiven Auswirkungen kooperativer Gruppenarbeit auf die sozialen Prozesse in der Klasse wurde bereits hingewiesen (vgl. Kap. 4.3.4).

Gemeinsame positive Erfahrungen im informellen Rahmen wie das Feiern eines Sommerfestes mit Eltern und Geschwistern, die Durchführung einer Klassenfahrt oder Lesenacht im Klassenraum unterstützen das Entstehen eines Gemeinschaftsgefühls ebenfalls in nicht zu ersetzender Weise. Über die einzelne Klasse hinaus ist die Entwicklung einer Kultur der Gemeinsamkeit in der ganzen Schule ein wichtiger Bestandteil dieses Prinzips, durch das sozialen Konflikten, Ausgrenzungsprozessen und Verhaltensproblemen präventiv entgegengewirkt werden soll. Dazu können die zu

Beginn dieses Kapitels in den „Bausteinen lern- und entwicklungsfördernden Unterrichts" genannten Arbeitsformen des regelmäßigen Gesprächskreises und Klassenrats entscheidend beitragen.

Schülerinnen und Schüler mit Lernbeeinträchtigungen werden heute, anders als zum Zeitpunkt der Entstehung der Hilfsschule, in vielen verschiedenen Institutionen unterrichtet und gefördert. Die didaktischen Prinzipien und die methodischen Strategien, die günstige Bedingungen für die Unterstützung ihrer Lern- und Entwicklungsprozesse ermöglichen, stimmen dennoch im Grundsatz überein und unterscheiden sich gleichzeitig grundsätzlich von den traditionellen Konzepten der Lernbehindertendidaktik.

Wie in diesem Kapitel deutlich wurde, hatten die Veränderungen, die sich in den letzten 100 Jahren in Bezug auf das Verständnis menschlicher Entwicklung und menschlichen Lernens ergeben haben, auf die didaktische Konzeptentwicklung wesentlichen Einfluss. In den vorgestellten didaktischen Konzepten werden die unterschiedlichen theoretischen Modellvorstellungen, wie sie im dritten Kapitel dargestellt wurden, in unterschiedlicher Akzentuierung aufgenommen und umgesetzt. Die anschließend entwickelten Prinzipien aus systemisch-konstruktivistischer Sicht und die daran anknüpfenden Bausteine lern- und entwicklungsfördernden Unterrichts wurden durch viele Beispiele aus der Praxis veranschaulicht. Sie zeigen, dass sich das Bild eines angemessenen Unterrichts für Schülerinnen und Schüler mit Lernbeeinträchtigungen gewandelt hat von *einem stark vorstrukturierten, lehrerzentrierten Unterricht* hin zu einer *behutsamen Öffnung,* die durch *vielfältige Strukturierungsformen* unterstützt wird. Dahinter steht die Zielvorstellung, den Schülerinnen die Aneignung von Lernstrategien zu ermöglichen und sie so zu *selbstbestimmterem, handelndem, entdeckendem Lernen* zu führen. Arbeitsformen wie die *Planarbeit,* die *freie Arbeit,* die *kooperative Gruppenarbeit* und der *projektorientierte Unterricht,* wie sie hier veranschaulicht wurden, sind als solche Schritte auf dem Weg zur Selbstbestimmung und Solidaritätsfähigkeit zu verstehen. Auf diesem Weg werden die Schüler als aktive, verantwortliche Subjekte begriffen werden und bekommen über ihre Schulzeit hinaus Unterstützung bei der Aneignung lebensweltlich bedeutsamer Kompetenzen angeboten.

Zusammenfassung

4.4 Übungsaufgaben zu Kapitel 4

Aufgabe 1

Begemanns Forschungsergebnisse zur soziokulturellen Benachteiligung haben zum Paradigmenwechsel in der Sonderpädagogik wesentlich beigetragen. Was unterscheidet seinen didaktischen Ansatz von denen Klauers und Bleidicks?

Aufgabe 2

Welche Gemeinsamkeiten und Unterschiede können Sie bei den didaktischen Konzeptionen Begemanns und Hillers finden?

Aufgabe 3

Welche neue Perspektive bringen die struktur-niveau-orientierten Konzepte von Kutzer und Probst in die didaktische Dikussion ein? Welche Vor- und Nachteile sehen Sie bei einem solchen Vorgehen?

Aufgabe 4

Diskutieren Sie die didaktischen Vorstellungen Feusers im Vergleich mit denen Kutzers. Welche Übereinstimmungen und Unterschiede können Sie feststellen?

Aufgabe 5

Brauchen Schülerinnen und Schüler mit Lernbeeinträchtigungen eine spezifische Didaktik? Diskutieren Sie diese Frage unter Berücksichtigung der unterschiedlichen didaktischen Perspektiven.

Aufgabe 6

Der systemisch-konstruktivistische Lernbegriff bringt Konsequenzen für die Planung, Durchführung und Reflexion des Unterrichts mit sich. Nennen Sie die drei Aspekte, die Ihnen am wichtigsten sind, und diskutieren Sie sie mit anderen.

Aufgabe 7

Beschreiben Sie das Spannungsverhältnis, in dem Offenheit und Strukturierung im Unterricht mit lernbeeinträchtigten Schülerinnen und Schülern stehen. Welche Lösungsmöglichkeiten sehen Sie?

Aufgabe 8

Welche Chancen und Risiken sehen Sie für den Einsatz kooperativer Gruppenarbeit in Sonderschulen für Lernhilfe?

Aufgabe 9

Die Arbeit in Projekten wird oft als „Königsweg" integrativen Unterrichts bezeichnet und auch in Sonderschulen zunehmend eingesetzt. Welche Argumente sprechen dafür, gerade lernbeeinträchtigten Schülerinnen und Schülern diese Arbeitsform anzubieten? Gibt es auch Gegenargumente?

5 Perspektiven der Förderung von Schülerinnen und Schülern mit Beeinträchtigungen des Lernens

Bis zu dieser Stelle ist deutlich geworden, dass die Diskussion um die Förderung von Schülerinnen und Schülern mit Beeinträchtigungen des Lernens sehr kontrovers geführt wurde und wird. Unterschiedliche wissenschaftstheoretische Standpunkte (vgl. Kap. 3) führen zu sehr unterschiedlichen Konstruktionen, die sowohl die Beschreibung und Erklärung der Lernbeeinträchtigungen als auch die daraus folgenden didaktischen Förderorientierungen (vgl. Kap. 4) umfassen. Besonders heftig wurde und wird um den *Förderort* gestritten. Die Sonderschule für Lernbehinderte war dabei lange Zeit der Kernpunkt der Auseinandersetzungen.

An dieser Stelle soll zunächst die *gegenwärtige Situation der Förderung* von Schülerinnen und Schülern mit Beeinträchtigungen des Lernens dargestellt werden. Daran anschließend wird der Frage nach der pädagogischen Sinnhaftigkeit und Effektivität der *integrativen* oder der *segregativen* Förderung der Schüler nachgegangen, um dann *Perspektiven des Gemeinsamen Unterrichts im Primarbereich* zu skizzieren. Dabei wird – aufgrund der Entwicklungen in den deutschen Bundesländern, aber auch internationaler Entwicklungstrends (Hausotter 2000) – davon ausgegangen, dass die Integration im Primarbereich nicht nur moralisch geboten, sondern auch pädagogisch-administrativ mehr und mehr erwünscht und möglich ist. Für die *Sekundarstufe I* ist – aufgrund der hier noch immer äußerst segregativen Organisation des deutschen Bildungswesens – eine durchgreifende Umsetzung des Integrationsgedankens sehr viel schwieriger. Aber auch hier liegen ermutigende Erfahrungen aus Integrationsversuchen vor, die zunächst dargestellt werden. Danach sollen abschließend Perspektiven der Weiterentwicklung der Sekundarstufe der Schule für Lernhilfe aufgezeigt werden.

5.1 Die gegenwärtige Entwicklung der sonderpädagogischen Förderung

Krise der
Hilfsschule

Anfang der 70er Jahre konstatierte Gehrecke die „Krise der Hilfsschule"; Aab u. a. (1974, 50) führten aus, dass die anspruchsvollen Verlautbarungen zur Hilfe für Behinderte und Benachteiligte durch die Sonderschulen tatsächlich nicht umgesetzt werden, und Preuss-Lausitz (1981) stellte heraus, dass die Sonderschule für Lernbehinderte auch im Kontext einer kapitalistischen Gesellschaft nicht in dem Sinne notwendig sei, „dass ihre Abschaffung eine der drei Funktionen des Schulsystems (Qualifikation, Integration und Selektion, R.W.) und damit das polit-ökonomische System bedrohte" (Aab u. a. 1974, 61).

Erste integrative
Ansätze

Trotz vieler weiterer kritischer Auseinandersetzungen mit dieser Institution (vgl. auch Jantzen 1981), trotz gewichtiger Empfehlungen – z. B. der des Deutschen Bildungsrates von 1973, in der eine „weit mögliche gemeinsame Unterrichtung von Behinderten und Nichtbehinderten" (Jantzen 1981, 15) vorgeschlagen wurde – änderte sich in dieser Zeit auf offizieller Ebene nichts Grundlegendes an der separierten Beschulung von Schülerinnen und Schülern mit Beeinträchtigungen des Lernens. Daneben wurden aber seit Mitte der 70er Jahre vereinzelt erste Versuche von gemeinsamem Unterricht durch das Engagement von Eltern und Lehrerkollegien durchgesetzt. Die positiven Erfahrungen mit diesen integrativen Ansätzen führten zu einer Ausweitung der Schulversuche, was dann auch zu einer Diskussion über die schulrechtlichen Voraussetzungen führte. Heute bestehen im Primarbereich in den meisten Bundesländern rechtliche Bestimmungen, die gemeinsamen Unterricht – mit unterschiedlichen Vorbehalten und Auflagen – ermöglichen.

An dieser Stelle soll keine Aufarbeitung der Integrationsentwicklung stattfinden (Hildeschmidt/Schnell 1998; Eberwein 1994; Prengel 1995). Zur Entwicklung von Perspektiven der Förderung von Schülerinnen und Schülern mit Lernbeeinträchtigungen ist jedoch eine knappe Auseinandersetzung mit den gegenwärtigen bildungspolitischen Rahmenbedingungen notwendig.

Bildungspolitische
Rahmen-
bedingungen

Das Ergebnis der Bemühungen in den vielfältigen Integrationsversuchen liegt zum einen in dem Nachweis, dass gemeinsamer Unterricht möglich ist und dass er Erfolge bei der Förderung von Schülerinnen und Schülern mit Lernbeeinträchtigungen erzielt. Zum anderen zeigt sich seit Anfang der 90er Jahre, und hier insbesondere in den Empfehlungen der Kultusministerkonferenz von 1994, eine deutliche Flexibilisierung der sonderpädagogischen Förderung. Hatte das gleiche Gremium noch 1983 vehement die Sonderschule verteidigt und postuliert, dass

„… in keinem Fall … die nachweisbar erfolgreiche Förderung in Sonderschulen aufgegeben werden (sollte), so lange nicht gewährleistet ist, dass den besonderen Förderbedürfnissen Behinderter in Regelschulen in gleicher Weise entsprochen werden kann" (KMK 1983, 15), wird 1994 festgestellt, dass die „Erfüllung sonderpädagogischen Förderbedarfs … nicht an Sonderschulen gebunden (ist), ihm kann auch in allgemeinen Schulen … vermehrt entsprochen werden. Die Bildung behinderter junger Menschen ist verstärkt als gemeinsame Aufgabe für grundsätzlich alle Schulen anzustreben. Die Sonderpädagogik versteht sich dabei immer mehr als eine notwendige Ergänzung und Schwerpunktsetzung der allgemeinen Pädagogik" (zit. nach Drawe u. a. 2000, 26).

Verschiedentlich wird hier von einem zweiten Paradigmenwechsel gesprochen:

Paradigmenwechsel

„Wir leben in einer Zeit des Paradigmenwandels oder Wechsels praxisleitender Utopien speziell in der Sonderpädagogik. War vor 25 Jahren die leitende Utopie eine Verbesserung der sozialen Situation behinderter Schüler durch eine Betreuung in differenzierten Sonderschulen, so ist jetzt international die gemeinsame Schule für alle Kinder der anerkannte alltägliche Lernort" (Eggert 1995, 112).

Auch in den Empfehlungen der KMK von 1999 zum Förderschwerpunkt Lernen wird diese Perspektive aufgenommen und betont, dass alle Schularten und Schulstufen in die Förderung der Kinder und Jugendlichen mit sonderpädagogischem Förderbedarf im Schwerpunkt Lernen einbezogen sind. „Dabei wird angestrebt, dass gemeinsames Lernen aller Schülerinnen und Schüler mit und ohne sonderpädagogischen Förderbedarf verwirklicht werden kann" (Empfehlungen zum Förderschwerpunkt Lernen, zit. nach Drawe u. a. 2000, 308). Die bisher vorherrschende Dominanz einer stationären Angebotsstruktur sonderpädagogischer Förderung wird somit durch flexiblere integrative und ambulante Strukturen ergänzt (Heimlich 1999a, 7ff). So konstatiert Kanter, es könne

KMK-Empfehlungen von 1999

„kein Zweifel daran bestehen, dass die traditionelle, relativ in sich geschlossene Form der Sonderbeschulung in den nächsten Jahren zu einem offenen und flexibleren pädagogischen Dienstleistungsangebot weiterentwickelt werden muss, das in der Lage ist, vielfältige Formen der Beratung, der Förderung, der Erziehung und der Therapie behinderter ebenso wie nichtbehinderter Kinder und Jugendlicher vorzuhalten" (Kanter 1994, 38).

De facto gibt es auf administrativer Ebene – positiv konnotiert – so etwas wie ein vielfältiges und differenziertes Angebot an Organisationsformen der Förderung; flapsig könnte man auch von einem sonderpädagogischen Gemischtwarenladen sprechen. Dazu gehört:

Sonderpädagogische Förderung im gemeinsamen Unterricht, wobei hier eine zieldifferente Unterrichtung erfolgt, bei der die Schüler nicht in allen Unterrichtsfächern nach den Lehrzielen der allgemeinen Schule, sondern entsprechend ihrer individuellen Lernvoraussetzungen gefördert werden.

Sonderpädagogische Förderung in Sonderschulen, in der auf der Grundlage besonderer Lehrpläne unterrichtet wird.

Sonderpädagogische Förderung in kooperativen Formen, wobei eine enge pädagogische Zusammenarbeit zwischen allgemeinen Schulen und Sonderschulen angestrebt wird. Hier geht es um eine partielle Zusammenführung der Schülerinnen und Schüler in Form von gegenseitigen Besuchen, gemeinsamen Vorhaben, gemeinsamen Schulwanderungen und -fahrten bzw. Schullandheimaufenthalten, Klassenpartnerschaften und gemeinsamen Unterrichtsvorhaben vorrangig in Bereichen wie Arbeitslehre, Sport, Kunst und Musik.

Sonderpädagogische Förderung im Rahmen von sonderpädagogischen Förderzentren. Es handelt sich hierbei um Einrichtungen, die die Förderschwerpunkte Lernen, Sprache und emotionale und soziale Entwicklung umfassen. „Sie stellen die sonderpädagogische Förderung in allen Organisationsformen, einschließlich präventiver, integrativer und kooperativer Formen, in Zusammenarbeit mit allgemeinen Schulen und auch in eigenen Klassen fachgerecht und möglichst wohnortnah sicher" (KMK Förderschwerpunkt Lernen zit. nach Drawe u. a. 2000, 312).

Sonderpädagogische Förderung durch vorbeugende Maßnahmen, durch die bereits in elementaren Entwicklungsbereichen spezifischer Förderbedarf erkannt und angemessen berücksichtigt werden soll. Der Entstehung und Verfestigung von Lernbeeinträchtigungen in der allgemeinen Schule soll hierdurch entgegengewirkt werden.

Sonderpädagogische Förderung im berufsorientierenden und berufsbildenden Bereich beim Übergang in die Arbeitswelt. Hierzu zählt die schulische Vorbereitung auf Beruf und Beschäftigung genau so wie nachschulische Förderlehrgänge und Berufsvorbereitungsjahre.

Institutionelle
Möglichkeiten
der Förderung

Die Bandbreite administrativ vorgegebener Möglichkeiten führt zu sehr unterschiedlichen Konzeptionen der Förderung von Schülerinnen und Schülern mit Beeinträchtigungen im Lernen. Positiv daran ist das Aufbrechen starrer institutioneller Strukturen, die die sonderpädagogische Förderung bisher auf die Sonderschule begrenzt haben.

Fragwürdig bleibt aber gleichzeitig, dass bei den aufgezählten Angeboten nicht geklärt ist, unter welchen Bedingungen welche Konzepte sinnvoll bzw. nicht sinnvoll und welche Rahmenbedingungen notwendig sind. In der Argumentation überwiegen eher politische Motive, und erziehungswissenschaftliche Erkenntnisse werden oft nur sehr begrenzt zur Kenntnis genommen. Aufgrund der Länderhoheit bei Bildungsfragen zeigen sich zudem gegenwärtig sehr unterschiedliche Entwicklungstendenzen. Dies wird insbesondere bei der Umsetzung der Integration deutlich. So weist Obolenski darauf hin, dass bei

„einem Vergleich der rechtlichen Grundlagen in den jeweiligen Schulgesetzen … derzeit eine Spannbreite auszumachen (ist) zwischen dem völligen Fehlen von ‚gemeinsamer Erziehung' (Baden-Württemberg, Rheinland-Pfalz und Sach-

sen) über verschiedene eingeschränkte und modifizierte gesetzliche Möglichkeiten für einen ‚gemeinsamen Unterricht' bis hin zu ‚gemeinsame Erziehung
als Regelfall' in der Grundschule in den Stadtstaaten Bremen und Hamburg"
(2000, 64).

5.2 Integrative versus segregative Beschulung von Schülerinnen und Schülern mit Beeinträchtigungen des Lernens

Diese sehr unterschiedlichen und teilweise sogar diffusen Entwicklungen können hier nicht im Detail diskutiert werden. Vielmehr soll im Folgenden grundsätzlicher der Frage nach der Zukunft der schulischen Bildung und Erziehung unter dem Blick-
winkel der *Integration versus Separation* nachgegangen werden, um
abschließend Perspektiven der Förderung aufzeigen zu können.

5.2.1 Integration versus Separation und schulische Leistungen

Wie schon unter 3.5.2 ausgeführt wurde, gibt es natürlich sehr
unterschiedliche Aspekte, die das schulische Leistungsverhalten
von Schülerinnen und Schülern insgesamt beeinflussen. Die sta-
tistisch ermittelten Zusammenhänge sind dabei schwach bis sehr
schwach und lassen klare Orientierungen kaum zu. Die Untersuchungen über Auswirkungen von segregativer versus integrativer Beschulung von Schülerinnen und Schülern mit Beeinträchtigungen des Lernens weisen dagegen auf *Vorteile des gemeinsamen
Unterrichts für lernschwache Schüler* hin.

Schulische Leistungen

Für den Bereich der allgemeinen Schulpädagogik haben bereits vor vielen Jahren Klafki und Stöcker (1976) diese Frage für
den Bereich der inneren und äußeren Differenzierung untersucht. Da gemeinsamer Unterricht zentral an Konzepte der inneren Differenzierung gebunden ist, sind deshalb auch ihre Ausführungen in diesem Zusammenhang relevant. Die Autoren
führen fünf Einwände *gegen die äußere* und *für die innere Differenzierung* an. Zwei davon sind hier besonders bedeutsam. Dazu
zählt, dass „die unterschiedlichen Ausgangsbedingungen und
Lernmöglichkeiten von Schülern ... in erheblichem Umfang so-
zialisationsbedingt und damit sozialschichten- oder klassenbe-
dingt (sind)" (Klafki/Stöcker 1976, 500). Eine frühzeitige Homogenisierung stabilisiert damit gesellschaftliche Ungleichheit
auf schulorganisatorischer Ebene. Ein weiterer zentraler Aspekt
ist die Frage, ob Schüler in homogenen Lerngruppen wirklich

Innere und äußere Differenzierung

besser lernen als in heterogenen Gruppen. Hier kommen die Autoren nach Durchsicht einer Vielzahl von nationalen und internationalen Studien zu dem Ergebnis, „dass für die leistungsschwächeren Schüler homogene Gruppierungen eher nachteilig wirken, während es für die leistungsstärkeren Schüler umstritten ist, ob homogene Leistungsgruppierungen zu einer wesentlichen Steigerung ihrer Lernergebnisse führen" (Klafki/Stöcker 1976, 502).

Auswirkungen separierender Beschulung

Im sonderpädagogischen Bereich ist die Effizienz separierender Beschulung verschiedentlich untersucht worden.

Einen Überblick über die vorliegenden Untersuchungen geben z. B. Hildeschmidt und Sander (1996), Bless (1995) und Ahrbeck/Bleidick/Schuck (1997).

Weitgehende Übereinstimmungen liegen hier für den Bereich der *Leistungsentwicklungen* vor. Es zeigt sich in den meisten Untersuchungen, dass leistungsschwache Schüler eine bessere Entwicklung in der Regelschule als in der Sonderschule aufweisen. Hildeschmidt und Sander kommen nach der zusammenfassenden Analyse deutscher wie ausländischer Untersuchungen zu dem Ergebnis, „dass höchstens von einem Patt der Beschulungsarten (Integration versus Separation) und keinesfalls von einem Vorteil der Sonderschulen ausgegangen werden muss" (Hildeschmidt und Sander 1996, 122).

PISA-Studie

Die eher negative Auswirkung der schulischen Selektion auf die *Leistungsentwicklung* schulschwächerer Kinder, die im sonderpädagogischen Bereich – wie oben aufgezeigt – seit langem diskutiert wird, konnte auch durch die Ergebnisse der PISA-Studie belegt werden. Zum einen wird hier deutlich, dass das deutsche Schulsystem im internationalen Vergleich durch seine frühe Verteilung auf institutionell getrennte Bildungsgänge in besonderer Weise sozial selektiv wirkt (Schümer u. a. 2001, 458ff). Hierdurch wird tatsächlich eine *Homogenisierung der Lerngruppen* in der einzelnen Schule erreicht. So zeigte sich, dass es im internationalen Vergleich „kaum leistungshomogenere Sekundarschulen als in Deutschland" gibt (Schümer u. a. 2001, 454). Zum anderen zeigen die PISA-Ergebnisse, dass insbesondere die Schüler in Sonder- und Hauptschulen von dieser starken Selektion nicht profitieren, sondern ganz im Gegenteil hier deutlich *schlechtere Leistungsergebnisse* – z. B. bei der Lesekompetenz – erreicht werden als in Ländern mit integrativen Schulsystemen (Artelt u. a. 2001, 116ff).

Die frühe Selektion im deutschen Schulsystem erzeugt also im internationalen Vergleich zwar homogenere Lerngruppen, dies hat aber für die Förderung aller, insbesondere der schulschwächeren, sozial benachteiligten Kinder *negative Folgen* für die Lern- und Leistungsentwicklung.

An dieser Stelle ist jedoch auch festzuhalten, dass die integrative Beschulung die Leistungsunterschiede zwischen lernstarken und lernschwachen Schülern nicht völlig ausgleichen kann. So weist Reiser (1997, 267) darauf hin, dass „sich empirisch die relative Resistenz von Lernbeeinträchtigungen gegen gezielte Instruktionen" zeigte. Gleiches wird auch in der Hamburger Studie zur integrativen Grundschule im sozialen Brennpunkt (Hinz u. a. 1998) deutlich:

Ziele und Grenzen schulischer Integration

„Im Bereich der Schulleistungen ... konnte der Rückstand der lernproblematischen Schülerinnen nicht aufgeholt werden. ... Unter zusätzlicher Berücksichtigung der Daten aus der Teiluntersuchung ‚Bildungsweg' muss damit konstatiert werden, dass die soziale Integration bei lern-, sprach- und verhaltensproblematischen Schülerinnen im Schulversuch gelungen ist, dass dies aber nicht zur Reduzierung des sonderpädagogischen Förderbedarfs nach Ende der Grundschulzeit geführt hat" (Hinz u. a. 1998, 111f).

Soziale Integration

Zur Erklärung wurde eine Milieuhypothese von Mitgliedern des Forscherteams herangezogen. Darin wird auf den mehrfach untersuchten bedeutsamen Effekt des sozialen Status des Elternhauses auf die Schulleistungen der Kinder rekurriert: „Bei gleich gutem Unterricht in Schulen mit differentem Einzugsgebiet setzt sich das soziale Milieu durch, und der Abstand zwischen den Schulen wird zunehmend größer" (Hinz u. a. 1998, 119). Bei der Milieuhypothese wird davon ausgegangen,

„dass Kinder aus differenten Einzugsgebieten auch mit differenter Ausgangslage die Schule beginnen. Der Schulversuch ‚Integrative Grundschule' demonstriert nun, dass diese sozialbedingte Differenz pädagogisch nicht ausgeglichen worden ist. Die optimistische Hoffnung der kompensatorischen Erziehung, die einen pädagogischen Ausgleich gesellschaftlicher Nachteile erwartet, ist damit nicht in Erfüllung gegangen. Aus den Ergebnissen des Schulversuchs muss die wenig erfreuliche Schlußfolgerung gezogen werden, dass die pädagogische Kompensation gesellschaftlicher Benachteiligungen eine schwerlich realisierbare Aufgabe ist" (Hinz u. a. 1998, 123).

Leistungsrückstände sind schwer aufholbar

Auf der anderen Seite konnte jedoch herausgestellt werden, dass die Leistungsschere – also der Abstand zwischen den leistungsstarken und den leistungsschwachen Schülerinnen und Schülern – nicht weiter auseinander gegangen ist. Als Quintessenz kann festgestellt werden, dass integrative Erziehung bessere Lern- und Leistungsentwicklungen bei Schülerinnen und Schülern mit Lernbeeinträchtigungen fördert, aber der Leistungsrückstand der lernschwachen Schülerinnen und Schüler nicht ausgeglichen werden kann.

Matthäus-Effekt

Man spricht hier auch von dem so genannten „Matthäus-Effekt" (nach Matthäus 13, Vers 12: „Wer hat, dem wird gegeben ..."), der beschreibt, dass leistungsstärkere Schüler deutlich mehr als leistungsschwächere Schüler von Trainings- bzw. Fördermaßnahmen profitieren (vgl. dazu auch Klauer 1993, 32).

5.2.2 Auswirkungen integrativer versus separativer Beschulung in Bezug auf die soziale, emotionale und psychische Entwicklung

Bei der Bewertung integrativer versus separativer Beschulung in Bezug auf die soziale bzw. sozial-emotionale und psychische Entwicklung zeigt sich ein Ineinandergreifen stigma- und bezugsgruppentheoretischer Aspekte (Randoll 1991, Kap. 3).

Stigma-
theoretische
Aspekte

Stigmatheoretische Aspekte umfassen die *negativen Auswirkungen*, die sich aus dem Besuch einer stigmatisierten und stigmatisierenden Institution – wie sie die Schule für Lernbehinderte darstellt – ergeben.

Stigma

Nach Goffmann (1967) zeichnet sich ein Stigma durch die Herabminderung einer Person oder einer Gruppe durch die Zuschreibung eines negativen Merkmals aus, das zu einer Diskriminierung sowie zu einer Herabsetzung von Lebenschancen und zu einer Beschädigung der Identität führen kann.

Beim Kind führt die Überweisung an eine Schule für Lernhilfe bzw. Lernbehinderte zur öffentlichen Etikettierung einer Abweichung im Lern- bzw. Leistungsbereich. Hierdurch erleben die Schüler einen „Verlust ihrer bisherigen Identität" (Homfeldt 1996, 183). Damit verbunden ist die Festschreibung einer negativen Schulkarriere und eine erhebliche Minderung der nachschulischen Lebenschancen.

Bezugsgruppen-
theoretische
Aspekte

Die bezugsgruppentheoretische Perspektive stellt das Bedürfnis von Personen heraus, die eigenen Fähigkeiten, Leistungen und Meinungen, aber auch die eigenen Einstellungen, Werte und Motive im Vergleich zu relevanten anderen Personen zu bewerten. Die *Bezugsgruppe* eines Individuums ist die Gruppe von Personen, zu denen es intensive Beziehungen unterhält, zu der es sich zugehörig fühlt und mit der es sich identifiziert. Sie dient ihm zum einen als Orientierungsrahmen für das eigene Verhalten, für die eigenen Einstellungen, Werte und Meinungen und zum anderen als Richtschnur für die Beurteilung der eigenen Kompetenzen und Leistungen und hat so großen Einfluss auf das *Selbstwertgefühl*.

Je nach der Auswahl der Referenzgruppe, mit der sich z. B. ein Schüler vergleicht, entwickeln sich unterschiedliche positive oder negative Einschätzungen des eigenen Selbstbildes. Dieser Vergleich fällt für leistungsschwächere Schüler in heterogenen Gruppen erwartungsgemäß negativer aus als in homogenen Lerngruppen, die aus schwachen Schülern zusammengesetzt sind (vgl. ausführlich Randoll 1991, 98ff).

Bless (1995, 41) kommt nach Durchsicht internationaler Studien zu dem Ergebnis, dass „lernbehinderte Kinder in Regelklassen ... im allgemeinen im Vergleich zu ihren Mitschülern eine

niedrigere soziometrische Stellung" aufweisen. Hildeschmidt/
Sander (1996) relativieren diese Einschätzung, indem sie darauf
hinweisen, dass der Bezugspunkt für soziometrische Untersuchungen jeweils die einzelne Schulklasse ist. Dabei gilt zu berücksichtigen, dass sowohl in Regelschul- als auch in Sonderschulklassen eine Gruppe besonders beliebter Schüler, ein Mittelfeld
und eine Gruppe besonders unbeliebter Schüler vorkommt.

„Die durchschnittliche soziometrische Position der Schüler einer Sonderschulklasse liegt logischerweise im Mittelwert, also höher als vor der Umschulung.
Daraus folgt aber auch, dass – wenn man bei der Dreiteilung bleiben will – nur
jeder dritte leistungsschwache Schüler nach der Sonderschuleinweisung eine
soziometrische Position im oberen Drittel einnehmen kann. Hinzu kommt, dass
die Beliebtheitsrangordnung in Klassen der SfL (Schule für Lernbehinderte,
R. W.) ... praktisch denselben Kriterien zu folgen scheint wie in Regelschulklassen, nämlich Schulleistung, Sozialverhalten, äußere Erscheinung, allgemeines Selbstwertgefühl, Intelligenz, eventuelle auffällige Merkmale oder Verhaltensweisen" (Hildeschmidt/Sander 1996, 123).

Nach der Durchsicht von Studien zu den Auswirkungen separierender versus integrativer schulischer Förderung auf die sozial-
emotionale Entwicklung kommen deshalb Hildeschmidt/San-
der (1996) genauso wie Tent u. a. (1991) zu dem Ergebnis, dass
sich in Bezug auf die soziale Integration keine positiven Effekte
nachweisen lassen, die überzeugend genug wären, die Stigmati-
sierungseffekte der Schule für Lernbehinderte zu kompensieren.

Bei den emotionalen Auswirkungen integrativer versus segre-   Emotionale
gativer Beschulung sind besonders das *Begabungs- und das Selbst-*   Aspekte
konzept untersucht worden. Die Ergebnisse dieser Studien (Ahr-
beck/Bleidick/Schuck 1995; Bless 1995; Hildeschmidt/Sander
1996) können vorsichtig folgendermaßen zusammengefasst werden: Aufgrund bezugsgruppentheoretischer Effekte steigt das
Begabungs- und Selbstkonzept bei Sonderbeschulung an. Gegen
Ende der Schulzeit geht die emotionale Entlastung jedoch wieder verloren.

„Mit Blick auf den niedrigen Schulabschluß und die ungünstigen Berufs- und
Lebensperspektiven sinken sowohl das Selbstkonzept als auch die soziale In-
tegriertheit zunächst allmählich und mit dem Schullaufbahnende abrupt wieder deutlich ab" (Hildeschmidt/Sander 1996, 131).

Dies lässt sich auch aus bezugsgruppentheoretischer Perspektive
erklären. Naudascher (1980) unterscheidet hier zwischen der
„membership group", also der Gruppe, der man selbst angehört
und der „reference group", also der Gruppe, an der man sich orientiert, zu der man sich hingezogen fühlt, der man aber selbst
nicht angehören muss. Gegen Ende der Schulzeit sinkt der ent-
lastende Effekt einer leistungsschwächeren *membership group,* die

in der Sonderschulklasse gegeben ist. Die Effekte der *reference group* (z. B. die Gruppe der Personen mit Ausbildungsplatz oder mit besseren Chancen auf einen Ausbildungsplatz) treten stärker in den Vordergrund und verweisen auf die eigene stigmatisierte Position in der Gruppe der Gleichaltrigen.

5.3 Perspektiven der integrativen pädagogischen Förderung für die Primarstufe

Bei den Untersuchungen muss sowohl für die kognitive als auch für die soziale und emotionale Entwicklung berücksichtigt werden, dass der Erfolg integrativen Unterrichts sich nicht – quasi automatisch – durch die Zusammenführung von Kindern mit und ohne sonderpädagogischen Förderbedarf sowie durch die Arbeit von Sonderpädagogen an Grundschulen einstellt. So konstatiert Reiser (1997, 267), dass der Erfolg durch zwei Komponenten maßgeblich gesteuert wird:

• „von der Reformbereitschaft der Grundschule und ihrer Fähigkeit, sonderpädagogische Fragestellungen, Ziele und Arbeitsformen aufzunehmen (und)
• von der Anschlussfähigkeit der Sonderpädagogik an die Reformbestrebungen der Grundschule".

Integration als moralische Maxime
Integration ist zunächst immer eine normative, eine moralische Entscheidung. Sie ist eine Frage des politischen Wollens und nicht der pädagogischen Machbarkeit (Muth 1994). Somit ist die Frage nach der Zukunft integrativer Pädagogik eine im Sinne von Foersters (1996) unentscheidbare Frage. D. h., es gibt hier keine objektiv richtige oder falsche, wahre oder unwahre Antwort. Prinzipiell unentscheidbare Fragen müssen vielmehr entschieden werden. Ihre Beantwortung ist durch die Freiheit unserer Wahl und damit durch die Übernahme von Verantwortung für die Gestaltung der daraus folgenden Konstruktionsbedingungen für die Wirklichkeit gekennzeichnet. Die Entscheidung für oder gegen Integration umfasst daher immer eine Entscheidung für oder gegen bestimmte pädagogische Orientierungen, deren Umsetzung zu verantworten sind.

Integration als pädagogische Herausforderung
Integrative Pädagogik findet zunächst einmal in den Köpfen der Pädagoginnen und Pädagogen statt. Schulische Integration ist gebunden an eine spezifische Beobachterperspektive. Integration beinhaltet dabei keine begrenzte Veränderung von Schule – wie vielleicht offener Schulanfang, aktive Pausengestaltung oder zwei Stunden Wochenplanarbeit in der Woche. Vielmehr

wird die Frage nach der Beziehung zwischen der Institution Schule und den in ihr lernenden und lebenden Menschen neu gestellt. Integration versus Segregation sind Beschreibungen von Be-
ziehungskonstruktionen. Ein Schulsystem, das nach bestimmten
Kategorien – meist Leistung und Verhalten – sortiert, einteilt,
trennt – entweder in unterschiedliche Schultypen oder in Kurs-
systeme – braucht ein Auffangbecken für die Schüler, die hier
scheitern. Die Ausbildung von Lehrern, die so gestaltet ist, dass
die pädagogisch-didaktischen Anteile in dem Maße abnehmen,
in dem die Schüler als leistungsfähiger (vom Kindergarten bis zur
Hochschule) eingeschätzt werden, unterstützt die Aussonderung
der schwächeren, benachteiligten und beeinträchtigten Schüler,
weil sie den vorformulierten Ansprüchen nicht genügen können
oder manchmal auch nicht wollen.

Integration verlangt eine neue Beobachterperspektive, die vielleicht so umschrieben werden kann: Nicht mehr allein das Kind
muss sich den Bedingungen und Anforderungen der Schule anpassen, sondern die Schule ist aufgefordert, sich gegenüber der Individualität der Schüler zu öffnen. Damit wird das vorherrschende
Konstrukt homogener Lerngruppen durch eine heterogene Orientierung ersetzt. Wenn diese Perspektive umgesetzt werden soll,
dann müssen bestehende schulische Routinen und scheinbar un-
verrückbare Normalitäten hinterfragt werden. Dazu gehören:

• das pädagogisch zumindest nicht zwingende, vielleicht sogar
  schädliche Konstrukt homogener Lerngruppen;
• die pädagogische Vorstellung eines Lehrens und Lernens im
  Gleichschritt;
• die Dominanz von Fachsystematiken und die Vernachlässigung der Unterstützung individueller Lernzugänge;
• das Prinzip des sozialen Vergleichs – Leistung eines Schülers
  im Vergleich zur Leistung der anderen Gruppenmitglieder –
  als dominierender Bewertungs- und Selektionsmaßstab;
• die noch immer vorherrschende Mittelschichtorientierung
  von Schule;
• die bestehenden Berufsrollen von Regelschullehrern und
  Sonderpädagogen.

5.3.1 Gemeinsamer Unterricht fördert eine neue Sicht von Schülerinnen und Schülern

Von Hentig (1993, 185) forderte, „dass in dieser Schule jedes
Kind, während der zehn oder zwölf oder 13 Jahre, die es an ihr
verbringt, erfährt: ich werde gebraucht, ich mit meiner Fähig-

keit und Lust zum Aufräumen, Marlies mit ihrem Mut voranzugehen und ihrer Kraft, andere zu führen; Klaus mit seiner bedächtigen Art zuzuhören und selbstlos zu raten, Anna mit ihrer Musikalität (und totalen Sperre gegen Mathematik), Michael mit seiner Gabe, ein Problem schnell zu erfassen und verständlich zu erklären ...".

Das bedeutet, dass Schule und Unterricht die Aufgabe zukommt, das Selbstkonzept der Schüler zu stärken, positive soziale Beziehungen zu fördern und das Leistungsversagen zu reduzieren. Dazu ist eine spezifische pädagogische Haltung gegenüber den Schülerinnen und Schülern notwendig. Die Perspektive, aus der Lehrerinnen und Lehrer die Schüler wahrnehmen, konstituiert pädagogische Handlungsorientierungen. Der Unterricht in integrativen und damit bewusst heterogenen Lerngruppen erfordert die Wahrnehmung der unterschiedlichen Bedürfnisse der Kinder und Jugendlichen. Nicht der soziale Vergleich, sondern die individuelle Entwicklung des Kindes bzw. Jugendlichen im Kontext der Lerngruppe ist Ausgangs- und Bezugspunkt von Unterricht. Das Ziel ist, eine Passung zwischen der Individualität der Schülerinnen und Schüler und der Entwicklungs- und Lernmöglichkeiten im Kontext Schule herzustellen. Die notwendigen pädagogischen Perspektiven hierzu sind:

Orientierung an Stärken

a) Die Wahrnehmung von Stärken, Fähigkeiten und Ressourcen. Aus Erfahrungen der Lern- und Entwicklungsförderung wird deutlich, dass nicht die Auffälligkeit, das Defizit oder der Defekt Anknüpfungspunkte für eine pädagogische Förderperspektive beinhalten. Es sind vielmehr die Fähigkeiten, Ressourcen und Potentiale der Schüler. Die Zone der nächsten Entwicklung kann nur von hieraus erarbeitet werden. Wenn ich weiß, was ein Schüler in einem bestimmten Gebiet beherrscht, so kann ich weitere Entwicklungsschritte anregen. Pädagogen stehen jedoch in der Gefahr, besonders die Defizite von Schülerinnen und Schülern wahrzunehmen. Insbesondere bei der Auseinandersetzung mit Schülerinnen und Schülern, die Lern-, Leistungs- und/oder Verhaltensauffälligkeiten zeigen, steht die Beschreibung des „Nicht-Könnens" im Vordergrund. Der perspektivische Wandel von einer Defizit- zu einer Fähigkeitenorientierung ist für integrative Lerngruppen unerlässlich. Er ist aber auch grundlegend für die Stärkung eines positiven Selbstkonzepts, für die soziale Einbindung aller Schüler und damit für die Unterstützung eines prosozialen Klimas in Lerngruppe und Schule.

Lebenswelt-orientierung

b) Die Berücksichtigung der Lebenswelt von Schülerinnen und Schülern. Die notwendige neue Sicht von Schülerinnen und Schülern in integrativen Lerngruppen umfasst die Herausforderung, die je unterschiedlichen Lebenswelten der Schülerinnen und Schüler in Schule und Unterricht in besonderer Weise zu berücksichtigen. Diese – auch für die Förderung eines prosozialen Lernklimas – notwendige Orientierung ist jedoch keineswegs einfach zu realisieren und sie wird durch gemeinsamen Unterricht keinesfalls einfacher. Die Lebenswirklichkeit und die Zukunftsperspektive eines Mädchens mit Lernschwierigkeiten aus der Obdachlosensiedlung oder eines Jungen mit einer spastischen Lähmung unterscheiden sich eben von denen vieler anderer Schülerinnen und Schüler und nicht zuletzt von denen der Lehrkräfte. Ein Unterricht, der hier nicht den Schülern das Wort gibt, wie es der Reformpädagoge Celestin Freinet gefordert und in seinem Unterricht realisiert hat (Laun 1983), der nicht durch die Ermöglichung des freien Ausdrucks im weitesten Sinne Raum für die je individuellen sozialen Erfahrungen der Schüler zur Verfügung stellt und der nicht auf der positiven Wertschätzung der individuellen Lebenserfahrung der Schüler aufbaut, wird nicht integrativ sein können.

5.3.2 Integration schafft eine neue Sicht auf Unterricht

Dass sich die Qualität von Unterricht auf das Verhalten und insbesondere auf das Lernen von Schülerinnen und Schülern auswirkt, dürfte unumstritten sein. So zeigen die einschlägigen Untersuchungen, dass schulisches Leistungsversagen, Distanz zu schulischen Normen und Werten, eine schlechte Lehrer-Schüler-Beziehung, aber auch Langeweile im Unterricht oder dauernde Überforderung vielfältige Probleme bis hin zu gewaltförmigen Verhaltensweisen der Schülerinnen und Schüler begünstigen (Bründel/Hurrelmann 1994 und Holtappels/Meier 1997). Die didaktisch-methodischen Herausforderungen, die mit gemeinsamem Unterricht verbunden sind, können hier positive Akzente setzen:

Gemeinsamer Unterricht nimmt Abschied von der Illusion einer homogenen Lerngruppe, die es nie gegeben hat und nie geben kann. Eine integrative Perspektive fordert konsequent eine Akzeptanz von *normaler Vielfalt* im Gegensatz zu *normierter Einfalt* – wie dies Hiller (1991) treffend beschrieben hat – ein. Durch sie wird die Überwindung eines gleichschrittigen, lehrerzentrierten Unterrichts unabdingbar. Gemeinsamer Unterricht benötigt dazu keine Sonder-Didaktik, sondern vielmehr eine besonders gute „Normal"-Didaktik (Werning 1996a). Begriffe, Ideen und Bilder, die im Rahmen des gemeinsamen Unterrichts immer wieder genannt werden, sind:

- Handlungs- und Kooperationsorientierung,
- zeitliche Flexibilität,
- die Gestaltung einer anregenden, materialreichen und interessanten Lernumwelt,
- die Orientierung an den eigenen Interessen der Schüler,
- die Umsetzung von Binnendifferenzierung und Individualisierung sowie
- die Verbindung von kognitiven, sozialen und emotionalen Dimensionen.

Zielperspektiven

Dabei sind drei Zielperspektiven besonders zu berücksichtigen:

1. Der gemeinsame Unterricht soll das positive Selbstwertgefühl aller Schüler fördern.
2. Der gemeinsame Unterricht soll das solidarische Handeln in heterogenen Gruppen anregen und unterstützen.
3. Der gemeinsame Unterricht soll Anregungs- und Unterstützungsmöglichkeiten für die individuellen Förderbedürfnisse aller Schülerinnen und Schüler ermöglichen.

Gemeinsamer Unterricht

Integratives pädagogisches Handeln kann dabei nicht durch die additive Verknüpfung allgemein- und sonderpädagogischer Didaktik und Methodik erreicht werden. Zu schnell könnte die Integration zu einer „Flüster-Integration" verkommen, bei der die nichtbehinderten Kinder wie bisher unterrichtet werden und der Sonderpädagoge mit „seinen" Schülern in einer Ecke des Raumes sitzt und – damit die anderen Kinder nicht gestört werden – flüsternd unterrichtet. Um ein gemeinsames Lernen zu erreichen, ist es vielmehr sinnvoll,

- *gemeinsame Lernsituationen* – möglichst in projektorientierter Form – zu bearbeiten, wobei die Beteiligung aller Schüler auf ihren jeweiligen individuellen Entwicklungsniveaus angestrebt wird (vgl. Kap. 4.3.6);
- *gegenseitige Hilfe und Unterstützung im Unterricht* zu fördern (vgl. Kap. 4.3.4);
- eine Verbindung der Förderung von *individualisierten Lernphasen* (z. B. im Rahmen von Wochenplanarbeit unter Berücksichtigung individueller Förderpläne) und von *kooperativen Gruppenarbeitsphasen,* in denen jedes Mitglied der heterogen zusammengesetzten Arbeitsgruppen einen wichtigen und unverzichtbaren Anteil an der Bearbeitung einer gemeinsamen Aufgabenstellung hat (vgl. Kap. 4.2.1, Werning/Avci-Werning 1998), umzusetzen;
- *handlungsorientierte Unterrichtsformen* zu realisieren, bei denen die Eigentätigkeit der Schüler betont und die Realisierung von Handlungsprodukten, auf die sich Schüler und Lehrer zuvor

geeinigt haben, angestrebt werden (vgl. Kap. 4.2.3, Jank/Meyer 1994, 337ff);

- die *Förderung positiver sozialer Beziehungen* der Schüler als Unterrichtsprinzip zu verankern und durch Klassenversammlungen, gemeinsames Feiern und Klassenfahrten zu stärken (vgl. Kap. 4.3.7).

Gemeinsamer Unterricht steht dabei immer vor der Herausforderung, das Recht auf Gleichheit und das Recht auf Verschiedenheit zu berücksichtigen. Förderung von Kooperation bzw. Solidarität und individuelle Förderung sind die Pole, zwischen denen die didaktisch-methodischen Ansätze zu vermitteln haben (vgl. Kap 4.2).

5.3.3 Integration schafft eine neue Perspektive für professionelles pädagogisches Handeln

Kooperation im schulischen Kontext kann bisher überwiegend als Gefüge-Kooperation (Rolff 1980) beschrieben werden, die die Interdependenz zwischen Lehrplan, Fächern, Unterrichtsstunden, der zeitlichen Ordnung und dem individuellen Lehrakt umfasst. Die bisher beschriebene Zunahme von Komplexität im gemeinsamen Unterricht erfordert dagegen die (Weiter-)Entwicklung von Formen der Teamkooperation, die Penné (1995) in die *allgemeine schulische Kooperation* und *Team-Teaching* unterteilt. *Allgemeine schulische Kooperation* umfasst die auf die pädagogische Arbeit gerichtete, außerunterrichtliche Form der Zusammenarbeit im schulischen Kontext. Diese beginnt bei dem Austausch von Material für und von Informationen über den Unterricht und geht hin bis zu interdisziplinären Fallbesprechungen und der gemeinsamen Erstellung von Förderplänen. *Team-Teaching* bezieht sich auf die Zusammenarbeit im Unterricht. Sie beinhaltet auf der untersten Stufe Formen der additiven und externen Förderung von Schülerinnen und Schülern mit besonderem Förderbedarf (z. B. externe Kleingruppenförderung) und geht bis zu durchgängigen Formen des Team-Teachings in Integrationsklassen.

Kooperation im schulischen Kontext

Kooperation im Rahmen von gemeinsamem Unterricht durchbricht – zumindest vom Anspruch her – ein zentrales Merkmal der Berufsrolle von Lehrern: die im Rahmen der gefügeartigen Kooperation abgesteckte, weitgehend allein verantwortliche Arbeit mit Lerngruppen. Dies ist keineswegs nur eine marginale Veränderung, sondern durchaus ein fundamentaler Eingriff in die historisch gewachsene Form der Gestaltung von Unterricht. Die-

Die Rolle des Lehrers

se immer wieder kritisch hinterfragte Isolierung des einzelnen Lehrers hat durchaus Vorteile, die im Rahmen der Realisierung vom gemeinsamen Unterricht nicht ignoriert werden dürfen. Denn Kooperation von Pädagogen im Unterricht stellt nicht selten die Achillesferse integrativer pädagogischer Konzepte dar.

Autonomy-Equality-Pattern

So hat Lortie (1964, 274) in diesem Zusammenhang von einem „autonomy-equality-pattern" gesprochen, das folgende Aspekte beinhaltet:

1. Lehrer sollten während des Unterrichts vor der Einmischung anderer Erwachsener sicher sein.
2. Lehrer sollten hinsichtlich ihrer Befähigung, Unterricht zu erteilen, als gleich betrachtet und behandelt werden.
3. Lehrer sollten einander gegenüber freundlich handeln, ohne im Bereich der Unterrichtsarbeit des anderen zu intervenieren.

Diese Isolation gewährt somit einen Schutzrahmen gegenüber Eltern, Kollegen und auch Vorgesetzten. Eng verbunden mit der allein verantwortlichen Arbeit im Unterricht ist auf der Schulebene das Prinzip der *Kollegialität*. Es wird gegenüber der Öffentlichkeit, d.h. vor allem gegenüber den Schülern und Eltern, aber auch intern gegenüber den Kollegen und Vorgesetzten vertreten und „garantiert die vorausgesetzte Gleichheit aller Lehrer" (Wellendorf 1969, 96). Die Entwicklung kooperativer pädagogischer Arbeitsstrukturen im Gemeinsamen Unterricht erfordert nun einen fundamentalen Wechsel der Perspektive, denn Gemeinsamer Unterricht ist ohne Kooperation von Lehrerinnen und Lehrern undenkbar. So weisen Mitglieder des Forscherteams des Hamburger Schulversuchs (Hinz u. a. 1998) auf die Risiken der integrativen Beschulung hin, die sich durch die Komplexitätserhöhung der Grundschularbeit ergeben. Dazu zählen sie:

- „eine neue Heterogenität der Schülerschaft
- neue Qualitäten der Kooperation im Team
- neue Anforderungen an die verwirklichten Konzepte des Unterrichts" (Hinz u. a. 1998, 115).

Kooperation von Lehrkräften

Die Chance der Kooperation liegt hier in der Erweiterung professioneller Handlungskompetenzen und Handlungsfähigkeiten sowie in der Überwindung der Rolle des Lehrers als Einzelkämpfer, um die gestiegenen Herausforderungen pädagogischen Handelns zu bewältigen. Die Vorteile ergeben sich bei der Entwicklung vielfältiger, wechselseitiger Lern-, Anregungs- und Entlastungsmöglichkeiten bei der alltäglichen Bewältigung der Aufgabe, möglichst alle Schülerinnen und Schüler auf ihrem jeweiligen Entwicklungsstand zu fördern, individuelle Förderpläne für gute wie für schwächere Schülerinnen zu erstellen und zu re-

flektieren sowie kooperative Lernprozesse in der Gruppe anzuregen und zu unterstützen (Lütje-Klose/Willenbring 1999). Für
eine gelingende Kooperation ist dabei die Verbindung professioneller Identität mit der Bereitschaft und Fähigkeit, Übertritte
disziplinspezifischer Grenzen und Zuständigkeiten zu akzeptieren, erforderlich. Bei der Zusammenarbeit von Regelschullehrern
und Sonderpädagogen, z. B. im Rahmen eines förderdiagnostischen Prozesses, oder bei der Abstimmung der pädagogischen
Arbeit im Klassenteam, müssen die verschiedenen Wahrnehmungen von Kindern in ihren sozialen und räumlichen Umwelten zusammengetragen werden. Nicht die Durchsetzung einer
„richtigen" Perspektive ist hier das Ziel. Vielmehr können die verschiedenen Perspektiven verknüpft werden, um ein kollektives
Bild als Grundlage für die pädagogische Arbeit zu entwerfen.

5.4 Perspektiven der Förderung in der Sekundarstufe I

Im folgenden Kapitel werden zwei Aspekte der Förderungsper-
spektiven in der Sekundarstufe I aufgezeigt. Im ersten Teil wird
es um die integrativen Möglichkeiten gehen und im zweiten Teil
sollen Orientierungen zur Weiterentwicklung der Sekundarstufe I der Schule für Lernhilfe vorgestellt werden.

5.4.1 Integrative Förderung von Kindern mit Lernbeeinträchtigungen in der Sekundarstufe I

Im Bereich der Sekundarstufe ist der Anteil der Schülerinnen und
Schüler mit sonderpädagogischem Förderbedarf, die integrativ unterrichtet werden, zum gegenwärtigen Zeitpunkt noch sehr gering.
Dies gilt auch für die Bundesländer, in denen der gemeinsame
Unterricht im Rahmen schulgesetzlicher Regelungen für die Primarstufe weitgehend oder generell zugelassen wird. Die frühe und
umfassende Sortierung der Kinder im deutschen Schulsystem ist
bis heute „die größte Barriere für die Fortsetzung gemeinsamer
Erziehung an der Sekundarstufe" (Maikowski 1994, 195).

Integrative Entwicklungen

Insbesondere die zieldifferente gemeinsame Unterrichtung ist
in einem nach Leistung differenzierten Schulsystem, in dem Kinder aufgrund nicht hinreichender Lernleistungen z. B. die Realschule oder das Gymnasium nicht besuchen dürfen, ein provo-
zierender Gedanke. So ist es nicht verwunderlich, dass „nahezu
zwei Drittel der Lehrer an Hauptschulen und an Gymnasien fol-
gendem Statement voll bzw. weitgehend (zustimmen): Der be-

Integration als Provokation

hinderte Schüler wird entsprechend seinen Fähigkeiten und Lernmöglichkeiten in der Sonderschule am besten gefördert ..." (Dumke 1998, 247). Genau wie in der Primarstufe ist die Integration in der Sekundarstufe verbunden mit der Akzeptanz der Heterogenität der Lernvoraussetzungen und Lebenswelten der Schülerinnen und Schüler. Hier haben Sander u. a. (1994, 350f) mehrere Faktoren herausgestellt, die dafür verantwortlich sind, dass die Fortführung der Integration in der Sekundarstufe häufig sehr schwierig ist. Dazu zählen u. a.:

- Der gefächerte Unterricht mit seiner verstärkten Orientierung am Unterrichtsstoff und an der Klasse erschwert die Berücksichtigung von Schülern mit individuellem Förderbedarf.
- Die rechtlich vorgegebene Leistungsmessung und -beurteilung regt eine Umorientierung auf binnendifferenzierenden und individualisierenden Unterricht nicht an.
- Aufgrund fehlender Kooperationszeit sind Beratungen und Absprachen bezüglich individueller Bedürfnisse einzelner Schüler im Fachlehrersystem der Sekundarschulen schwierig.
- Der Ko-Unterricht (Klassen- und FachlehrerInnen gemeinsam mit Ambulanzlehrer) wird von vielen Lehrkräften als unangenehm oder bedrohlich empfunden.
- Der Fremdsprachenunterricht wird bei zieldifferenter Integration als problematisch angesehen.
- Hauptschulen und Gesamtschulen fürchten, durch die Aufnahme behinderter Kinder einen Imageverlust zu erleiden.
- Es gibt nur unzureichende Fortbildungsangebote.

Schulversuche zur Integration

Im Rahmen von Integrationsversuchen konnte jedoch wiederholt nachgewiesen werden, dass auch in der Sekundarstufe I unterrichtliche Bedingungen geschaffen werden können, die die Gemeinsamen Unterricht von Schülerinnen und Schülern mit und ohne sonderpädagogischen Förderbedarf ermöglichen (vgl. z. B. Köbberling/Schley 2000, 173ff; Köbberling 1998; Dumke/Kellner/Kranenburg 1993). Die Auswertungen der verschiedenen Schulversuche zeichnen ein differenziertes Bild, das die vielfältigen Chancen gemeinsamer Erziehung und Bildung im Sekundarbereich unterstreicht, aber auch die spezifischen Schwierigkeiten nicht unberücksichtigt lässt.

Köbberling beschreibt auf der Grundlage der Auswertungen von 17 integrativen Abschlussklassen im Jahrgang 10 an Hamburger Sekundarschulen die spezifischen Probleme:

- „Gemeinsamer Unterricht kommt in starren Fachleistungsstrukturen an Gestaltungsgrenzen und bleibt nicht tragfähig für integrative Prozesse.

- Einsamkeit, Kränkungen, auch Erfahrungen mit gewaltvollen Konflikten für die ohnehin benachteiligten Kinder machen ratlos;
- Enttäuschung, Mitleid, Trauer und Bitterkeit bei Eltern und
- Gefühle des Versagens, Scheiterns, Schuldigwerdens bei den PädagogInnen müssen bewältigt werden." (1998, 259)

In der Abschlussevaluation werden jedoch auch die *Chancen* deutlich. Es zeigt sich, dass der integrative Prozess sich im Entwicklungsverlauf sehr unterschiedlich darstellt. Im 5. und 6. Jahrgang wird dabei auf den Erfahrungen der Grundschule aufgebaut, offene, differenzierte Unterrichtsformen werden noch häufig umgesetzt und soziales Lernen behält einen hohen Stellenwert. Hier erfolgt ein Aufbau der sozialen Gruppen. Im 7. und 8. Jahrgang setzt ein deutlicher Differenzierungsprozess ein, „der über spannungsvolle Abgrenzungsprozesse Unterschiede sichtbar werden lässt und Individuation ermöglicht" (Köbberling 1998, 272). Die Kontakte zwischen behinderten und nicht behinderten Schülerinnen und Schülern werden hier seltener. „Die ‚Schere der Entwicklung' geht weit auseinander, und die verunsichernde und anstrengende Suche nach der eigenen Identität macht die Jugendlichen zeitweise ungeduldig und abweisend im Umgang miteinander" (Köbberling 1998, 259).

> **Entwicklungsverlauf des integrativen Prozesses**

In den Abschlussjahrgängen 9 und 10 wird dann aber wieder von einer Phase der Annäherung, der erneuten sozialen Zuwendung und auch Kooperation berichtet.

„Nach den schwierigen Auseinandersetzungen in der Phase der Pubertät können wieder Prozesse der Beruhigung und Annäherung eintreten, mit dem Ergebnis, dass sich die Schülerinnen zum Abschluss ihrer Schulzeit deutlich in ihrer Unterschiedlichkeit sehen und zugleich anerkennend als zusammengehörig erleben" (Köbberling 1998, 271).

Insbesondere für Schülerinnen und Schüler mit Lernbeeinträchtigungen werden im Bereich der sozialen Integration positive Erfahrungen bilanziert: „Jugendliche mit Lernbehinderungen haben sich oftmals nicht als ‚behindert' erfahren und haben ihre Freunde und Bezugsgruppen in der Schule, auch wenn sie in der Klasse vielleicht eher eine Randstellung einnehmen" (Köbberling/Schley 2000, 171f).

Weitere positive Aspekte integrativen Unterrichts werden auch in den Untersuchungen von Dumke (1998) und Hildeschmidt und Sander (1995) deutlich. Dumke (1998, 250) zeigt im Rahmen der wissenschaftlichen Begleitung des Bonner Integrationsklassen-Modells auf, dass sich die durchschnittliche soziometrische Position der behinderten Schüler nicht von der nichtbehinderter Schüler unterscheidet und Behinderung kein vorrangiges Grup-

> **Keine Nachteile für die begabten Schüler**

pierungskriterium unter den Schülern darstellt. Hieraus lässt sich auf eine gelungene soziale Integration in den untersuchten Klassen schließen. Gleichzeitig konnte hier nachgewiesen werden, „dass die nichtbehinderten Kinder in Integrationsklassen zumindest nicht schlechter abschneiden als Schüler in Regelklassen" (Dumke 1998, 252). Dieser Befund wird auch durch eine Untersuchung von Bless und Klaghofer (1991) gestützt, die die Auswirkungen der Anwesenheit behinderter Schüler auf begabte nichtbehinderte Schüler analysiert haben. Hier zeigte sich, dass sich der Anstieg der Schulleistungen vom 4. zum 6. Schuljahr nicht signifikant von dem einer Kontrollgruppe unterschied. Die Autoren stellen deshalb heraus, dass die Integration von Kindern mit Lernbeeinträchtigungen keine Nachteile für die Entwicklung der begabten Schüler zur Folge hat.

Beurteilung durch Lehrer und Schüler   Hildeschmidt und Sander (1995, 22) kommen aufgrund einer Befragung von 597 Schülerinnen und Schüler an saarländischen Sekundarschulen zu dem Ergebnis, „dass die emotionale und soziale Situation der lernbehinderten und anders behinderten Integrationsschüler in den großen Regelschulklassen ebenfalls positiv ist". Gleichzeitig zeigte sich in ihrer Untersuchung aber bei den Integrationsschülern mit Lernbeeinträchtigungen eine ungünstigere Einschätzung ihrer eigenen Leistungsfähigkeit als bei nichtbehinderten Schülern. Das Lehrerurteil hierüber weicht noch einmal nach unten ab. Insgesamt wird von den Autoren herausgestellt, dass die Lehrerinnen und Lehrer die Integration von so genannten lernbehinderten Schülern als besonders schwierig einschätzen, was sich in ungünstigen Lehrervorstellungen gegenüber Schülern mit Lernbeeinträchtigungen bei der Beurteilung der Integration und der Leistungen niederschlägt. So zeigte es sich, dass Lehrkräfte für lernbehinderte Integrationsschüler geringere Entwicklungschancen und damit für sich selbst geringere Herausforderungen sehen (Hildeschmidt/Sander 1995, 24) und auch nach ein- oder mehrjähriger Unterrichtung die Motivation, lernbehinderte Schüler zu unterrichten, nicht ansteigt und niedriger bleibt als für die Unterrichtung von körper-, hör- oder sehbehinderten Kindern.

5.4.2 Perspektiven der Weiterentwicklung der Sekundarstufe I der Schule für Lernhilfe

Weiterentwicklung der Schule für Lernhilfe   Obwohl die Möglichkeit der integrativen Förderung also in unterschiedlichen Schulversuchen nachgewiesen werden konnte, kann von einer merkbaren bzw. umfangreicheren Umsetzung keineswegs gesprochen werden. Die lange und ausgeprägte Tradition des deutschen Bildungswesens, insbesondere in der Sekundarstufe I die Schüler nach Leistung in unterschiedliche Bildungsgänge zu verteilen, steht dieser Entwicklung entgegen. Aus einer sonderpädagogischen Perspektive ist es deshalb gegenwärtig noch erforderlich, neben der Weiterverfolgung des Integrationsgedankens die Qualität der Förderung im Bereich der Sekundarstufe I der Förderschule zu diskutieren.

5.4.2.1 Das Modell der Jugendschule

Das Konzept des bewusstseinsbildenden Unterrichts von Hiller ist in Kapitel 4.1.8 ausführlich dargestellt worden. Dort wurde schon sein Modell einer realitätsnahen Jugendschule skizziert, das an dieser Stelle etwas intensiver behandelt werden soll. Ausgangspunkt seiner Überlegungen ist der radikale gesellschaftliche Wandel in seinen Auswirkungen auf Arbeits- und Lebensverhältnisse von sozial benachteiligten bzw. randständigen Schülerinnen und Schülern. Der von ihm beschriebenen Personenkreis umfasst die Jugendlichen im unteren Fünftel der Gesellschaft. Dazu gehören insbesondere Schüler der Schulen für Lernhilfe und Erziehungshilfe, schwache Hauptschüler sowie Schüler ohne Schulabschluss. Die realistische Betrachtung ihrer zukünftigen, nachschulischen Lebensbedingungen ist durch vielfältige Erschwerungen gekennzeichnet (vgl. Kap. 3.3), wozu u. a. marginalisierte, unsichere und gering bezahlte Beschäftigungsverhältnisse, Phasen der Arbeitslosigkeit, unsichere soziale Beziehungen, Probleme mit der Legalität und Bewältigung des Alltags gehören. Weder die Integrationsdiskussion, die Hiller als „gefährliche Sozialromantik" (Hiller 1997, 63) beschreibt, noch die gegenwärtige Sonder- oder Hauptschule wird der Herausforderung gerecht, diese Schülerinnen und Schüler angemessen auf ihre zukünftigen Lebensbedingungen als Grenzgänger in der Gesellschaft vorzubereiten. Vielmehr kritisiert er auch an der Schule für Lernhilfe die Umsetzung einer mittelschichtorientierten Bildungsperspektive, die er als kulturimperialistisch bewertet.

Jugendschule

„Kultureller Imperialismus stellt sich heute längst nicht mehr allein als Problem zwischen Nationen dar. Mittel- und oberschichtsozialisierte Lehrer, Schulpsychologen, Sozial- und Sonderpädagogen sehen zwar die Schwierigkeiten, Belastungen und Diskriminierungen, denen Kinder und Jugendliche ausgesetzt sind, die an der Regelschule scheitern. Aber sie sehen sie ‚stratozentrisch', das heißt aus der Perspektive jener Einstellungen, Erwartungen und Ansprüche an das Leben, die ihrer Schicht eigen sind. Es fehlt ihnen an Erfahrungen und Kenntnissen, die aus einer kontinuierlichen Teilhabe an der ‚Kultur' stammen, die dort entsteht, wo Leben unter auf Dauer gestellten, belastenden Bedingungen sich vollzieht" (Hiller 1997, 21).

Kultureller Imperialismus

Als Gegenmodell formuliert Hiller ein Konzept der *Grundbildung* in einer zu entwickelnden Jugendschule, das folgende Merkmale umfasst:

a) Definierter und garantierter Erstzugang zum Beschäftigungssystem für benachteiligte Jugendliche. Hiller schlägt dazu vor, Jugendschulen aufzubauen, die bindende Verträge mit Handwerk, mit kommunalen, regionalen, landeseigenen Arbeitgebern in ihrer Region haben, die eine Übernahme aller Absolventen in zeitlich befristete Erstbeschäftigungsverhältnisse garantiert. Die Jugendschule richtet ihr Curriculum (regionalspezifisch) auf die Anforderungen aus, die die Vertragspartner einfordern. Die Jugendlichen werden somit frühzeitig auf ein bestimmtes erstes Berufsfeld festgelegt, was ihnen nach der Schule – zumindest für einen bestimmten Zeitraum – einen garantierten Ausbildungsplatz sichert (Hiller 1997, 67ff).

b) Redliche Vorbereitung auf die Lebenswirklichkeit. Hierzu gehören curriculare Schwerpunkte, die Arbeit und Arbeitslosigkeit, Leben mit wenig Geld, Möglichkeiten und Formen des Zusammenlebens, Legalität, Sexualität und Partnerschaft/Beziehungen etc. umfassen (Hiller 1997, 71f; Burgert 2001, 196ff).

c) Definierte Zugänge zum gesellschaftlichen Leben. Um Vereinzelung und Isolation vorzubeugen, ist es die Aufgabe einer Jugendschule, die Integration der Schülerinnen und Schüler in außerschulische Gruppen anzubahnen, zu begleiten und zu unterstützen. Dazu gehören Vereine, Chöre, Volkshochschulen, Sportvereine etc. „Aufgabe der Schule, vor allem in den sportlich-musischen Fächern, aber auch im Sach- und Deutschunterricht, wäre es dann, die Schüler auf eine qualifizierte Partizipation/Mitgliedschaft vorzubereiten" (Hiller 1997, 73).

d) Vernetzung in suprafamiliale, primäre Gruppen. Aufgrund der Überforderung der Familien hinsichtlich hinreichender Kompetenzen für Planungs-, Organisations- und Verhandlungsprozesse sowie ein umfangreiches Strategiewissen im privaten wie im öffentlichen Bereich schlägt Hiller ein Modell der Alltagsbegleitung durch engagierte und kompetente Erwachsene vor. Dabei denkt er an Personen, „die bereit und fähig sind, Jugendliche in Halbdistanz zu begleiten, und die sich, wenn nötig, couragiert genug für die Belange des oder der Betreffenden verkämpfen" (Hiller 1997, 74).

Weitere Überlegungen zur Veränderung schulischer Angebote im Sekundarbereich liegen auch von Friedemann und Schroeder (2000) vor. Sie streben eine enge Verzahnung allgemeinbildender und berufsvorbereitender Angebote an und wollen sie durch „Formen und Angebote der Beratung, Betreuung und Stabilisierung der Jugendlichen in Krisensituationen" und ferner durch die „Vermittlung der Jugendlichen und jungen Erwachsenen an professionelle Berater" erweitern (Friedemann/Schroeder 2000, 189).

Der Verdienst Hillers liegt in der provokativen (Wieder-)Bewusstmachung der besonderen Bildungsanforderungen für Jugendliche am Rande der Gesellschaft, die mit mittelschichtsorientierten curricularen Inhalten, die auch an der Sonderschule für Lernhilfe dominieren, wenig anfangen können, da sie weder ihren momentanen noch ihren zukünftigen Lebensbedingungen entsprechen. Zu fragen bleibt zum einen, inwieweit der von Hiller geforderte, vertraglich gesicherte Erstzugang zu Beschäftigungsverhältnissen gesellschaftlich und politisch durchsetzbar sein wird. Zum anderen ist die von ihm umrissene Form der Grundbildung durchaus nicht an eine spezifische Schulform – Jugendschule – gebunden. So zeigen z. B. Erfahrungen an der Laborschule Bielefeld, dass im Rahmen eines projektorientierten, differenzierten Unterrichts mit heterogenen, integrativen Lerngruppen eine redliche Vorbereitung auf spätere Lebensanforderungen durchaus möglich ist. Davon profitieren nicht nur sozial benachteiligte, sondern auch Schülerinnen und Schüler aus privilegierteren gesellschaftlichen Gruppen (vgl. Lernchancen 2000).

5.4.2.2 Konzeption einer Sekundarstufe der Schule für Lernhilfe – eine Realutopie

Zum Abschluss sollen noch einige Gedanken zur Weiterentwicklung der Schule für Lernhilfe vorgestellt werden. Zwar wird *nicht* davon ausgegangen, dass integrative Bildung im Sekundarbereich Sozialromantik ist. Ganz im Gegenteil scheint für uns aus einer pädagogischen Perspektive eine Ausweitung des Gemeinsamen Unterrichts – gerade auch aufgrund der ermutigenden Erfahrungen in Schulversuchen – erstrebenswert. Gleichwohl scheint es gesellschaftspolitisch gegenwärtig höchst fragwürdig, ob dies politisch durchsetzbar sein wird. Deshalb halten wir es für notwendig, neben der Unterstützung integrativer Entwicklungen die Weiterentwicklung der Sekundarstufe der Schule für Lernhilfe zu diskutieren. Dabei stützen wir uns auf Ergebnisse der empirischen Forschung zu dem Bereich „Was ist eine gute Schule?" und auf Erfahrungen der *Community Education*. Daran anschließend wird – quasi als Realutopie – eine Form der Weiterentwicklung der Sekundarstufe der Schule für Lernhilfe umrissen.

Fend legte bereits 1989 empirisch begründete Merkmale einer guten Schule vor. Auch wenn einige dieser Kriterien beinahe tri-

Die gute Schule

vial klingen, sind sie sehr konkret und halten auch einer empirischen Überprüfung stand. In dem hier zur Diskussion stehenden Rahmen sind u. E. folgende Aspekte besonders relevant:

• Gute Schulen sind gestaltete Schulen, im sozialen wie im räumlichen Bereich; sie sind keine Wartesäle dritter Klasse, keine Notunterkünfte und Kasernen.
• In guten Schulen passiert etwas; es ist „viel los", Feste werden gefeiert, Ausflüge organisiert, Ausstellungen arrangiert – wobei die jeweilige Vorbereitung wichtiger ist als die Durchführung.
• In guten Schulen herrscht keine miese Stimmung unter den Lehrern, Unzufriedenheit und Gereiztheit sind nicht chronisch.
• In guten Schulen herrscht keine aggressive Stimmung gegen die Schüler, es wird nicht dauernd und ausschließlich über „Schrott" und „Dünnbrettbohrer" und „Pfeifen" gesprochen. Hausbau, Ferien, günstige Darlehen bilden nicht das zweite zentrale Gesprächsthema.
• In guten Schulen haben die Lehrer Zeit für die Schule. Freudlosigkeit, Langeweile und Konzeptionslosigkeit sind in schlechten Schulen zu finden.
• In guten Schulen ist eine freundliche, lockere Atmosphäre spürbar, Lehrer sind gerne dort, Schüler fühlen sich wohl und Eltern haben den Eindruck, ihr Kind, Ruth oder Miriam oder Moritz, ist dort gut aufgehoben. Sie werden gefordert, ohne überfordert zu werden, sie gehören dazu, ohne in allem besser sein zu wollen, sie wachsen und gedeihen.

Insgesamt hat die Forschung zum Bereich „Was ist eine gute Schule?" deutlich gemacht, dass der „Geist einer Schule", der sich sowohl in einer schülerorientierten Atmosphäre als auch in der Zusammenarbeit der Lehrer ausdrückt, eine sehr große Rolle spielt. Zusammenfassend könnte man herausstellen, dass sich eine gute Schule dadurch auszeichnet, dass sowohl Schüler als auch Lehrer sie als entwicklungsförderlichen Lern-, Lebens- und Entwicklungsort wahrnehmen.

Community Education

Weitere Bezugspunkte, wie die Entwicklung der Sekundarstufe der Schule für Lernhilfe aussehen könnte, liegen in den Konzepten der *Community Education* bzw. der Gemeindeschulen. Da diese Schulen in besonderer Weise an der Lebenswelt ihrer Schüler orientiert sind und insbesondere in sozialen Brennpunktgebieten entstanden sind, können sie für die pädagogische Entwicklungsarbeit an Förderschulen viele Anregungen geben.

Der kleinste gemeinsame Nenner der Gemeindeschul-Vertreter kann darin gesehen werden, dass sie durch eine Verbindung von *schulischem Leben und Lernen* und *gemeindebezogenem Leben und Lernen* Vorteile für die Schule und für die Gemeinde suchen. Die

Verbindung von Schule und Gemeinde kann dabei vielgestaltig sein und von Ansätzen einer engen Schule-Eltern-Beziehung, der Einbeziehung von gemeindespezifischen Themen in den Unterricht, der Benutzung der Schul(fach-)räume durch Gemeindeinstitutionen (z. B. Vereine, Clubs) bis hin zu Konzepten reichen, die Schulen als kommunalpolitische, soziale und kulturelle Wirkfaktoren der Gemeindeentwicklung verstehen. Wenn auch ein einheitliches Gemeindeschulkonzept nicht existiert, so gibt es doch spezifische Elemente, die immer wieder genannt werden und die eine Gemeindeschule charakterisieren (Nisbet u.a. 1980, 97ff; Zimmer/Niggemeyer 1986, 11ff; Apter 1977, 368).

Einige in diesem Kontext relevante Aspekte sollen hier kurz vorgestellt werden:

Gemeinde-orientierung

* Schule und Gemeinde stehen in einer wechselseitigen, unterstützenden Beziehung zueinander.
* In der Gemeindeschule verbindet sich Schul- und Erwachsenenbildung. Schule, Volkshochschule und andere Bildungseinrichtungen der Gemeinde kooperieren sowohl räumlich als auch inhaltlich miteinander.
* Die Gemeindeschule integriert sozialpädagogische, freizeitpädagogische, gesundheitspädagogische sowie kulturelle Angebote.
* Die Gemeindeschule bezieht in ihr Curriculum sehr viele gemeindespezifische Themen ein. Die Gemeinde ist häufig Gegenstand und Bezugspunkt des Unterrichts.
* Gemeindeschulen erschließen ihre Umwelt als Lernraum. Schüler partizipieren am Entwicklungsprozess der Gemeinde (z. B. bei Stadt- bzw. Verkehrsplanungen, Umweltschutzmaßnahmen etc.).

Die Gemeindeorientierung von Schule will somit die Trennung von Schule und Gemeinde überwinden. Schule soll eine Institution des Gemeindelebens werden, ein kommunikatives Lern- und Begegnungszentrum, ein Element der Gemeindeentwicklung, das bildungs-, sozial-, gesundheits- und kulturpolitische Aspekte umfasst. Ebenso intendiert die Gemeindeorientierung eine Ausweitung des Lernraumes. Die Gemeinde mit ihren Einrichtungen, Betrieben, Experten, mit ihrer Geschichte, ihren Problemen, ihren Feiern und Festen wird als Ort gemeinsamen Lernens genutzt. Der Bericht von Zimmer und Niggemeyer (1986) über eine Gemeindeschule in Bradford, Mittelengland macht den „Geist" dieser Schule deutlich:

„Der Raum 34 ist Studierstube für jedermann. Die Bibliothek verleiht ihre Bücher nicht nur in Englisch, sondern auch in Urdu, Punjabi, Hindi oder Bengali. In der Kantine kann mittags essen, wer hungrig ist, er möge als Nachbar, heißt es in der Schulzeitung, nur bedenken, dass er schneller an eine Mahlzeit kommt, wenn er nicht gerade zur Stoßzeit von 12.30-13.30 Uhr erscheint. In der Lounge der älteren Schüler sind auch Erwachsene willkommen, zehn Pence kostet eine Tasse Tee, und Lesley Hird sorgt für ganze Kannen, wenn Gruppen erscheinen. Die Kaffeebar im Parterre, ein bißchen wie die Tankstellentheke an einer Autostrada, ist von 10.00 Uhr bis 15.00 Uhr geöffnet und gibt auch kleine Toasts aus. Im Fernsehraum kann sich treffen, wer Sendungen nicht nur sehen, sondern sie auch diskutieren will.

Vormittags können Nachbarn in einigen Fächern mitlernen und sich auf ein Examen vorbereiten. ... Da wird oft generationsübergreifend gelernt – am Vormittag sitzen Jugendliche neben Hausfrauen, Arbeitslosen oder Arbeitern, die eine Freischicht nutzen. Am Abend und am Wochenende werden einträchtig Kurse zu Rechtskunde oder zum Selbstbau von Hi-Fi-Anlagen besucht, wird Body Building oder Yoga betrieben."

Wie Projekte an Gemeindeschulen zustande kommen, wird im folgenden Bericht – wieder aus Bradford – verdeutlicht:

„Es ist Mr. Brunswick (ein Nachbar, R. W.), der darüber klagt, dass er sein kleines Gewächshaus nicht mehr heizen könne, weil der Strom ihm zu teuer sei; es ist der Lehrer Tom, der ihm dabei hilft, ein Windrad zu bauen und sich den Strom aus dem eigenen Generator zu holen. Und schließlich sind es beide zusammen, die ihr Projekt Windenergie auch anderen anbieten ..." (Zimmer/Niggemeyer 1986, 52).

Lebensweltorientierung bedeutet dabei auch, nicht nur Themen mit „bildungsbürgerlichem" Zuschnitt anzubieten, sondern auch die Bedürfnisse aufzunehmen, die sich aus einem Leben in sozialer Benachteiligung ergeben. Dazu gehört vielleicht eine Schulwerkstatt, in der man Fahrrad, Mofa oder Autos selbst reparieren kann oder wo man alte Fernseher oder Computer ausschlachtet und sich daraus (fast) neue Geräte bauen kann, oder ein Klempner- oder Tapezier- oder Nähkurs oder eine AG zum Bereich „Kochen mit wenig Geld".

Entwicklungsperspektiven der Sekundarstufe

Nach diesen Ausflügen in die Forschung zum Thema „Was ist eine gute Schule?" und in englische Gemeindeschulen soll nun versucht werden, einige Entwicklungsperspektiven für die Sekundarstufe der Schule für Lernhilfe aufzuzeigen.

Hierbei soll in die *Ebene des Unterrichts,* die *Ebene der Organisation* und die *Ebene der Personalentwicklung* differenziert werden (Kempfert und Rolff 1999, 19ff).

Unterricht

Die Gestaltung von Unterricht baut bis heute zu häufig auf einem Lehr-Lern-Kurzschluss auf, der beinhaltet, dass Wissen vom Lehrer an den Schüler durch Lehrprozesse übertragen bzw. vermittelt werden kann. Modellvorstellungen wie Sender und Empfänger, Präsentation, Aufnahme und Speicherung von Wissen transportieren eine solche lineare Vorstellung von Lehr- und Lernprozessen als Input- und Output-Prozesse. Lernen ist vorrangig Selbstlernen (Begemann 1996b; Werning 1998, 2002). Die Lernprozesse der Schüler sind durch ihre je subjektiven Regeln und Erfahrungsbereiche, wie dies Bauersfeld (1983) herausgestellt hat, durch ihre Vorerfahrungen und individuellen Verständniszugänge bestimmt. Wie die Komplexität dieser Wirklichkeitskonstruktionen auf die Lernprozesse aufbaut, kann hier nur angedeutet werden. Entscheidende Komponenten in diesem Bereich sind jedoch die Verbindung von Emotion und Kognition (vgl. Kap. 3.3) sowie die Berücksichtigung von Erfahrungsbereichen oder Kontexten, in denen Lernprozesse gemacht werden und die Konstruktion von Bedeutungen, die das Subjekt sich selbst, anderen sowie Schule und Lerninhalten zuschreibt (vgl. ausführlich Werning 2002).

Indem Schul- und Unterrichtsstrukturen vorrangig aus einem funktionalen Verständnis von Lehren heraus entwickelt worden sind, wird versucht, Vielfalt und Heterogenität – und damit auch Individualität – zu reduzieren. Damit wächst die Gefahr, dass bei jenen Schülerinnen und Schülern, deren Wirklichkeitskonstruktionen nur unzureichend mit den Ansprüchen von Schule kompatibel sind, Fremdheit, Orientierungslosigkeit, Verunsicherung und damit Lernbeeinträchtigungen und auch Verhaltensauffälligkeiten gefördert werden. Die – sicherlich schon an einigen Schulen umgesetzten – Perspektiven zur Gestaltung des Unterrichts im Sekundarstufenbereich I von Förderschulen möchte ich im Folgenden anhand einer kleinen Konzeptskizze verdeutlichen.

Eine solche Sekundarstufe I der Förderschule ist als Ganztagsschule konzipiert. Ein Team von 3–5 Lehrern ist für eine (durchaus altersheterogen zusammengesetzte) Lerngruppe von ca. 30 Schülern verantwortlich und gestaltet gemeinsam den Unterricht.

Konzeptskizze
(„Realutopie")

Dazu gehört die *individualisierte Lernförderung*. Sie umfasst zu Beginn der Sekundarstufe I eine genaue Erfassung der Lernausgangslage. Hieraus werden gemeinsam mit dem Schüler/der Schülerin individualisierte Lern- bzw. Förderpläne entwickelt, die sowohl im Rahmen von Wochenplanunterricht und teilweise auch im lehrgangsmäßigen Unterricht bearbeitet werden. Jeder Schüler hat einen Lehrer als Tutor, der als Lernberater die individuelle Entwicklung begleitet, unterstützt und berät. Für einen solchen Unterricht verfügt die Schule über Computerarbeitsplätze mit Lernsoftware sowie über vielfältige konventionelle Fördermaterialien besonders im Bereich der Schriftsprache und Mathematik. In jedem Lehrerteam hat sich eine Kollegin/ein Kollege besonders vertiefte Kompetenzen in den Bereichen Förderdiagnostik und Förderung im Bereich Mathematik und Schriftsprache angeeignet. Im Rahmen der Teamarbeit gibt es gemeinsame Termine für Kollegiale Fallberatung sowie für Prozesse der Kooperativen Lernbegleitung (Heuser/Schütte/Werning 1997). Die Kompetenz hierzu haben sich die Kollegen im Rahmen von Fortbildungsangeboten angeeignet.

Der Unterricht ist durch eine *ausgeprägte Handlungsorientierung* gekennzeichnet. Lehrer und Schüler einigen sich auf gemeinsame Handlungsprodukte, die gemeinsam realisiert werden. Im Rahmen der Förderung sozial benachteiligter Jugendlicher muss hier besonders die Lebenswelt der Schüler berücksichtigt werden. Hier kann von den Erfahrungen der *Community Education* in vielfältiger Weise profitiert werden. Spezifische Fragestellungen, die sich im Rahmen von Projekten ergeben, können dann wieder in lehrgangsorientierte Unterrichtsphasen einfließen. Dies bedeutet, dass Werkstätten, Schulgarten und andere Funktionsräume an der Oberstufe vorhanden sein müssen. Im Rahmen von lehrgangsorientiertem Unterricht werden relevante Unterrichtsinhalte systematisch vermittelt, wie es auch heute überwiegend an den Schulen praktiziert wird.

Sinnvoll sind zudem (zeitlich befristete) *geschlechtsgetrennte Projektangebote* für Mädchen und Jungen, um die Auseinandersetzung mit der eigenen Geschlechtlichkeit, mit Rollenanforderungen und -stereotypen zu bearbeiten (Biermann u. a. 1997). Insbesondere die Jungenarbeit scheint mir dabei in der Oberstufe wichtig zu sein (Schnack/Neutzling 1990).

Eine besondere Bedeutung kommt den *Lernorten außerhalb der Schule* zu. Die Realutopie der Sekundarstufe I der Schule für Lernhilfe ist eine *partiell entschulte Schule*. Systematische Belehrung tritt hinter die Schaffung von Lernsituationen und Lerngelegenheiten zurück. Die Qualität der Schule wird dadurch definiert, inwieweit sie Schülern ermöglicht, relevante Lebensbereiche kennen zu lernen. Zu denken ist hier z. B. an eine mehrtägige Klassenfahrt unter den Bedingungen der Selbstversorgung pro Halbjahr. Ferner sollten verschiedene Praktika, z. B. Naturpraktikum und Sozialpraktikum, neben den heute schon überall praktizierten Betriebspraktika obligatorisch werden. Die Kooperation mit Institutionen und Organisationen, z. B. Behörden, Vereinen, Verbänden sowie mit Personen aus dem Stadtteil wird fester Bestandteil des Curriculums.

Eine solche Schule ist keine starre Institution. Sie entwickelt sich vielmehr ständig weiter, überprüft den Erfolg ihrer Arbeit und ist sowohl mit den Eltern als auch mit den Schülern in einem engen Gedankenaustausch über die Ziele und Inhalte der Arbeit. Sie ist damit eine *lernende Organisation*.

Ein zentrales Ziel – gerade im Unterricht der Abschlussklassen – ist in meinen Augen die *Erarbeitung von sozialen Netzwerken* für die Jugendlichen. Hiller (1995) wie auch Schroeder und Storz (1994) haben im Rahmen einer *nachgehenden Betreuung* die Begleitung der Jugendlichen durch engagierte Erwachsene vorgeschlagen. Ein wichtiger und sinnvoller Ansatzpunkt. Zu fragen bleibt, ob für alle Schüler solche kritischen Freunde gefunden werden können.

Ein Vorschlag, der den Ansatz der nachgehenden Betreuung ergänzen könnte, ist der Versuch, in der Gemeinde, im Stadtteil ein soziales Netzwerk von Experten zu etablieren, an die sich die Schüler bei Fragen und Problemen im Bereich Geld und Schulden, bei juristischen Problemen, bei Fragen zur Sexualität und Beziehung etc. wenden können. Dazu zählen u. a. Verbraucherberatungsstellen, Schuldnerberatungsstellen, Pro-Familia. Notwendig ist es hier, im Rahmen von Projekten das Kennenlernen und den Aufbau von Kontakten zu initiieren, um eine spätere Verbindungsaufnahme zu erleichtern (vgl. Lernchancen 2000).

Wenn Unterricht in der oben skizzierten Form realisiert werden soll, so muss dies auch Auswirkungen auf die Organisation der Schule haben. Dies bedeutet, dass eine solche Schule so weit wie möglich auf Ziffernzensuren und Sitzenbleiben, die aus sonderpädagogischer Sicht völlig unsinnig, ja kontraproduktiv für die Lern- und Entwicklungsförderung von Schülerinnen und Schülern sind, verzichtet. Die Leistungsmessung an solchen Schulen muss sehr viel individueller differenziert und damit professioneller anhand von individuellen Lernstandsberichten dokumentiert und mit den Schülern sowie mit den Eltern besprochen werden. Jahrgangsklassen sind an solchen Schulen nicht unbedingt notwendig. Projektgruppen, Werkstattgruppen, Neigungs- und Fördergruppen scheinen sinnvoller zu sein, um individuelle Lernbedürfnisse sowie kollektive bzw. kooperative Lernstrukturen zu realisieren. Ein weiterer fragwürdiger Punkt ist die Konstruktion der Förderschule als Halbtagsschule. Schülerinnen und Schüler der Förderschule sind überwiegend sozial benachteiligte Schülerinnen und Schüler. Die häuslichen Lebensbedingungen sind nicht selten durch Armut, psychosoziale Belastungen und räumliche Enge gekennzeichnet. Die Entwicklung der Schule als Lebensraum bedeutet hier die Verbindung schulpädagogischer, freizeit- und sozialpädagogischer Konzepte, wie sie in *Community Schools* praktiziert werden. Dies kann nur im Rahmen einer Ganztagsschule stattfinden bzw. umgesetzt werden, die mit anderen Einrichtungen im Stadtteil (z. B. Musik- und Kunstschulen, Vereine etc.) kooperiert.

Der letzte Punkt betrifft die Personalentwicklung. Eine Förderschule in der skizzierten Form bedarf der *Kooperation der Lehrkräfte*. Die Bildung von Lehrerteams (z. B. auf Jahrgangsebene), in denen unterschiedliche Kompetenzen vorhanden sein sollten (z. B. Förderkompetenzen im Schriftsprachbereich, im mathe-

Organisation (margin)

Personalentwicklung (margin)

matischen Bereich sowie Beratungskompetenzen), ist hier ein notwendiger Schritt.

Einen weiteren interessanten Ansatz auf der Ebene der Personalentwicklung stellen *Lehrer-Forscher-Modelle* dar (Altrichter/Posch 1998). Lehrer eignen sich hierzu Kompetenzen im Bereich der Handlungsforschung an, um diese zu Reflexion, Evaluation und Veränderung des Unterrichts bzw. bei pädagogischen Konfliktsituationen einzusetzen. Dazu gehört die Entwicklung von Designs für die gezielte pädagogische Beobachtung von Unterrichts- bzw. Fördersituationen, die Entwicklung von Verfahren zur qualitativen Datenerhebung und deren Auswertung, um daraus neue pädagogische Förderkonzepte abzuleiten.

Ausblick

Von Beginn an war die institutionalisierte besondere Beschulung von Schülerinnen und Schülern mit Lernbeeinträchtigungen umstritten. Intensive, manchmal verbitterte Auseinandersetzungen um paradigmatische Positionen kennzeichneten dieses sonderpädagogische Arbeitsfeld. Die in diesem Buch dargestellten Ansätze, die sich teils nacheinander, teils nebeneinander entwickelt haben, geben einen Überblick über den historischen wie aktuellen Diskussionszusammenhang.

Die Zukunft der Pädagogik bei Lernbeeinträchtigungen ist heute wie zu Beginn der Hilfsschulpädagogik keineswegs klar vorauszusehen, hängt doch z. B. die Weiterentwicklung von integrativen oder segregativen Formen der schulischen Förderung weniger mit erziehungswissenschaftlichen Erkenntnissen als vielmehr mit politischen Grundsatzentscheidungen zusammen. Unabhängig von diesen Entwicklungen wird es aber in der Zukunft eine wichtige Aufgabe bleiben, die Bildungsmöglichkeiten gerade der sozial randständigen, der schulschwachen und benachteiligten Schülerinnen und Schüler zu verteidigen und zu erweitern. Von einer Chancengleichheit im Bildungsbereich kann gerade heute – angesichts der Zunahme von Kinderarmut mit all den beeinträchtigenden Folgewirkungen für die Betroffenen – keineswegs gesprochen werden (Hock u. a. 2000; Weiß 2000; Bundesministerium für Arbeit und Sozialordnung 2001, 113ff). Die sich hieraus ergebenden Fragestellungen der pädagogischen Prävention von Schulversagen und der qualifizierten Förderung von Kindern und Jugendlichen mit Lernbeeinträchtigungen bleibt somit ein wichtiges erziehungswissenschaftliches Arbeitsfeld.

5.5 Übungsaufgaben zu Kapitel 5

Welche Gründe sprechen für bzw. gegen die integrative schuli- **Aufgabe 1**
sche Förderung von Schülern mit Lernbeeinträchtigungen?

Welche Vor- und Nachteile sehen Sie in dem Modell der Jugend- **Aufgabe 2**
schule nach Hiller? Beziehen Sie die theoretischen Modellvorstellungen aus Kapitel 3 in ihre Argumentation ein.

Überlegen Sie, welche Möglichkeiten Sie haben, die Lebenswelten **Aufgabe 3**
sozial randständiger Schüler sowie Schüler nicht-deutscher Herkunft besser kennen zu lernen.

Diskutieren Sie, welche Vorteile der gemeinsame Unterricht für **Aufgabe 4**
nichtbehinderte Schüler haben könnte.

Anhang

Glossar

Autopoiese: Dieses von Maturana erfundene Kunstwort (zusammengesetzt aus den griechischen Wörtern *autos* = selbst und *poiein* = machen)
beschreibt den grundlegenden Mechanismus lebender und damit
nicht-trivialer Systeme, sich selbst herzustellen, indem sie durch ihr
Operieren ihre eigene Organisation fortlaufend erzeugen.

Deutungsmusteranalyse: Rekonstruktion mehr oder weniger zeitstabiler
und stereotyper Sichtweisen und Interpretationen von Mitgliedern
einer sozialen Gruppe, die diese in ihren alltäglichen Handlungs- und
Interaktionsbereichen ausgebildet haben. Deutungsmuster umfassen
latent vorhandene Situations-, Beziehungs- und Selbstdefinitionen, in
denen das Individuum seine Identität präsentiert und seine Handlungsfähigkeit aufrecht erhält.

Devianzkategorien: Zuschreibungen, an denen eine Abweichung von der
Norm festgemacht wird und die zu einer institutionellen Aussonderung führen können, z. B. Lernbehinderung, Hyperaktivität, Legasthenie.

enaktives – ikonisches – symbolisches Lernen: Bruner (1974) hat die Unterscheidung dieser drei unterschiedlichen, aufeinander aufbauen-
den Repräsentationsweisen von Wissen in die didaktische Diskussion
eingebracht, die von verschiedenen anderen Autoren aufgegriffen
wird. Enaktives Lernen ereignet sich demnach in der handelnden Auseinandersetzung mit konkreten Gegenständen. Auf der ikonischen
Ebene werden die konkreten Gegenstände durch Bilder, Schemata
oder andere sinnlich wahrnehmbare Elemente repräsentiert und
bildhaft veranschaulicht. Auf der symbolischen Ebene erfolgt die Repräsentation durch abstrakte Symbole (z. B. Sprache, Buchstaben
oder Zahlen), und der Gegenstand der Auseinandersetzung wird rein
gedanklich erfasst (siehe Kap. 4.2.3).

Generalisierung: Verallgemeinerung; hier: Anwendung einer erworbenen Erkenntnis oder Strategie auf zunächst eine und später verschiedene neue Situationen. Kutzer unterscheidet Generalisierungen
1., 2. und 3. Ordnung, die bis zur situationsunabhängigen Verfüg-
barkeit der neuen Erkenntnis führen (siehe Kap. 4.1.7).

Heterogene Lerngruppen: Lerngruppen, in denen die Vielfalt der
Schüler (Leistungsfähigkeit, Geschlecht, Herkunft) respektiert und
pädagogisch angemessen aufgegriffen wird.

Homogene Lerngruppen: Lerngruppen, in denen man versucht, die Schüler nach spezifischen Merkmalen (z. B. angenommener Leistungsfähigkeit, Geschlecht oder Herkunft) zu vereinheitlichen.

Hyperaktivität: auch hyperkinetisches Syndrom, ist ein – wissenschaftlich fragwürdiges – Konstrukt, das eine Vielzahl unterschiedlicher, in Wechselwirkung stehender Symptome umfasst. Am häufigsten genannt werden Impulsivität, Konzentrationsstörungen, motorische Unruhe; Ablenkbarkeit, Wahrnehmungsstörungen; Lernstörungen; Gedächtnisschwierigkeiten; niedrige Frustrationstoleranz; Aggressivität; Ängste; gestörtes Selbstkonzept; Auffälligkeiten im Sozialkontakt (siehe Hansen/Stein 1997, 95f). Hyperaktivität gehört zu den Modediagnosen wie auch MCD und ADS und ist davon nicht klar abgrenzbar.

Hypostasieren: verdinglichen, vergegenständlichen.

Hypothese: unbewiesene Annahme von Gesetzlichkeiten.

Induktion: Schlussfolgerung vom Einzelfall auf das Allgemeine im Gegensatz zur Deduktion als Schlussfolgerung vom Allgemeinen auf den Einzelfall. Im induktiven Unterricht erfolgt die Einführung eines Gegenstandes anhand eines Beispiels, von dessen Erforschung ausgehend allgemeine Gesetzmäßigkeiten entwickelt werden. Im deduktiven Unterricht wird dagegen die Gesetzmäßigkeit zunächst eingeführt und dann auf ein Beispiel angewendet.

innere Differenzierung des Unterrichts: Differenzierung nach individuellen Lernniveaus, Interessen, Fähigkeiten etc. innerhalb einer gemeinsam unterrichteten Klasse oder Lerngruppe, z. B. durch unterschiedliche oder unterschiedlich umfangreiche Aufgabenstellungen, Materialien, Medien, Lehrerhilfe etc.; im Unterschied zur äußeren Differenzierung, in der die Schüler nach unterschiedlichen Gesichtspunkten wie unterschiedliche Lernniveaus oder unterschiedliche Interessen in Gruppen aufgeteilt und räumlich getrennt von verschiedenen Lehrkräften unterrichtet werden.

Intelligenzquotient: Von William Stern 1912 eingeführter Maßstab der Intelligenzmessung. Er wird berechnet, indem man das Intelligenzalter durch das Lebensalter dividiert und mit 100 multipliziert. Bei einem Kind mit dem IQ 100 entspricht bei dieser Berechnung das Intelligenzalter genau dem Lebensalter.

Kontext: Ein Bezugsrahmen bzw. Zusammenhang, in dem Verhaltensweisen und verbale wie nicht verbale Mitteilungen ihre Bedeutung erlangen.

Kontrollgruppe: Begriff aus der empirischen Forschung; in pädagogischen oder psychologischen Untersuchungen werden die Testergebnisse einer Versuchsgruppe, die z. B. eine bestimmte Fördermaßnahme erhalten, verglichen mit den Ergebnissen einer Kontrollgruppe, die hinsichtlich bestimmter zentraler Merkmale (z. B. Alter, Intelligenz, Umfeld) parallelisiert wurde.

Legasthenie: anderer Begriff für Lese-Rechtschreib-Schwäche; steht für eine bestimmte theoretische Position in der Lese-Rechtschreib-Forschung, die Lese-Rechtschreib-Schwäche als angeborenen oder durch frühkindliche Hirnschädigung erworbenen Defekt bei ansonsten normaler Intelligenz interpretiert.

Metatheorie: Wissenschaftliche Theorie, die ihrerseits Theorie zum Gegenstand hat. Aufgabe von Metatheoriebildung ist es, die vorhandenen Gegenstandstheorien auf ihre Aussagekraft und wissenschaftliche Tragfähigkeit zu überprüfen.

Migration: Migration (von lateinisch „Auswanderung") bezeichnet die Wanderungsprozesse von Individuen oder Gruppen innerhalb einer Gesellschaft oder zwischen Gesellschaften und ihren verschiedenen geografischen, wirtschaftlichen und kulturellen Lebensbereichen.

Objektdidaktik: Nestle verwendet den Begriff der Objektdidaktik in vergleichbarer Bedeutung wie Klafki den Begriff der materialen Bildung. Er versteht darunter eine Fachdidaktik, die ihre Inhalte und Methoden aus wissenschaftlichen Grundlagen rekrutiert und ausschließlich auf den Lerngegenstand bezogen ist, nicht auf die Bedeutung dieses Gegenstandes für die Schüler.

Ontische Wirklichkeit: Vor aller Wahrnehmung existierende, letztendliche, nicht in Frage zu stellende Wirklichkeit.

Ontologie: Lehre vom Sein der Dinge, von der absoluten, letztendlichen, von dem erkennenden Subjekt unabhängigen Wirklichkeit.

Paradigmenwechsel: Wechsel in den handlungsleitenden theoretischen Orientierungen.

Pathologisierung: Deutung von beobachtetem Verhalten als krankhaft.

Perturbation: Strukturveränderung in einem System, die durch Interaktionen mit dem umgebenden Milieu ausgelöst, aber keineswegs determiniert oder instruiert wird. Im Bereich sozialer Phänomene ist hierfür der Begriff der „Verstörung" eingeführt worden.

Selbstkonzept: Umfasst die Einstellung der Person gegenüber sich selbst. Es handelt sich dabei um selbstbezogene Kognitionen und Emotionen.

Selbstreferenzialität: Selbstrückbezüglichkeit; Prozesse, die auf sich selbst zurückwirken. Dazu zählen z. B. bestimmte Wahrnehmungen, Erwartungen, Glaubenssätze, theoretische Modellvorstellungen, die auf die Betroffenen in der Weise zurückwirken, dass sie ihr Verhalten und Erleben beeinflussen.

Soziales Milieu: Gruppierungen in der Bevölkerung mit gemeinsamen subjektiven Werthaltungen, Lebensauffassungen und Lebensweisen sowie in ähnlicher sozialer Lage und Statusdimension (Bsp.: kleinbürgerliches Milieu, traditionelles Arbeitermilieu, hedonistisches Milieu, alternativ-linkes Milieu).

Sprachperformanz: Sprachverwendung, beobachtbarer Sprachgebrauch in Sprechsituationen; im Unterschied zur Sprachkompetenz, welche die internen Strukturen und potenziellen sprachlichen Möglichkeiten des Menschen beschreibt, die keiner direkten Beobachtung zugänglich sind.

Strukturdeterminiertheit: Beschreibt die Eigenschaft von Systemen, dass die Möglichkeit sowie die Art und Weise von Strukturveränderungen, die z. B. durch äußere Gegebenheiten (Perturbationen) ausgelöst werden können, ausschließlich durch die schon bestehenden Strukturen des Systems determiniert werden.

Strukturelle Kopplung: Begriff von Maturana und Varela, der die nicht destruktive Interaktion zwischen System und Milieu beschreibt. Dabei wirken Milieu und System wechselseitig (perturbierend) aufeinander ein und lösen wechselseitig Zustandsveränderungen aus. Hierdurch ergibt sich eine Geschichte wechselseitiger Strukturveränderungen, die als strukturelle Koppelung bezeichnet werden.

Struktur- und Niveauorientierung: Begriff aus dem didaktischen Konzept Kutzers (siehe Kap. 4.1.7). Unter Strukturorientierung versteht er die Bezugnahme auf die Sachstruktur des Lerngegenstandes, unter Niveauorientierung die Bezugnahme auf das Aneignungsniveau des einzelnen Schülers. Zwischen den beiden Polen muss seinen Vorstellungen zufolge eine Passung hergestellt werden, damit es zu erfolgreichen Lernprozessen kommen kann.

Subjektdidaktik: Gegenbegriff zur Objektdidaktik. Nestle verwendet den Begriff in vergleichbarer Bedeutung wie Klafki den Begriff der formalen Bildung. Er versteht darunter eine Didaktik, die sich an den individuellen Entwicklungsprozessen, Interessen und Bedürfnissen der einzelnen Schüler orientiert, dabei aber unter Umständen die wissenschaftlichen Erkenntnisse über die Sache und die kulturelle Bedeutsamkeit des Themas vernachlässigt.

Syndrom: Krankheitsbild, das sich aus dem Zusammentreffen verschiedener charakteristischer Symptome ergibt.

Zone der nächsten Entwicklung: Der Begriff wurde von dem russischen Entwicklungspsychologen Wygotsky geprägt und von verschiedenen Entwicklungspsychologen aufgegriffen. Er bezeichnet ein Entwicklungsniveau, das etwas höher ist als das vom Kind aktuell ereichte. Mit Unterstützung durch einen weiter entwickelten Menschen, so Wygotskys Vorstellung, kann ein Kind auf einem höheren Niveau agieren als allein, und macht durch diese Erfahrung Fortschritte in seiner Entwicklung.

Literatur

Aab, J., Pfeiffer, H., Reiser, H., Rockemer, H. G. (1974): Sonderschule zwischen Ideologie und Wirklichkeit. Für eine Revision der Sonderpädagogik. München

Adorno, Th., Albert, H., Dahrendorf, R., Habermas, J., Pilot, H., Popper, K. R. (1972): Der Positivismusstreit in der deutschen Soziologie. Berlin

Aebli, H. (1969): Die geistige Entwicklung von Anlage, Reifung, Umwelt- und Erziehungsbedingungen. In: Roth, H. (Hrsg.): Begabung und Lernen. Stuttgart

Ahrbeck, B., Bleidick, U., Schuck, K. D. (1997): Pädagogisch-psychologische Modelle der inneren und äußeren Differenzierung für lernbehinderte Schüler. In: Psychologie des Unterrichts und der Schule. Enzyklopädie der Psychologie. Serie I, Bd. III, 739–769

Altrichter, H., Posch, P. (1998): Lehrer erforschen ihren Unterricht. Eine Einführung in Methoden der Aktionsforschung. 3. erw. Aufl. Bad Heilbrunn

Altstaedt, I. (1977): Lernbehinderte – Kritische Entwicklungsgeschichte eines Notstandes: Sonderpädagogik in Deutschland und Schweden. Reinbek bei Hamburg

Armack, E. (1890): Über Einrichtungen resp. Klassen für Schwachbefähigte. In: Pädagogische Reform, 49

Apter, S. J. (1977): Applications of ecological theory. In: Exceptional Children, 43, 6, 366–373

Artelt, C., Stanat, P., Schneider, W., Schiefele, U. (2001): Lesekompetenz: Testkonzeption und Ergebnisse. In: Deutsches PISA-Konsortium (Hrsg.): PISA 2000. Basiskompetenzen von Schülerinnen und Schülern im internationalen Vergleich. Opladen, 69–137

Ausubel, D. P. (1968): Educational Psychology, A Cognitive View. New York/Holt

Avci-Werning, M. (2002): Prävention und Reduktion ethnischer Konflikte in der Schule. Psychologie der interkulturellen Beziehungen an Beispielen von Programmen im Unterricht. Dissertation. Veröffentlichung in Vorbereitung

Bach, H. (1973): Unterrichtslehre L. 2. Aufl. Berlin

Baier, H. (1980): Einführung in die Lernbehindertenpädagogik. Stuttgart/Berlin/Mainz

Balgo, R. (1998): Lehren und Lernen – der Versuch einer (Re)konstruktion. In: Pädagogik 7–8, 58–62

– (2002): Sonderpädagogik im historischen und aktuellen Kontext. In: Werning, R., Balgo, R., Palmowski, W., Sassenroth, M.: Sonderpädagogik: Lernen, Verhalten, Sprache, Bewegung und Wahrnehmung. München

Bargel, T. (1973): Probleme der Rezeption empirischer Sozialisationsforschung. In: Walter, H. (Hrsg.): Sozialisationsforschung I. Stuttgart/Bad Cannstatt, 119–138

Bartsch, M. (1909): Die Hilfsschule als Erziehungsanstalt. In: Monatsschrift: Die Hilfsschule, 2, 40–45

Baudisch, W., Schmetz, D. (Hrsg.): Sonderpädagogische Beiträge, Bd. I: Lernbehinderung und Wege zur differenzierten Förderung. Frankfurt, 58–68

Bauersfeld, H. (1983): Subjektive Erfahrungsbereiche als Grundlage einer Interaktionstheorie des Mathematiklernens und -lehrens. In: Bauersfeld, H.: Lernen und Lehren von Mathematik. Köln, 1–56

Baumert, J., Schümer, G. (2001): Familiäre Lebensverhältnisse, Bildungsbeteiligung und Kompetenzerwerb. In: Deutsches PISA-Konsortium (Hrsg.): PISA 2000. Basiskompetenzen von Schülerinnen und Schülern im internationalen Vergleich. Opladen, 321–407

Begemann, E. (1968): Die Bildungsfähigkeit der Hilfsschüler. Berlin

– (1970): Die Erziehung der sozio-kulturell benachteiligten Schüler. Hannover

– (1974): Behinderte – eine humane Chance unserer Gesellschaft. Berlin

– (1979): Erziehungs- und Sozialisationsbedingungen des lernbehinderten Kindes in der Familie. In: Dennerlein, H., Schramm, K. (Hrsg.): Handbuch Behindertenpädagogik, Bd. I. München

– (1996): Didaktische Konzeptionen in Schulen für Lernbehinderte. Notwendige pädagogische Umorientierungen. In: Eberwein, H. (Hrsg.): Handbuch Lernen und Lern-Behinderungen. Weinheim/Basel, 95–114

– (1996a): (Miß-)Deutungen der Sprache von „Lernbehinderten". In: Eberwein, H. (Hrsg.): Handbuch Lernen und Lern-Behinderungen. Weinheim/Basel, 135–156

– (1996b): Zum Begriff und Phänomen Lernen. Vom Lehren zum Selbstlernen. In: Eberwein, H. (Hrsg.): Handbuch Lernen und Lern-Behinderungen. Weinheim/Basel, 259–278

Belusa, A., Mand, J., Eberwein, H., Michaelis, E. (1992): Probleme des Lernens und Deutungsmuster – Ergebnisse einer Befragung an Schulen für Lernbehinderte in Berlin. In: Behindertenpädagogik, 31, 2, 162–170

Beschel, E. (1980): Geschichte. In: Kanter, G. O., Speck, O.: Handbuch der Sonderpädagogik – Pädagogik der Lernbehinderten, Bd. IV, 113–147. Berlin

Biermann, Ch., Lintzen, B., Schütte, M. (1997): Kritische Koedukation trägt Früchte. In: Thurn, S., Tillmann, K.-J.: Unsere Schule ist ein Haus des Lernens. Das Beispiel Laborschule Bielefeld, 165–183

Blankertz, H. (1982): Die Geschichte der Pädagogik. Wetzlar

Bleidick, U. (1968): Über Lernbehinderung. In: Zeitschrift für Heilpädagogik, 19. Jg., 9, 449–464

–, Heckel, G. (1970): Praktisches Lehrbuch des Unterrichts in der Hilfsschule (Lernbehindertenschule). 2. Aufl. (1. Aufl. 1968) Berlin

– (1983): Konzeptionen der Lernbehindertendidaktik. In: Baier, H., Bleidick, U. (Hrsg.): Handbuch der Lernbehindertendidaktik. Stuttgart, 56–66

– (1985): Historische Theorien: Heilpädagogik, Sonderpädagogik, Pädagogik der Behinderten. In: Bleidick U. (Hrsg.): Theorie der Behindertenpädagogik. Berlin

- (1990): Bildungspolitische Entwicklungslinien zur gesellschaftlichen Integration von Behinderten. In: Schuck, K. D. (Hrsg.): Beiträge zur integrativen Pädagogik. Hamburg
Bless, G. (1995): Zur Wirksamkeit der Integration. Bern u. a.
-, Klaghofer, R. (1991): Begabte Schüler in Integrationsklassen. Zeitschrift für Pädagogik 37, 215–223
Blöchlinger, H. (1991): Langfristige Effekte schulischer Separation. Luzern
Blumer, H. (1973): Der methodische Standort des Symbolischen Interaktionismus. In: Arbeitsgruppe Bielefelder Soziologen (Hrsg.): Alltagswissen. Interaktion und gesellschaftliche Wirklichkeit, Bd. I. Reinbek
Bönsch, M. (1991): Variable Lernwege. Ein Lehrbuch der Unterrichtsmethoden. Paderborn
Borchert, J., Schuck, K. D. (1992): Integration? Ja! Aber wie? Ergebnisse aus Modellversuchen zur Förderung behinderter Kinder und Jugendlicher. Hamburg
Böse, R., Schiepek, G. (1989): Systemische Theorie und Therapie. Ein Handwörterbuch. Heidelberg
Bower, G. H. (1981): Mood and Memory. American Psychologist, 36, 129–148
Brezinka, W. (1989): Aufklärung über Erziehungstheorie. München/Basel
Bründel, H., Hurrelmann, K. (1994): Gewalt macht Schule. München
Bruner, J. S. (1974): Entwurf einer Unterrichtstheorie. Düsseldorf
- (1980): Der Prozess der Erziehung. 5. Aufl. Düsseldorf
- (1987): Wie das Kind sprechen lernt. Bern u. a.
Brusten, M., Hurrelmann, K. (1973): Abweichendes Verhalten in der Schule. Eine Untersuchung zu Prozessen der Stigmatisierung. München
Büeler, X. (1994): System Erziehung. Ein bio-psycho-soziales Modell. Bern u. a.
Bundesministerium für Arbeit und Sozialordnung (2001) (Hrsg.): Erster Armuts- und Reichtumsbericht der Bundesregierung: Lebenslagen in Deutschland. Herausgegeben vom Bundesministerium für Arbeit und Sozialordnung. Bonn
Bundschuh, K., Heimlich, U., Krawitz, R. (Hrsg.) (2001): Wörterbuch Heilpädagogik. 2. Aufl. Bad Heilbrunn
Burgert, M. (2001): Fit fürs Leben. Grundriss einer Pädagogik für benachteiligte Jugendliche in Schule, Ausbildung und Erwerbsarbeit. Langenau-Ulm
Busch, C. (1997): Freie Arbeit nach Montessori an der Schule für lernbehinderte Kinder und Jugendliche – Beispiele aus der Praxis. In: Reiß, G., Eberle, G. (Hrsg.): Offener Unterricht – Freie Arbeit mit lernschwachen Schülerinnen und Schülern. Weinheim, 226–239

Campion, J. (1985): The Child in Context. Family-Systems Theory in Educational Psychology. London/New York
Chorover, L. (1982): Die Zurichtung des Menschen. Von der Verhaltenssteuerung durch die Wissenschaften. Frankfurt/M.
Ciompi, L. (1997): Die emotionalen Grundlagen des Denkens. Göttingen
Cloerkes, G. (1997): Soziologie der Behinderten. Heidelberg

Comenius, J. A. (1638): Didacta Magna. Große Didaktik. Übers. und hrg. von A. Flitner (1960), 2. Aufl. Düsseldorf/München

Creaghead, N. A. (1990): Mutual Empowerment through Collaboration: A New Script for an Old Problem. In: Secord, W. A., Wiig, E. H. (Eds.): Collaborative Programs in the Schools: Concepts, Models and Procedures. The Psychological Corporation: Hartcourt Brace, 109–116
– (1992): Classroom Interactional Analysis/Script Analysis. In: Secord, W. A., Damico, J. S. (Eds.): Descriptive/Nonstandardized Language Assessment. The Psychological Corporation: Hartcourt Brace, 65–72

Cronbach, L. J. (1975): Wie kann Unterricht an individuelle Unterschiede angepasst werden? In: Schwarzer, T., Steinhagen, K. (Hrsg.): Adaptiver Unterricht. München

Delitsch, J. (1908): Bedeutung der Hilfsschule. In: Monatsheft: Die Hilfsschule, 1, 1, 4–6

Deutscher Bildungsrat (1968): Gutachten und Studien der Bildungskommission. Bd. IV. Begabung und Lernen. H. Roth (Hrsg.). Stuttgart
– (1973): Empfehlungen der Bildungskommission: Zur pädagogischen Förderung behinderter und von Behinderung bedrohter Kinder und Jugendlicher. Bonn

Demmer-Dieckmann, I. (1991): Innere Differenzierung als wesentlicher Aspekt einer integrativen Didaktik. Bremen

Dewey, J., Kilpatrick, W. H. (1935): Der Projektplan. Grundlegung und Praxis. Weimar

Die Hilfsschule (1919): Die Schulforderungen des deutschen Lehrervereins und die Hilfsschule. (ohne Autor) 12, 26–31

Dörner, D. (1976): Problemlösen als Informationsverarbeitung. Stuttgart

Drawe, W., Rumpler, F., Wachtel, P. (Hrsg.) (2000): Empfehlungen zur Sonderpädagogischen Förderung. Würzburg

Dumke, D. (1992): Gemeinsame Unterrichtung von Behinderten und Nichtbehinderten in der Grundschule und der Sekundarstufe I, Abschlußbericht der wissenschaftlichen Begleitung des Bonner Schulversuchs zum Integrationsklassen-Modell. Frechen
– (1998): Schulische Integration in der Sekundarstufe. In: Hildeschmidt, A., Schnell, I. (Hrsg.): Integrationspädagogik. Auf dem Weg zu einer Schule für alle. Weinheim/München, 241–256
–, Kellner, M., Kranenburg, M. (1993): Unterrichtsorganisation in Integrationsklassen. In: Dumke, D. (Hrsg.): Integrativer Unterricht. 2. Aufl. Weinheim, 109–160

Duyme, N., Dumret, A. C., Tomkiewicz, S. (1999): How can we boost IQs of dull children? A late adoption study. In: Proc. Natl. Acad. Sci. USA, Vol. 96, 8790–8794

Eberhard, K., Kohlmetz, G. (1973): Verwahrlosung und Gesellschaft. Göttingen

Eberwein, F. (1996): Sozialpsychologische Untersuchungen zur Stigmatisierung und Diskriminierung sowie zum Selbstkonzept sogenannter Lernbehinderter. In: Eberwein, H. (Hrsg.): Handbuch Lernen und Lern-Behinderungen. Weinheim/Basel

Eberwein, H. (Hrsg.) (1994): Behinderte und Nichtbehinderte lernen gemeinsam. Handbuch der Integrationspädagogik. 3. Aufl. Weinheim/Basel

–, Mand, J. (1992): Deutungsmusteranalyse in der sonderpädagogischen Forschung. In: Chassé, K. A., Drygalla, A., Schmidt-Noerr, A. (Hrsg.). Randgruppen 2000. Bielefeld

Eggert, D. (1972): Ein Beispiel zur Sozial- und Familienstatistik von geistig behinderten Kindern. In: Eggert, D. (Hrsg.): Zur Diagnose der Minderbegabung. Weinheim

–, Ratschinski, G. (1993): Diagnostisches Inventar motorischer Basiskompetenzen. Dortmund

– (1995): Von der Kritik an den motometrischen Tests zu den individuellen Entwicklungsplänen in der qualitativen Motodiagnostik. In: Motorik 18, 4, 112–148

– (1997): Von den Stärken ausgehen ... Individuelle Entwicklungspläne (IEP) in der Lernförderungsdiagnostik. Dortmund

Ellger-Rüttgardt, S. (1981): Widerstände gegen die Braunschweiger Hilfsschule. In: Braunschweiger Werkstücke Reihe A, Bd. XVII: Heinrich Kielhorn und der Weg der Sonderschulen – Hundert Jahre Hilfsschulen in Braunschweig. Bearbeitet von Bleidick, U., Braunschweig, 69–91

– (1983): Geschichte des Unterrichts mit Lernbehinderten. In: Baier, H., Bleidick, U. (Hrsg.): Handbuch der Lernbehindertendidaktik. Stuttgart, 20–26

– (1985): Historiographie der Behindertenpädagogik. In: Bleidick, U. (Hrsg.): Theorie der Behindertenpädagogik. Berlin, 87–125

– (1994): Kritiker der Hilfsschule als Vorläufer der Integrationsbewegung. In: Eberwein, H. (Hrsg.): Behinderte und Nichtbehinderte lernen gemeinsam. Handbuch Integrationspädagogik. 3. Aufl. Weinheim/Basel, 48–54

Fend, H. (1974): Gesellschaftliche Bedingungen schulischer Sozialisation. Weinheim

– (1980): Theorie der Schule. München u. a.

– (1989): Gute Schulen – schlechte Schulen. Die einzelne Schule als pädagogische Handlungseinheit. In: Tillmann, K. J. (Hrsg.): Was ist eine gute Schule. Hamburg

Ferdinand, W., Uhr, R. (1973): Sind Arbeiterkinder dümmer – oder letztlich nur die Dummen? In: Die Grundschule, 237–239

Feuser, G. (1995): Behinderte Kinder und Jugendliche zwischen Integration und Aussonderung. Darmstadt

–, Meyer, K. (1987) : Integrativer Unterricht in der Grundschule – ein Zwischenbericht. Solms-Oberbiel

Fischer, H. R. (1995): Abschied von der Hinterwelt. In: Fischer, H. R. (Hrsg.): Die Wirklichkeit des Konstruktivismus. Heidelberg, 11–34

Fittje, H. (1986): Beiträge zu einer Revision der Hilfsschulgeschichte von den Anfängen bis 1918, Dissertation. Universität Oldenburg

Freinet, C. (1979): Die moderne französische Schule. 2. Aufl. (1. Aufl. 1934). Paderborn

Frenzel, F. (1903): Die Hilfsschule für schwachbefähigte Kinder in ihrer Entwicklung, Bedeutung und Organisation. Hamburg

Foerster, H. v. (1987): Entdecken oder Erfinden – Wie läßt sich Verstehen verstehen? In: Rotthaus, W. (Hrsg.): Erziehung und Therapie in systemischer Sicht. Dortmund, 22–58

– (1996): Lethologie. Eine Theorie des Erlernens und Erwissens angesichts von Unwißbarem, Unbestimmbarem und Unentscheidbarem. In: Voß, R. (Hrsg.): Die Schule neu erfinden. Neuwied, 14–32

Frey, K. (1982): Die Projektmethode. Weinheim/Basel

Friedemann, H.-J., Schroeder, J. (2000): Von der Schule ... ins Abseits? Untersuchungen zur Eingliederung benachteiligter Jugendlicher. Weg aus der Ausbildungskrise. Langenau/Ulm

Friederici, W. (1911): Hochschule und Hilfsschullehrer. In Monatsschrift: Die Hilfsschule, 4, 7, 181–188

Garlichs, A., Beck, U., Ring, K. (1990): Alltag im offenen Unterricht. Frankfurt

Glasersfeld, E. v. (1996): Radikaler Konstruktivismus. Ideen, Ergebnisse, Probleme. Frankfurt/M.

Gnerlich (ohne Vornahmen) (1912): Hilfsschullehrer als pädagogischer Sachverständiger. In: Monatsschrift: Die Hilfsschule, 5, 9, 246–249

Goffmann, E. (1967): Stigma. Über Techniken der Bewältigung beschädigter Identität. Frankfurt/M.

Golin, A. K., Ducanis A. J. (1981): The interdisciplinary Team. Rockvill/London

Golz, S. (1996): Ausländische Kinder als sogenannte Lernbehinderte. In: Eberwein, H. (Hrsg.): Handbuch Lernen und Lern-Behinderungen. Weinheim/Basel

Götze, H. (1997): „Wenn freie Arbeit schwierig wird ...". Stolpersteine auf dem Weg zum offenen Unterricht. In: Reiß, E., Eberle, G. (Hrsg.): Offener Unterricht und Freie Arbeit mit lernschwachen Schülerinnen und Schülern. Weinheim, 254–273

Gudjons, H. (1986): Handlungsorientiert lehren und lernen. Projektunterricht und Schüleraktivität. Bad Heilbrunn

Haeberlin, U., Bless, G., Moser, U., Klaghofer, R. (1990): Die Integration von Lernbehinderten. Versuche, Theorien, Forschungen, Enttäuschungen, Hoffnungen. Bern

Hänsel, D. (Hrsg.) (1986): Das Projektbuch Grundschule. Weinheim/Basel

Hansen, G., Stein, R. (1997): Sonderpädagogik konkret. Ein Handbuch in Schlüsselbegriffen. 2. Aufl. Bad Heilbrunn

Hargreaves, D. H. (1980): Labeling-Prozesse und ihre Konsequenzen für die Schüler. In: Ulich, K. (Hrsg.): Wenn Schüler stören. München, 96–111

Hausotter, A. (2000): Integration und Inclusion – Europa macht sich auf den Weg. In: Hans, M., Ginnold, A. (Hrsg.): Integration von Menschen mit Behinderung – Entwicklungen in Europa. Neuwied/Berlin, 43–83

Heese, G. (1954): Über Verallgemeinerungsbestrebungen in der Geschichte der Schwerhörigenbildung. In: Neue Blätter für Taubstummenbildung, 341–345

Heimann, P. (1973): Didaktik als Theorie und Lehre. In: Beckmann, H./Faber, W. (Hrsg.): Pädagogische Kontroversen Bd. II. Das Problem der Didaktik. München, 115–140

–, Otto, G., Schulz, W. (1970): Unterricht. Analyse und Planung. Hannover

Heimlich, U. (1993): Wege zum Projektunterricht bei Schülern mit Lernschwierigkeiten. In: Baudisch, W., Schmetz, D. (Hrsg.): Sonderpädagogische Beiträge. Bd. I. Lernbehinderung und Wege zur differenzierten Förderung. Frankfurt, 58–68

– (1999a): Einleitung: Orte sonderpädagogischer Förderung auf dem Weg zur Integration. In: Heimlich, U. (Hrsg.): Sonderpädagogische Fördersysteme. Auf dem Weg zur Integration. Stuttgart

– (1999b): Gemeinsam lernen in Projekten. Bad Heilbrunn

Helmke, A., Weinert, F. E. (1997): Bedingungsfaktoren schulischer Leistung. In: Weinert, F. E. (Hrsg.): Psychologie des Unterrichts und der Schule. Enzyklopädie der Psychologie, Themenbereich D, Serie I, Bd. III. Göttingen u. a.

Henning, C., Knödler, U. (1985): Problemschüler – Problemfamilien. Praxis des systemischen Arbeitens mit schulschwierigen Kindern. Weinheim/Basel

Hentig, H. v. (1993): Die Schule neu denken. München/Wien

Henze, A. (1928): Hilfsschule für geistesschwache Kinder. In: Nohl, H. v., Pallat, L. (Hrsg.): Handbuch der Pädagogik, Bd. III, Langensalza

Herrnstein, R. J.(1973): IQ in the Meritocracy, Boston

Heuser, C., Schütte, M., Werning, R. (1997): Kooperative Lernbegleitung von Kindern und Jugendlichen mit besonderem Förderbedarf in heterogenen Gruppen. In: Heimlich, U. (Hrsg.): Zwischen Aussonderung und Integration. Neuwied, 102–118

Heyer, P., Korfmacher, E., Podlesch, W., Preuss-Lausitz, U., Sebold, L. (Hrsg.) (1993): Zehn Jahre wohnortnahe Integration. Frankfurt/Main

Heyer, P., Preuss-Lausitz, U., Zielke, G. (1994): Überblick über die Integrationsentwicklung in Deutschland. In: Zusammen, 10, 12–16

Hildeschmidt, A., Sander, A. (1995): Integration behinderter Schüler und Schülerinnen in der Sekundarstufe I. In: Heilpädagogische Forschung, 21, 14–26

–, – (1996): Zur Effizienz der Beschulung sogenannter Lernbehinderter in Sonderschulen. In: Eberwein, H. (Hrsg.): Handbuch Lernen und Lern-Behinderungen. Weinheim/Basel, 115–134

Hildeschmidt, A., Schnell, I. (Hrsg.) (1998): Integrationspädagogik. Auf dem Weg zu einer Schule für alle. Weinheim/München

Hilgard, E. R., Bower, G. H. (1970): Theorien des Lernens, Bd. I. Stuttgart

Hiller, G. G. (1988): Perspektiven der Schule für Lernhilfe. In: Zeitschrift für Pädagogik, 2, 227–245

– (1991): Von normierter Einfalt zu normaler Vielfalt. Plädoyer für eine Stärkung der integrativen Funktion des Bildungssystems. In: Zeitschrift für Pädagogik, 2, 225–244

- (1997): Ausbruch aus dem Bildungskeller. Pädagogische Provokationen. 4. Aufl. (1. Aufl. 1989, 2. Aufl. 1990). Langenau/Ulm
- (1995): Alltagsbegleitung. Begründung, Konzepte und Realisierungsvorschläge für eine Zusammenarbeit mit jungen Menschen in erschwerten Lebenslagen. Die Sonderschule, 40, 2–13

Hintz, O. (1897): Welche pädagogischen Maßnahmen eignen sich für den Unterricht und die Erziehung solcher Kinder, welche durch die Volksschule nicht genügende Förderung erfahren? In: Pädagogische Zeitungen, 821–824

Hinz, A., Katzenbach, D., Rauer, W., Schuck, K. D., Wocken, H., Wudke, H. (1998): Die Integrative Grundschule im sozialen Brennpunkt. Ergebnisse eines Schulversuchs. Hamburg

Hock, B., Holz, G., Wüstendörfer, W. (2000): Folgen familiärer Armut im frühen Kindesalter – Eine Annäherung anhand von Fallbeispielen. Frankfurt/M.

Holtappels, H. G., Meier, U. (1997): Gewalt an Schulen. Erscheinungsformen von Schülergewalt und Einflüsse des Schulklimas. In: Die Deutsche Schule, 89, 1, 50–62

Homfeldt, H. G. (1996): Die Schule für Lernbehinderte unter labelingtheoretischen Aspekten – Konsequenzen für schulisches Lernen. In: Eberwein, H. (Hrsg.): Handbuch Lernen und Lern-Behinderungen. Weinheim/Basel, 176–191
- (1974): Stigma und Schule. Düsseldorf

Horrix, H. (1899): Das erziehliche Wirken in der Hilfsschule. In: Bericht über den Zweiten Verbandstag der Hilfsschulen in Deutschland zu Cassel am 4. und 5. April 1899, Langensalza

Huth, A. (1952): Was fordert die Wirtschaft von der Schule? In: Die Bayrische Schule, 5, 9, 133

Iben, H. (1991): Randgruppen der Gesellschaft. München

ICD-10 (1999) (Internationale statistische Klassifikation der Krankheiten und verwandter Gesundheitsprobleme) 10. Revision. Hrsg. vom Deutschen Institut für medizinische Dokumentation und Information (DIMDI) im Auftrag des Bundesministeriums für Gesundheit. Bd. I. Systematisches Verzeichnis, Version 1.3., Stand Juli 1999. Bern u. a.

Ingenkamp (1988): Intelligenz als Prädikator von Lernerfolg? In: Schirp, H. u. a.: Begabung – Lernen – Schulqualität. Soest, 45

Jank, W., Meyer, H. (1991): Didaktische Modelle. Berlin
–, – (1994): Didaktische Modelle. 3. Aufl. Frankfurt/M.

Jansen (ohne Vornamen) (1914): In: Monatsheft: Die Hilfsschule, 7

Jantzen, W. (1974): Sozialisation und Behinderung. Gießen
- (1976): Zur begrifflichen Fassung von Behinderung aus der Sicht des historischen und dialektischen Materialismus. In: Zeitschrift für Heilpädagogik, 27, 7, 428–436
- (Hrsg.) (1981): Soziologie der Sonderschule. Weinheim/Basel
- (1983): Galperin lesen. Anmerkungen zur Entwicklung einer historisch-materialistischen Theorie schulischen Lernens. In: Demokratische Erziehung 9, 5, 30–37

– (1990): Behinderung. In: Sandkühler, H. J. (Hrsg.): Europäische Enzyklopädie zur Philosophie und Wissenschaft. Bd. I, 369–371

Kanter, G. O. (1994): Von der Schule für Lernbehinderte zum sonderpädagogischen Förderzentrum. In: Schmetz, D./Wachtel, P. (Hrsg.):
Unterricht mit Lernbehinderten. Breitenbach, 34–42
– (1980): Lernbehinderung und die Personengruppe der Lernbehinderten. In: Kanter, G. O., Speck, O. (Hrsg.): Pädagogik der Lernbehinderten. Handbuch der Sonderpädagogik, Bd. IV, 34–75

Keeney, B. P. (1987): Konstruieren therapeutischer Wirklichkeiten. Dortmund

Kempfert, G., Rolff, H.-G. (1999): Pädagogische Qualitätsentwicklung.
Weinheim/Basel

Kerkhoff, W. (1975): Vater-Kind-Beziehung und soziale Schichtzugehörigkeit. Neuburgweier

Kielhorn, H. (1908): Aus der Hilfsschule zu Braunschweig. In: Monatsschrift: Die Hilfsschule, 1, 8, 88–90

Klafki, W. (1964a): Das pädagogische Problem des Elementaren und die
Theorie der kategorialen Bildung. Weinheim/Basel
– (1964b): Studien zur Bildungstheorie und Didaktik. Weinheim/Basel
– (1971): Erziehungswissenschaft als kritisch-konstruktive Theorie:
Hermeneutik – Empirie – Ideologiekritik. In: Zeitschrift für Pädagogik, 17, 351–385
– (1994): Neue Studien zur Bildungstheorie und Didaktik. Zeitgemäße
Allgemeinbildung und kritisch-konstruktive Didaktik. Weinheim/Basel
–, Stöcker, H. (1976): Innere Differenzierung des Unterrichts. In: Zeitschrift für Pädagogik, 22, 4, 497–523

Klauer, K. J. (1964): Programmierter Unterricht in Sonderschulen.
Berlin
– (1975): Lernbehindertenpädagogik. 8. Aufl. (1. Aufl. 1966, 2. Aufl.
1975). Berlin
– (1993): Trainingsforschung: Ansätze, Theorien, Ergebnisse. In: Klauer, K. J. (Hrsg.): Kognitives Training. Göttingen, 15–66
–, Lauth, G. W. (1997): Lernbehinderung und Leistungsschwierigkeiten
bei Schülern. In: Weinert, F. E. (Hrsg.): Psychologie des Unterrichts.
Enzyklopädie der Psychologie, Serie I, Bd. III. Göttingen u. a., 701–738

Klein, G. (1971): Kritische Analyse gegenwärtiger Konzeptionen der
Lernbehindertenschule. In: Sonderpädagogik, 1, 1–13
– (1973): Die soziale Benachteiligung der Lernbehinderten. In: Heese, G., Reinartz, A. (Hrsg.): Aktuelle Probleme der Lernbehindertenpädagogik. Berlin, 7–21
– (1976): Spezielle Fragen soziokultureller Determinanten bei Lernbehinderung. In: Kanter, G. O., Speck, O. (Hrsg.): Pädagogik der Lernbehinderten. Handbuch der Sonderpädagogik, Bd. IV, 65–75
– (1985): Lernbehinderte Kinder und Jugendliche: Lebenslauf und Erziehung. Stuttgart
– (1997): Montessori-Pädagogik in der Schule für Lernbehinderte. In:
Reiß, G., Eberle, G. (Hrsg.): Offener Unterricht – freie Arbeit mit lernschwachen Schülerinnen und Schülern. Weinheim, 212–225

– (2001): Sozialer Hintergrund und Schullaufbahn von Lernbehinderten/Förderschülern 1969 und 1997. In: Zeitschrift für Heilpädagogik, 2, 51–61

Kneer, G., Nassehi, A. (1994): Niklas Luhmanns Theorie sozialer Systeme. 2. Aufl. München

Kniel, A. (1979): Die Schule für Lernbehinderte und ihre Alternativen. Reinstetten

Köbberling, A. (1998): Gemeinsamkeit und Vielfalt in der Sekundarstufe: Wege in verschiedene Lebenswelten teilen. In: Hildeschmidt, A., Schnell, I. (Hrsg.): Integrationspädagogik. Auf dem Weg zu einer Schule für alle. Weinheim/München, 257–276

–, Schley, W. (2000): Sozialisation und Entwicklung in Integrationsklassen. Untersuchungen zur Evaluation eines Schulversuchs in der Sekundarstufe. Weinheim/München

Koch, H. (1914): Die Beurteilung der Prüfungsordnung für Hilfsschullehrer in einem Teile der Berliner Tagespresse. In: Monatsschrift: Die Hilfsschule, 7, 15–17

König, E., Zedler, P. (1998): Theorien der Erziehungswissenschaft. Weinheim/Basel

Kornmann, R. (1998): Wie ist das zunehmende Schulversagen bei Kindern von Migranten zu erklären und zu beheben? In: Vierteljahresschrift für Heilpädagogik und ihre Nachbargebiete, 67, 1, 55–68

–, Burgard, P., Eichling, H.-M. (1999): Zur Überrepräsentation von ausländischen Kindern und Jugendlichen in Schulen für Lernbehinderte. In: Zeitschrift für Heilpädagogik, 3, 106–109

–, Meister, H., Schlee, J. (Hrsg.) (1994): Förderungsdiagnostik. 3. Aufl. Heidelberg

–, Klingele, Ch. (1996): Ausländische Kinder und Jugendliche an Schulen für Lernbehinderte in den alten Bundesländern. In: Zeitschrift für Heilpädagogik, 1, 2–9

Krämer-Kilic, I. K. (2000): Kooperatives Lernen in integrativen Klassen. In: Die neue Sonderschule 4, 1–9

– (2001): Zur Bedeutung kooperativen Lernens in integrativen Klassen, dargestellt anhand eines Fallbeispiels. In: Zeitschrift für Heilpädagogik, 1, 22–27

Kretschmann, R. (1993): Methodik und Didaktik integrativen Unterrichtens. In: Mohr, H. (Hrsg.): Integration verändert Schule. Konzepte der Arbeit sonderpädagogischer Förderzentren. Hamburg

Kron, F. (2000): Grundwissen Didaktik. 3. Aufl. München

Krüll, M., Luhmann, N., Maturana, H. R. (1987): Grundkonzepte der Theorie autopoietischer Systeme. In: Zeitschrift für Systemische Therapie, 5, 1, 4–25

Kuhn, S. Th. (1967): Die Struktur wissenschaftlicher Revolutionen. Frankfurt/M.

Kultusministerkonferenz (KMK) (1972): Empfehlung zur Ordnung des Sonderschulwesens. Bonn

– (Hrsg.) (1983): Bericht über Bedingungen und Grenzen des gemeinsamen Unterrichts von behinderten und nichtbehinderten Schülern in allgemeinbildenden Schulen. Bonn

- (1994): Empfehlungen zur sonderpädagogischen Förderung in der Bundesrepublik Deutschland. Bonn
- (2001): Dokumentationen Nr. 153, 155. Bonn, www.kmk.org

Kutzer, R. (1973): Das Erfordernis einer Neuorientierung gegenwärtiger Didaktiken der Schule für Lernbehinderte als Voraussetzung für eine Emanzipation der Sonderschüler und eine Beseitigung sozialer Randständigkeit. In: Abé, I., Probst, H., Graf, S., Kutzer, R., Wacker, G., Klode, W., Wagner, H. (Hrsg.): Kritik der Sonderpädagogik. Giessen, 310–342
- (1980): Mengen und Figuren – Struktur-Niveau-orientiertes Unterrichtswerk. Frankfurt
- (1982): Strukturorientierter Mathematikunterricht in der Schule für Lernbehinderte. 2. Aufl. In: Probst, H. (Hrsg.): Kritische Behindertenpädagogik in Theorie und Praxis. Solms-Oberbiel, 29–62
- (1999): Überlegungen zur Unterrichtssituation im Sinne strukturorientierten Lernens. In: Probst, H. (Hrsg.): Mit Behinderungen muss gerechnet werden. Der Marburger Beitrag zur lernprozessorientierten Diagnostik, Beratung und Förderung. Oberbiel, 15–69

Langermann, J. (1963): Der Erziehungsstaat nach Stein-Fichteschen Grundsätzen in einer Hilfsschule durchgeführt. Hrsg. von Beschel, E., (1. Aufl. 1911). Berlin
Laun, R. (1983): Freinet – 50 Jahre danach. Dokumente und Berichte aus drei französischen Grundschulklassen. Heidelberg
Lernchancen (2000): Themenheft Geld oder Leben. 18, 2–76
Lortie, D. C. (1964) : The Teacher and Team Teaching. Suggestions for Longe-Range Research. In: Shaplin, J. T., Olds, H. T. (Hrsg.): Team Teaching. New York/London, 270–305
Lösel, F. (1975): Prozesse der Stigmatisierung in der Schule. In: Brusten, M., Hohmeier, J. (Hrsg.): Stigmatisierung 2. Darmstadt
Lückrath (ohne Vornamen) (1910): Die Hilfsschüler. In: Monatsschrift: Die Hilfsschule, 3, 9, 225–238
Luhmann, N. (1987): Sozialisation und Erziehung. In: Rotthaus, W. (Hrsg.): Erziehung und Therapie in systemischer Sicht. Dortmund, 77–90
Lütje-Klose, B. (1997a): Wege integrativer Sprach- und Kommunikationsförderung in der Schule. St. Ingbert
- (1997b): Ganzheitlich orientierte Kommunikationsförderung im Musikunterricht. Menschenschattentheater mit Schüler/innen einer siebten Klasse an einer Schule für Lernhilfe. Hannover: 2. Staatsexamensarbeit
-, Pfeiffer, R. (2001): Alexander und Cagtay schreiben Tütengeschichten – Kinder mit unterschiedlichen Lernvoraussetzungen lernen lesen und schreiben. In: Grundschule, 2, 18–24
-, Willenbring, M. (1999): Kooperation fällt nicht vom Himmel. Behindertenpädagogik, 1, 2–31

Maikowski, R. (1994): Gemeinsames Lernen in der Sekundarstufe I – eine Standortbestimmung. In: Eberwein, H. (Hrsg.): Behinderte und Nichtbehinderte lernen gemeinsam. Handbuch der Integrationspädagogik. 3. Aufl. Weinheim/Basel

Mand, J. (1996): Lernbehinderung als soziale Benachteiligung. In: Eberwein, H. (Hrsg.): Lernen und Lernbehinderung. Weinheim/Basel
– (2002): Sonderschule oder gemeinsamer Unterricht? Zum Einfluss von Gutachtervariablen auf Schullaufbahnentscheidungen für schulschwache oder auffällige Kinder und Jugendliche. In: Zeitschrift für Heilpädagogik, 1, 8–13
Marx, K. (1981): Die deutsche Ideologie, MEW, Bd. III. Berlin
Maslow, A. (1973): Psychologie des Seins. München
Maturana, H. R., Varela, F. J. (1987): Der Baum der Erkenntnis. Bern/München
May, P. (1997): Hamburger Schreibprobe HSP. Diagnose orthographischer Kompetenz zur Erfassung der grundlegenden Rechtschreibstrategien. Hamburg
McGeoch, J. A., Irion, A. L. (1952): The psychology of human learning. New York
Mietzel, G. (1998): Pädagogische Psychologie des Lernens und Lehrens. 5. Aufl. Göttingen u. a.
Milani-Comparetti, A., Roser, O. (1987): Förderung der Normalität und der Gesundheit in der Rehabilitation. In: Wunder, M., Sierek, U. (Hrsg.): Sie nennen es Fürsorge. Behinderte zwischen Vernichtung und Widerstand. Frankfurt/M., 77–88
Mitteilung des Verbandvorstandes (1908) In: Die Hilfsschule, 1, 4
Möckel, A. (1988): Geschichte der Heilpädagogik. Stuttgart, 114
Münter, L. (1914): Die Prüfungsordnung und die Ausbildung der Hilfsschullehrer und -lehrerinnen. In: Die Hilfsschule, 7, 6, 145–154
Montessori, M. (1991): Die Entdeckung des Kindes. 10. Aufl. (1. Aufl. 1913). Stuttgart/Freiburg
Müller, U., Salzen, W. v. (1981): Auswirkungen der sozial-ökonomischen Verhältnisse auf die Verhaltensweisen von „Hilfsschülern". In: Jantzen, W.: Soziologie der Sonderschule. Weinheim/Basel
Müller, W. (1997): Freie Arbeit – eine notwendige Dimension einer pädagogischen Schule: Voraussetzungen und Bedingungen ihrer Realisierung. In: Reiß, G., Eberle, G. (Hrsg.): Offener Unterricht – Freie Arbeit mit lernschwachen Schülerinnen und Schülern. Weinheim, 115–160
Muth, J. (1983): Differenzierung des Unterrichts. In: Baier, H., Bleidick, U. (Hrsg.): Handbuch der Lernbehindertendidaktik. Stuttgart, 94–104
– (1994): Zur bildungspolitischen Dimension der Integration. 3. Aufl. In: Eberwein, H. (Hrsg.): Behinderte und Nichtbehinderte lernen gemeinsam. Handbuch der Integrationspädagogik. Weinheim/Basel, 17–24
Mutzeck, W. (Hrsg.) (1998): Förderdiagnostik bei Lern- und Verhaltensstörungen. Weinheim/Basel
– (Hrsg.) (2000): Förderplanung. Grundlagen – Methoden – Alternativen. Weinheim/Basel
Myschker, N. (1969): Der Verband der Hilfsschulen Deutschlands und seine Bedeutung für das deutsche Sonderschulwesen. In: Zeitschrift für Heilpädagogik, Beiheft Nr. 8
– (1983): Lernbehindertenpädagogik. In: Solarová, S. (Hrsg.): Geschichte der Sonderpädagogik. Stuttgart u. a., 120–166

Naudascher, B. (1980): Das übergangene Selbst. Pädagogische Perspektiven zur Selbstkonzeptforschung. New York/Frankfurt/M.

Nestle, W. (1975): Probleme und Aufgaben der Didaktik der Schule für Lernbehinderte. In: Zeitschrift für Heilpädagogik, 26, 9, 523–537

– (1976): Didaktik und Sonderpädagogik. In: Zeitschrift für Heilpädagogik, 27, 3, 167–180

– (1980): Innere Differenzierung in der Schule für Lernbehinderte. In: Baier, H., Klein, G. (Hrsg.): Die Schule für Lernbehinderte. Berlin, 161–190

– (1983): Sachrechnen. In: Baier, H., Bleidick, U. (Hrsg.): Handbuch der Lernbehindertendidaktik. Stuttgart, 312–328

– (1996): Zum Allgemeinheitscharakter von „Lernbehinderung". In: Eberwein, H. (Hrsg.): Handbuch Lernen und Lern-Behinderungen. Weinheim/Basel, 279–292

Nisbet, J. (1980): Towards community education – an evaluation of community schools. Aberdeen

Obolenski, A. (2000): Integrationspädagogische Lehrerinnen- und Lehrerbildung. Grundlagen und Perspektiven für „eine Schule für alle". Bad Heilbrunn

Penné, K. J. (1995): Kooperation im Kontext der Professionalisierung. In: Zeitschrift für Heilpädagogik, 6, 275–281

Pestalozzi (1799): Pestalozzis Brief an einen Freund über seinen Aufenthalt in Stans. Hrsg. und interpretiert von Klafki, W. (1971). Weinheim/Berlin/Basel

Peukert, R., Asmus, H. J. (1979): Der theoretische Bezugsrahmen: „Labeling-Approach" In: Peukert, R., Asmus, H. J. (Hrsg.): Abweichendes Schülerverhalten. Heidelberg

Piaget, J. (1995): Intelligenz und Affektivität in der Entwicklung des Kindes. Frankfurt/M.

Picht, G. (1964): Die deutsche Bildungskatastrophe. Analyse und Dokumentation. Freiburg

Popper, K. R. (1994): Logik der Forschung. 10. Aufl. Tübingen

Pörksen, B. (2001): Abschied vom Absoluten. Heidelberg

Prengel, A. (1995): Pädagogik der Vielfalt. 2. Aufl. (1. Aufl. 1993) Opladen

– (1994): Zur Dialektik von Gleichheit und Differenz in der Integrationspädagogik. In: Eberwein, H. (Hrsg.): Behinderte und Nichtbehinderte lernen gemeinsam. Handbuch der Integrationspädagogik. 3. Aufl. Weinheim/Basel, 93–98

Preuss-Lausitz, U. (1981): Fördern ohne Sonderschule. Weinheim/Basel

– (1986): Sonderschule – Schule in der Krise? In: Rolf, K. G., Klemm, K. J. (Hrsg.): Jahrbuch der Schulentwicklung. Bd. IV. Weinheim/Basel, 102–124

– (2001): Qualitätsmerkmale, Leistungsmessung und Evaluation der pädagogischen Arbeit. In: Zeitschrift für Heilpädagogik, 2, 46–50

Probst, H. (1981): Zur Diagnostik und Didaktik der Oberbegriffsbildung. Solms-Oberbiel

- (1982): Strukturbezogene Diagnostik. 2. Aufl. In: Probst, H. (Hrsg.): Kritische Behindertenpädagogik in Theorie und Praxis. Solms-Oberbiel, 113–135
- (1996): Inventar impliziter Rechtschreibregeln IiR. Marburg: Institut für Sonder- und Heilpädagogik
- (1999): Am besten testen! In: Probst, H. (Hrsg.): Mit Behinderungen muss gerechnet werden. Der Marburger Beitrag zur lernprozessorientierten Diagnostik, Beratung und Förderung. Solms-Oberbiel, 156–183
-, Wacker, G. (1986): Lesenlernen. Ein Konzept für alle. Oberbiel

Raatz, W. (1909): Zur Organisation von Hilfsschulen. In: Monatsschrift: Die Hilfsschule, 2, 45–47
- (1920): Denkschrift über das deutsche Hilfsschulwesen. In: Monatsschrift: Die Hilfsschule, 13, 51–58
Randoll, D. (1991): Lernbehinderte in der Schule. Integration oder Segregation?. Köln/Wien
Reich, K. (2000): Systemisch-konstruktivistische Pädagogik. 3. Aufl. Neuwied
Reichmann, E. (1981): Zur Geschichte der Hilfsschule. In: Jantzen, W. (Hrsg.): Soziologie der Sonderschule – Analyse einer Institution. Weinheim/Basel, 101–128
-, Struwe, K., Müller, U. (1984): Lernbehinderung. In: Reichmann, E. (Hrsg.): Handbuch der kritischen und materialistischen Behindertenpädagogik und ihrer Nachbarwissenschaften. Solms, 407–414
Reichmann-Rohr, E., Weiser, M.: Geschichtliche Entstehung und Entwicklung von Schulen für Lernbehinderte. In: Eberwein, H. (Hrsg.): Handbuch Lernen und Lern-Behinderungen. Weinheim/Basel, 19–32
Reiser, H. R. (1981): Sonderschulen. Schulen für Ausländerkinder? Berlin
Reiser, H. (1997): Lern- und Verhaltensstörungen als gemeinsame Aufgabe von Grundschul- und Sonderpädagogen unter dem Aspekt der pädagogischen Selektion. In: Zeitschrift für Heilpädagogik, 7, 266–275
-, Lotz, W. (1995): Themenzentrierte Interaktion als Pädagogik. Mainz
Reiß, E., Eberle, G., Böhm, O. (1997): Offener Unterricht mit lernschwachen Schülerinnen und Schülern – eine Einführung. In: Reiß, E., Eberle, G. (Hrsg.): Offener Unterricht und Freie Arbeit mit lernschwachen Schülerinnen und Schülern. Weinheim/Basel, 9–44
-, Reiß, G. (1997): Einführung und Weiterentwicklung von Freier Arbeit in der Schule für Lernbehinderte (Förderschule) – Bericht über ein Pilotprojekt. In: Reiß, G., Eberle, G. (Hrsg.): Offener Unterricht – Freie Arbeit mit lernschwachen Schülerinnen und Schülern. Weinheim/Basel, 161–190
Rempler, H. (1954): Psychologie der Persönlichkeit. München
Renkl, A. (1997): Lernen durch Lehren. Zentrale Wirkmechanismen beim kooperativen Lernen. Wiesbaden
Röder, S., Seibert-Schriever, U. (1993): Freiarbeit und Wochenplanarbeit im Rahmen individuellen Lernens. In: Baudisch, W., Schmetz, D. (Hrsg.): Sonderpädagogische Beiträge. Bd. I. Lernbehinderung und Wege zur differenzierten Förderung. Frankfurt, 81–91

Rohr, B. (1980): Handelnder Unterricht. Versuche zur Bestimmung eines materialistisch orientierten Unterrichts bei lernbehinderten Schülern. Rheinstetten

Rolff, H.-G. (1980): Sozialisation und Auslese durch die Schule. 9. Aufl. (5. Aufl. 1972). Heidelberg

Rosenthal, R., Jacobson, L. F. (1971): Teacher expectation for the disadvantaged. Scientif. Amer., 218

Roth, H. (1968): Einleitung und Überblick. In: Roth, H. (Hrsg.): Begabung und Lernen. Stuttgart

Rousseau, J. J. (1762): Emile oder Über die Erziehung. Hrsg. von Martin Rang, Stuttgart 1963

Saarschmidt, G. (1884): Bericht an das Herzogliche Konsistorium zu Wolfenbüttel. Quelle: Niedersächsisches Staatsarchiv Wolfenbüttel 103B (neu 327)

Sander, A. (1994): Empfehlungen der Kommission zur Förderung der Integration behinderter Schüler und Schülerinnen in Schulen des Sekundarbereichs (KOFIS). Empfehlungen zur Förderung der Bereitschaft von Schulen der Sekundarstufe I für die Integration behinderter Kinder und Jugendlicher. In: Sander, A. u. a.: Saarbrücker Beiträge zur Integrationspädagogik. Bd. VIII. Schulreform Integration. St. Ingbert, 350–351

Schade, W. (1962): Allgemeine Grundsätze der Arbeit in der Hilfsschule. Berlin

Scheller, I. (1981): Erfahrungsbezogener Unterricht. Praxis, Planung, Theorie. Königstein/Ts.

Schenkel, G. (1951): Rede des Kultusministers Schenkel vor dem Württemberg-Badischen Landtag über „Mehrstellen, Hilfsschulausbau und Hilfsschullehrerausbildung", Auszug abgedruckt in: Zeitschrift für Heilpädagogik, 2, 449

Schiepek, G. (1986): Systemische Diagnostik in der Klinischen Psychologie. Weinheim/München

Schlömerkemper, J. (1998): Soziale Interaktion als pädagogische Entwicklungsarbeit. In: Altrichter, H., Schley, W., Schratz, M. (Hrsg.): Handbuch zur Schulentwicklung. Innsbruck, 638–660

Schmidt, S. J. (Hrsg.) (2000): Der Diskurs des Radikalen Konstruktivismus. Frankfurt/M.

– (1986): Selbstorganisation – Wirklichkeit – Verantwortung. Der wissenschaftliche Konstruktivismus als Erkenntnistheorie und Lebensentwurf. Siegen

Schnack, D., Neutzling, R. (1990): Kleine Helden in Not. Jungen auf der Suche nach Männlichkeit. Reinbek

Schoelzel, K. (1981): Die Auslese für die Hilfsschulen. In: Grazmann, M. R. W. (Hrsg.): Heinrich Kielhorn und der Weg der Sonderschulen – 100 Jahre Hilfsschulen in Braunschweig. Braunschweig, 52–68

Scholz, G. (1996): Kinder lernen von Kindern. Grundlagen der Schulpädagogik. Bd. XIV. Hohengehren

Schröder, U. (1998): Grundriss der Lernbehindertenpädagogik. 3. Aufl. (2. Aufl.1996). Berlin

Schröder, U. (2002): Das Konzept der „learning disabilities" und seine Rezeption in der deutschen Sonderpädagogik. In: Schröder, U., Wittrock, M., Rolus-Borgward, S., Tänzer, U. (Hrsg.): Lernbeeinträchtigung und Verhaltensstörung. Konvergenzen in Theorie und Praxis. Stuttgart u. a., 24 – 38

Schroeder, J., Storz, M. (1994): Alltagsbegleitung und nachgehende Betreuung. Umriß eines Konzeptes zur präventiven Kooperation mit jungen Menschen in erschwerten Lebenslagen. In: Schroeder, J., Storz, M. (Hrsg.): Einmischungen. Langenau-Ulm, 10 – 19

Schulverwaltungsblatt für Niedersachsen (1994): Empfehlungen der Kultusministerkonferenz zur Sonderpädagogischen Förderung in der Schule in der Bundesrepublik Deutschland. Bekanntmachung der Ministerkonferenz vom 1. 9. 1994, 9, 263 – 269

Schulverwaltungsblatt für Niedersachsen (2000): Bekanntmachung der KMK-Empfehlungen zum Förderschwerpunkt Lernen vom 1. 10. 1999, 1

Schulze, M. (1993): Zur Öffnung des Unterrichts in der Schule für Lernbehinderte. In: Baudisch, W., Schmetz, D. (Hrsg.): Sonderpädagogische Beiträge. Bd. I. Lernbehinderung und Wege zur differenzierten Förderung. Frankfurt, 45 – 57

Schulze, T. (1980): Schule im Widerspruch. München

Schümer, G., Weiß, M., Steinert, B., Baumert, J., Tillmann, K. J., Meier, U. (2001): Lebens- und Lernbedingungen von Jugendlichen. In: Deutsches PISA-Konsortium (Hrsg.): PISA 2000. Basiskompetenzen von Schülerinnen und Schülern im internationalen Vergleich. Opladen, 409 – 509

Sebold, L. (1993): Schritt für Schritt den Unterricht öffnen. In: Heyer, P., Korfmacher, E., Podlesch, W., Preuss-Lausitz, U., Sebold, L. (Hrsg.): Zehn Jahre wohnortnahe Integration. Frankfurt, 91 – 100

Seligmann, M. (1992): Erlernte Hilflosigkeit. 4. Aufl. Weinheim/Basel

Simon, C. (1987): Out of the broom closet and into the classroom: the emerging SLP. In: Journal of Childhood Communication Disorders, 11, 1, 41 – 66

Slavin, R. E. (1993): Kooperatives Lernen und Leistung: Eine empirisch fundierte Theorie. In: Huber, G. L. (Hrsg.): Neue Perspektiven der Kooperation. Hohengehren, 151 – 171

Stötzner, H. E. (1963): Schulen für schwach befähigte Kinder. Hrsg. von Beschel, E., Heese, G., vollständiger Nachdruck der Originalausgabe von 1864. Berlin

Straßburg, K. (1998): Fehleranalyse als diagnostische Methode. In: Eberwein, H., Knauer, S. (Hrsg.): Handbuch Lernprozesse verstehen. Weinheim/Basel

Suhrweier, H. (1993): Lernbehinderte Kinder und Jugendliche – Kennzeichnung der Population. In: Siepmann, G. (Hrsg.): Lernbehinderung. Berlin, 34 – 81

Tent, L., Witt, M., Zschocke-Liebermann, Ch., Bürger, W. (1991a): Über die pädagogische Wirksamkeit der Schule für Lernbehinderte. In: Zeitschrift für Heilpädagogik, 42, 289 – 320

–, –, –, – (1991b): Ist die Schule für Lernbehinderte überholt? In: Heilpädagogische Forschung, 17, 3–13

Thimm, W. (1975): Lernbehinderung als Stigma. In: Brusten, M., Hohmeier, J. (Hrsg.): Stigmatisierung 1. Neuwied/Darmstadt, 125–144

Thimm, W., Funke, E. H., (1980): Soziologische Aspekte der Lernbehinderung. In: Kanter, G. O., Speck, O. (Hrsg.): Handbuch der Sonderpädagogik, Bd. IV. Pädagogik der Lernbehinderten. Berlin

Tillman, K. J. (1996): Sozialisationstheorien, 7. Aufl. Reinbek

Topsch, W. (1975): Grundschulversagen und Lernbehinderung. Essen

Vester, F. (2000): Die Kunst vernetzt zu denken. 6. Aufl. Stuttgart.

Voss, R., Werning, R. (1989): Systemische Konsultation von Familien mit sozial auffälligen Kindern und Jugendlichen. In: Hohmeier, J., Mair, H. (Hrsg.): Eltern- und Familienarbeit. Familien zwischen Selbsthilfe und professioneller Hilfe. Freiburg

Wallrabenstein, W. (1992): Offene Schule – offener Unterricht. Reinbek

Weiß, K. (1909): Fortbildungslehrer und Hilfsschullehrer. In: Monatsschrift: Die Hilfsschule, 2, 185–188

Wellendorf, F. (1969): Formen der Kooperation von Lehrern in der Schule. In: Fürstenau, P. u. a.: Zur Theorie der Schule. Weinheim/Basel

Werning, R. (1995): Gleichheit, Verschiedenheit, Integration. Lehrer lernen ihre Kinder neu sehen. In: Pädagogik, 10, 30–33

– (1996a): Überlegungen zum Sachunterricht für Kinder mit Lernbeeinträchtigungen. In: Baudisch, W., Schmetz, D. (Hrsg.): Sonderpädagogische Beiträge. Bd. IV. Mathematik und Sachunterricht im Primar- und Sekundarbereich. Frankfurt, 137–155

– (1996b): Anmerkungen zu einer Didaktik des gemeinsamen Unterrichts. In: Zeitschrift für Heilpädagogik, 11, 463–469

– (1998): Konstruktivismus – eine Anregung für die Pädagogik? In: Pädagogik, 7–8, 39–41

– (2002): Lernen und Behinderung des Lernens. In: Werning, R., Balgo, R., Palmowski, W., Sassenroth, M.: Sonderpädagogik. Lernen, Verhalten, Sprache, Bewegung und Wahrnehmung. München/Wien, 129–189

–, Avci-Werning, M. (1998): Individualität stärken und Kooperation fördern. In: System Schule, 2, 1

–, Bannach, M. (1994): Möglichkeiten des entdeckenden Lernens im Sachunterricht der Primarstufe der Schule für Lernbehinderte. In: Schmetz, D., Wachtel, P. (Hrsg.): Unterricht mit Lernbehinderten. Breitenbach, 83–92

–, Reiser, H. (2002): Störungsbegriff und Klassifikation von Lernbeeinträchtigungen und Verhaltensstörungen aus konstruktivistischer Sicht. In: Schröder, U., Wittrock, M. u. a. (Hrsg.): Lernbeeinträchtigung und Verhaltensstörung. Konvergenzen in Theorie und Praxis. Stuttgart

–, Wischer, B. (2002): Kindliche Lebenswelten und Planungskompetenz. In: Lernchancen, 25, 40–45

Weiß, H. (2000): Kindliche Entwicklungsgefährdungen im Kontext von Armut und Benachteiligung. Erkenntnisse aus psychologischer und pädagogischer Sicht. In: ders. (Hrsg.): Frühförderung mit Kindern und Familien in Armutslagen. München, Basel

Whiteman, M., Deutsch, M. (1968): Social disadvantage as related to intellective and language development. In: Deutsch, M., Katz, J., Jensen, A. R. (Eds.): Social class, race and psychological development. New York, 86–114

Wiig, E. H., Secord, W. A. (1994): Language Disabilities in School Age Children and Youth. In: Shames, G. H., Wiig, E. H., Secord, W. A. (Eds.): Human Communication Disorders. New York

Willke, H. (1994): Systemtheorie II. Interventionstheorie. Stuttgart

Willand, H. (1977): Didaktische Grundlegungen der Erziehung und Bildung Lernbehinderter. Ravensburg: Maier.

Willand, H. (1986): Zur Didaktik und Methodik des Lernbehindertenunterrichts. Ravensburg

Wittoch, M. (1980): Anregungen zur Gruppenarbeit in der Lernbehindertenschule. In: Baier, H., Klein, G. (Hrsg.): Die Schule für Lernbehinderte. Organisatorische Fragen pädagogisch gesehen. Berlin, 191–210

Wocken, H. (1992): Bewältigung von Andersartigkeit. Untersuchungen zur sozialen Distanz in verschiedenen Schulen. Hamburg: unveröffentlichtes Skript, zitiert in: Podlesch, W., Preuss-Lausitz, U.: Soziale Integration – Ziele und Ergebnisse nach 15 Jahren gemeinsamer Erziehung. In: Heyer, P. u. a. (Hrsg.): 10 Jahre wohnortnahe Integration. Frankfurt, 65–72

– (1994): Das sonderpädagogische Förderzentrum. Theorie, Konzept und Kritik. In: Schmetz, D., Wachtel, P. (Hrsg.): Unterricht mit Lernbehinderten. Breitenbach, 43–51

– (2000): Leistung, Intelligenz und Soziallage von Schülern mit Lernbehinderungen. Vergleichende Untersuchungen an Förderschulen in Hamburg. In: Zeitschrift für Heilpädagogik, 12, 492–503

Wulf, Ch. (1983): Theorien und Konzepte der Erziehungswissenschaft. München

Zimbardo, P. G., Gerrig, R. J. (1996): Psychologie. 7. Aufl. Berlin

Zimmer, J., Niggemeyer, E. (1986): Macht die Schule auf, lasst das Leben rein. Weinheim/Basel

Bildnachweis

S. 22 aus: Emmerig, E. (1927): Bilderatlas zur Geschichte der Taubstummenbildung, München, 93

S. 23 aus: Bleidick, U. (1981): Heinrich Kielhorn und der Weg der Sonderschulen. 100 Jahre Hilfsschulen in Braunschweig. Braunschweig, 9

Sachwortregister

Clemens Hillenbrand
Einführung in die
Verhaltensgestörtenpädagogik

2., aktual. Aufl. 2002
239 Seiten
24 Abb. 6 Tab.
45 Übungsaufgaben
UTB-M
(3-8252-2103-2) kt

Aggressive, hyperaktive, ängstliche und selbstmordgefährdete Kinder in Erziehung und Unterricht – Verhaltensstörungen sind ein schillerndes Phänomen und für die Pädagogen eine zunehmend brisante Herausforderung. Lehrer und Erzieher geraten gerade bei Kindern und Jugendlichen mit auffälligen Verhaltensweisen schnell an ihre Grenzen. Wie entstehen Verhaltensstörungen? Wie werden sie diagnostiziert? Welche Modelle und Methoden hat die Sonderpädagogik entwickelt? Auf diese Fragen gibt Hillenbrand in seinem Buch Antwort. Er vermittelt einen Überblick über Grundlagen und praxisrelevante Ergebnisse der Verhaltensgestörtenpädagogik.

Pressestimme
„Hillenbrand gibt in seinem Werk einen einführenden Überblick über das Fachgebiet der Pädagogik bei Verhaltenstörungen. Er sichtet die ... wichtigsten wissenschaftlichen Ergebnisse und stellt sie präzise, gut strukturiert und gegliedert in kritischer Reflexion dar."
Erziehungswissenschaft und Beruf

Ernst Reinhardt Verlag • München Basel
E-Mail: info@reinhardt-verlag.de
http://www.reinhardt-verlag.de

ℇℛ/ **reinhardt**

Barbara Fornefeld
Einführung in die
Geistigbehindertenpädagogik

Das Buch führt anschaulich in das komplexe Gebiet der Geistigbehindertenpädagogik ein. Es gibt einen Einblick in die zentralen Themen und die vielfältigen Aufgabenfelder der Geistigbehindertenpädagogik, die von der Frühförderung über schulische und nachschulische Erziehung, Arbeit, Wohnen und Freizeit bis hin zur Begleitung im Alter reichen. Der didaktische Aufbau des Buches mit Marginalienspalte und Glossar erleichtert den Studierenden das Lernen. Übungsfragen dienen der unmittelbaren Lernzielkontrolle und regen zur weiterführenden Diskussion in Arbeitsgruppen an. Nützliche Adressen im Anhang weisen auf zusätzliche Informationsquellen hin.

2. Auflage 2002
197 Seiten
29 Abb. 5 Tab.
59 Übungsaufgaben
UTB-M
(3-8252-2160-1) kt

Pressestimme
„»Einführung in …«: Bücher mit diesem Anspruch im Titel stellen hohe Anforderungen an die Autoren und Autorinnen, müssen sie doch die Kunst des Weglassens beherrschen, aber noch so viel stehen lassen, dass die Leserinnen und Leser nicht nur neugierig werden auf das, was weggelassen wurde, sondern in dem Buch auch einen Wegweiser finden, wie sie denn nun weiterlesen können. Barbara Fornefeld ist mit diesem didaktisch aufgebauten Arbeitsbuch solch eine gute Einführung gelungen." *vds-NRW*

Ernst Reinhardt Verlag • München Basel
E-Mail: info@reinhardt-verlag.de
http://www.reinhardt-verlag.de

ℝ/ **reinhardt**

Renate Walthes
Einführung in die Blinden- und Sehbehindertenpädagogik

2003
234 Seiten.
46 Abb. 14 Tab.
Zahlreiche
Übungsaufgaben
UTB-M
(3-8252-2399-X) kt

Die Zahl der Kinder mit zerebralen Wahrnehmungsstörungen ist immens gestiegen, in über 70% der Fälle ist auch das visuelle System betroffen. Zugleich hat sich das Wissen über Wahrnehmungsprozesse und Informationsverarbeitung in den letzten zwanzig Jahren enorm verändert, mit weitreichenden Konsequenzen für das Verständnis von Menschen mit einer Sinnesschädigung.
Das Buch vermittelt Studierenden der Heil- und Sonderpädagogik Basiswissen aus den verschiedenen Theorie- und Praxisfeldern der Blinden- und Sehbehindertenpädagogik. Es gibt einen Überblick über physiologische, neurowissenschaftliche und kognitive Grundlagen des Sehens und schildert Ursachen, Entstehung, Formen und Epidemiologie von Sehbehinderung. Es stellt diagnostische Aspekte und Fördermöglichkeiten für verschiedene Altersstufen und Organisationsformen vor (von der Frühförderung über die Erwachsenenbildung bis hin zu speziellen Angeboten im Alter). Gezeigt wird außerdem, welche Hilfsmittel für den Alltag zur Verfügung stehen und wie man sie einsetzen kann.

ɛʁⱽ reinhardt

Ernst Reinhardt Verlag • München Basel
E-Mail: info@reinhardt-verlag.de
http://www.reinhardt-verlag.de

Annette Leonhardt
Einführung in die Hörgeschädigtenpädagogik

Das Buch bietet einen grundlegenden und systematischen Überblick über die Aufgaben und Ziele der Hörgeschädigtenpädagogik, Arten von Hörschäden und deren Auswirkungen sowie diagnostische Aspekte und Fördermöglichkeiten in verschiedenen Altersstufen und Organisationsformen. Die Aufgabenfelder der Hörgeschädigtenpädagogik reichen von der Früherziehung über die vor- und nebenschulische Förderung, den Unterricht in Sonder- und Allgemeinen Schulen bis zur nachschulischen Begleitung. Zusätzliche Einsatzgebiete kristallisieren sich durch neue Erkenntnisse aus der Cochlea Implantat-Versorgung, der Sprachentwicklungsforschung, Linguistik, Hörphysiologie und Gerontologie heraus.

2., neu bearb. und
erw. Auflage 2002
288 Seiten
Zahlr. Abb. und Tab.
77 Übungsaufgaben
UTB-M
(3-8252-2104-0) kt

Pressestimme

„Hier wird ein Lehrbuch angeboten, das für Berufs- und Studienanfänger sehr hilfreich ist. Sein Wert besteht mit darin, daß es nicht nur informiert, sondern gleichzeitig zum Nachdenken und zur Diskussion herausfordert. Insofern schadet seine Lektüre auch dem Hörgeschädigtenpädagogen nicht, der bereits längere Zeit im Fachgebiet tätig ist und sich wieder einmal über den aktuellen Entwicklungsstand des Fachgebietes informieren will, und schließlich ist sie auch nützlich für den Personenkreis, dessen berufliche Tätigkeit die Hörgeschädigtenpädagogik tangiert." *Hörpäd*

Ernst Reinhardt Verlag • München Basel
E-Mail: info@reinhardt-verlag.de
http://www.reinhardt-verlag.de

ℝ/ **reinhardt**

Ingeborg Hedderich
Einführung in die
Körperbehindertenpädagogik

1999. 143 Seiten
32 Abb. 4 Tab.
21 Übungsaufgaben
UTB-M
(3-8252-2102-4) kt

Die Körperbehindertenpädagogik ist in Bewegung geraten! Fragen der integrativen Erziehung und der Förderung bei schwerster Behinderung haben in den letzten Jahrzehnten völlig neue Aufgaben gestellt. Ingeborg Hedderich gibt in ihrem Buch einen Überblick über die klassischen Themen der Körperbehindertenpädagogik von der Frühförderung bis zur Arbeitswelt. Dabei zeigt sie aktuelle Entwicklungen in Theorie und Praxis auf. Eine kommentierte Bibliographie und umfangreiche Arbeitsmaterialien geben Anregungen zur tiefergehenden Beschäftigung mit dem Fach.

Aus dem Inhalt
Einführung: Historischer Abriss
Personenkreis: Menschen mit Körperbehinderung
Frühförderung und Frühbehandlung bei
  Körperbehinderung
Schulische Förderung bei Körperbehinderung
Förderung bei schwerster Behinderung
Übergang in das Erwachsenenleben
Hilfsmittel bei Körperbehinderung
Ausblick: Körperbehindertenpädagogik in
  Praxis und Theorie
Anhang: Arbeitsmaterialien

reinhardt
Ernst Reinhardt Verlag • München Basel
E-Mail: info@reinhardt-verlag.de
http://www.reinhardt-verlag.de

Clemens Hillenbrand
**Didaktik bei Unterrichts- und
Verhaltensstörungen**

Wie muss eine Didaktik aussehen, die bei „schwierigen" Kindern erfolgreich ist? Verhaltensauffälli-
ge Kinder sind in nahezu jedem Klassenzimmer ein
Problem. Ob aggressiv/auto-aggressiv, hyperaktiv
oder depressiv - für die Lehrer dieser Kinder reichen
die bisherigen Didaktiken nicht aus.
Clemens Hillenbrand liefert eine wissenschaftlich
fundierte Antwort auf diese Frage. Er schlägt eine
Brücke zwischen der Allgemeinen Didaktik und den
spezifischen sonderpädagogischen Modellen bei
Verhaltensstörungen. Theorieansätze aus beiden
Disziplinen werden anschaulich beschrieben, kritisch durchleuchtet und auf ihre Brauchbarkeit für
den täglichen Unterrichtsbedarf abgeklopft.

2., aktual.
Auflage 2003
282 Seiten
14 Abb. 11 Tab.
UTB-S
(3-8252-2080-X) kt

Aus dem Inhalt
Didaktische Theorien und Unterrichtsstörungen
Ergebnisse allgemeiner Didaktik
Der pädagogisch-didaktische Auftrag des
   Unterrichts mit schwierigen Schülern
Historischer Exkurs: Der Unterricht in den ersten
   Erziehungsklassen
Konzeptionen schulischer Förderung bei
   Verhaltensstörungen
Prozess und Gestaltung heilpädagogischer
   Förderung
Reformansätze bei Unterrichts- und
   Verhaltensstörungen
Beratung bei Unterrichts- und
   Verhaltensstörungen
Die Perspektive der Betroffenen

Ernst Reinhardt Verlag • München Basel
E-Mail: info@reinhardt-verlag.de
http://www.reinhardt-verlag.de

ᴇᴠ reinhardt

Peter Bednorz / Martin Schuster
Einführung in die Lernpsychologie

3., völlig neu bearb.
u. erw. Auflage 2002
325 Seiten
38 Abb. 8 Tab.
UTB-M
(3-8252-1305-6) kt

Was können uns Psychologen über Lernprozesse erzählen? In der langen Tradition der Lernpsychologie wurden verschiedenste Arten des Lernens untersucht: die Konditionierung einer Reaktion auf einen bestimmten Reiz, soziales Lernen durch Nachahmung eines Modells, Vergessen und Erinnern von sprachlichem Material bis hin zu bewusstem und unbewusstem Wissenserwerb. Auch Nachbardisziplinen helfen uns dabei, Lernvorgänge zu erklären: Neurophysiologie und Gehirnforschung erkunden die materielle Basis von Lernen, Erinnern und Vergessen. Kognitionswissenschaften und der Forschungsbereich „Künstliche Intelligenz" verknüpfen Lernen mit den kreativen Vorgängen des Denkens und Problemlösens. Dieses Buch gibt einen anschaulichen Überblick über psychologische Theorien des Lernens. Die Autoren erläutern traditionelle und moderne Ansätze, die empirisch und experimentell belegt werden. Sie zeigen, wie die Erkenntnisse aus der Grundlagenforschung in zahlreichen Anwendungsfeldern wie Schule, Psychiatrie und Psychotherapie fruchtbar gemacht werden können. Der didaktische Aufbau mit Marginalienspalte hilft bei der schnellen Orientierung im Text.

ℝ reinhardt

Ernst Reinhardt Verlag • München Basel
E-Mail: info@reinhardt-verlag.de
http://www.reinhardt-verlag.de

Norbert M. Seel
Psychologie des Lernens

Was geht in einem Schüler vor, wenn er versucht, eine Aufgabe zu lösen oder einen Lehrstoff zu verstehen und zu behalten? Verschiedene psychologische Disziplinen gehen dieser Frage nach. Die Motivationspsychologie beschäftigt sich z. B. mit Interessen, dem Wunsch nach Erfolg und der Furcht vor Misserfolg. Die Sozialpsychologie analysiert, welchen Einfluss der soziale Kontext in Familie, Schule und Gesellschaft hat. Kognitions- und Gedächtnispsychologie erforschen das menschliche Gedächtnis, Denken und Problemlösen.

Das vorliegende Buch führt anschaulich und verständlich in die psychologischen Theorien des Lernens und Lehrens ein. Es konzentriert sich dabei auf die Kognitionspsychologie mit ihren aktuellen Forschungsergebnissen und zeigt praxisrelevante Folgerungen für die didaktische Gestaltung von Lernumgebungen und Unterricht auf. Der didaktische Aufbau erleichtert mit übersichtlichen Zusammenfassungen, Glossar, Arbeitsaufgaben und Anregungen zur weiterführenden Lektüre das Arbeiten mit dem Buch.

Lehrbuch für
Pädagogen und
Psychologen

2., aktual.
Auflage 2003
427 Seiten
58 Abb. 12 Tab.
Zahlreiche
Übungsaufgaben
UTB-L
(3-8252-8198-1) gb

Ernst Reinhardt Verlag • München Basel
E-Mail: info@reinhardt-verlag.de
http://www.reinhardt-verlag.de

ℛ reinhardt

Konrad Bundschuh
Einführung in die sonderpädagogische Diagnostik

5., neu bearb. und
erw. Auflage 1999
380 Seiten
7 Abb. 2 Tab.
UTB-S
(3-8252-0999-7) kt

Die Neuauflage des Klassikers der Sonderpädago-gischen Diagnostik greift die Wende von der Defizit- zur Kompetenzorientierung auf. Testtheorie und neue diagnostische Verfahren werden vor diesem Hintergrund kritisch durchleuchtet. Das Buch ist einem förderorientierten Ansatz verpflichtet. Es stellt das Verstehen individueller Bedürfnisse, die Orientierung an Kompetenzen und Stärken sowie deren Förderung in den Mittelpunkt.

Aus dem Inhalt
Begriff, Aufgaben, Funktionen und Bereiche der
  sonder- und heilpädagogischen Diagnostik
Testtheoretische Voraussetzungen zur
  Realisierung sonder- und heilpädagogischer
  Diagnostik: Gütekriterien. Standardisierung.
Klassifikation von Testverfahren
Möglichkeiten der Informationsgewinnung im
  Rahmen förderdiagnostischer Praxis:
  Verhaltensbeobachtung. Intelligenztests.
  Schulleistung. Soziales und affektiv-emotionales
  Verhalten. Arbeitsverhalten. Sprachverhalten.
  Motorik. Wahrnehmung. Exploration.
  Schwerstbehinderung. Autismus
Das förderungsorientierte, sonderpädagogische
  Gutachten: Befunderstellung. Gutachtenaufbau.
  Gutachtengestaltung. Förderdiagnostisch
  orientierte Gutachtenerstellung.

Ernst Reinhardt Verlag • München Basel
E-Mail: info@reinhardt-verlag.de
http://www.reinhardt-verlag.de

ℝ/ **reinhardt**